JN058155

松原孝明・堀川信一 編

民法入門 0 ウォーミングアップ編

石川光晴

江口幸治

亀井隆太

萩原基裕

堀川信一

本田まり

松原孝明

学社

はしがき

　この民法入門シリーズは，主に民法を学び始めた初学者をターゲットとして執筆されている。とりわけこの『民法入門 0　ウォーミングアップ編』は，法学部以外の学生を対象にしている。編者はこれまで民法を様々な大学で講義してきた経験から，民法の効果的な学習のためにはまず基本的な事項を一通り学び，民法という広大な世界の大枠，構造を一旦捉えた上で，より深く精緻な学習を進めるのがよいと考えている。そこで，本書では，広大な民法の範囲を 1 冊にまとめ，これを読むことにより民法の大枠をつかめる内容となっている。法学部以外でかならずしも法学をメインにしていない学生には，まずはこの内容で十分である。もし，さらに興味を持った場合には，民法入門シリーズの I・II・III を参照していただきたい。

　2020 年 4 月 1 日より新民法が施行された。本書では，新民法を前提として執筆し，読者の混乱を避けるために，旧民法との比較は内容の理解を助けるのに必要な範囲で解説を加えている。新旧民法の細かな比較については，様々な解説書が出版されているので，それを参照してほしい。

　本書は，同じ教育現場で法学，民法教育に試行錯誤したメンバーにより執筆されている。それぞれのメンバーは，本務校以外に様々な国立大学，私立大学，また法学部以外での学部での豊富な教育経験を有しており，本書にはそれぞれが個々の教育経験から得た知見が十分に盛り込まれている。本書が初学者の民法学習の一助となり，さらなる発展学習の足がかりとなれば幸甚である。

　本書の出版にあたっては，尚学社苧野圭太氏に大変お世話になりました。執筆者一同，深く感謝申し上げます。

編著者

松原孝明

堀川信一

目　　次

第22章　法定債権⑵──不法行為 ……………………… 242

第4部　親族・相続

第23章　家族法とは何か ……………………………………… 255

凡　例

[判例出典略称]

最大判	最高裁判所大法廷判決
最大決	最高裁判所大法廷決定
最判	最高裁判所小法廷判決
最決	最高裁判所小法廷決定
高決	高等裁判所決定
地判	地方裁判所判決
民集	最高裁判所民事判例集
家月	家庭裁判月報
判タ	判例タイムズ

（大審院時代の判例）

大判	大審院判決
民録	大審院民事判決録
刑録	大審院刑事判決録
民集	大審院民事判例集
新聞	法律新聞

民法入門　0
ウォーミングアップ編

第1章　「民法」とはどのような法律か

Ⅰ　「民法」とはどのような法律か

例①

　Aが横断歩道を横断中にBが運転する自動車にはねられて死亡した。これにより次のような問題が発生した。このうち民法が扱う問題はどれか。

ア．Aには妻Cと子Dがいたが，CとDはBに対して慰謝料を請求できるか。その際，AがE保険会社と契約していた生命保険はどうなるか。

イ．Aの死亡によりAとCの婚姻関係はどうなるか。また，Aの遺産をCとDは相続できるか。

ウ．BはAを死亡させたことにより逮捕されたが，これによりどのような刑罰を受けるか。

エ．Bは運転免許の停止処分を受けた。

例①のア．からエ．が法律上どのように解決されるかを見ていく前に，まず，本書で学ぶ民法とはどのような法律なのか見ておこう。まず「民法」というときには，「私法」の「一般法」としての「民法典」（明治31年施行）を指す。**私法**とは，私人相互間の関係を規律する法の総称ことで，**民法**のほかに，**商法**などのことを指す。**一般法**とは，人・場所・事項などに関しての効力の制限がなく，その全般に適用される法のことをいう。例えば，私人である「商人」同士のトラブルを解決するための法律である商法は特別法である。つまり，民法は私人間相互の法律関係を定める最も基本的な法律であるといえる。

　では**例①**のア．からエ．について，民法によって解決できる問題はどれだろうか。まず，ア．ではC・Dという私人がBという私人を相手に慰謝料を請求している。つまり私人同士の問題であるので，民法によって解決される（709条・710条。本書**第22章**参照）。なお，AがEと契約していた生命保険に基づく保険金の支払いについては，「保険法」という特別法が存在するため，この保険法が民法に優先して適用される。

　次に，**例①**のイ．はAとCという私人の婚姻関係に関する問題であるので，これも民法の問題である（離婚については本書**第24章**参照）。なお夫婦の一方が死亡しても自動的に離婚となるわけではない。また，遺産相続をどのような形で行うかもAとC・Dという私人間相互の問題であり，民法の規定によって解決される（本書**第26章**，**第27章**参照）。

　ウ．については，まず，犯罪の種類や刑罰について定めた法律としては「**刑法**」という法律があり，これに従ってBの処罰が決定する。そして，刑法は，刑罰を科す国家と私人の関係を規律した法律であり，**公法**（【補足】参照）に属する。また，エ．も行政機関が与えた免許に関する問題であり，その点では行政機関と私人の関係に関する問題である。これは**行政法**という分野の問題であり**公法**の分野に属する問題である。つまり，ウ．とエ．は，民法が適用される領域とは異なる領域に属する問題であるといえる。

【補足】

　公法とは，国家・公共団体相互間，あるいはこれらと私人の関係を規律する法であり，具体的には，**憲法，行政法，刑法，刑事訴訟法，民事訴訟法**などを指す。なお「六法を持参するように」というときの「六法」は法令集のことを指すが，憲法，刑法，刑事訴訟法，民事訴訟法と民法，商法の総称でもある。

　一般法に対して，**特別法**とは，人・場所・事項などに関して，その効力に特別の制限があり，特殊的・部分的にだけ適用される法のことである。商法は商人間に適用される特別法である。そして**「特別法は一般法に優先する」**という法適用の原則から，ある問題について商法と民法に規定がある場合には，商法が優先して適用される。

Ⅱ　民法典の体系──パンデクテン体系とは？

1　特徴

　では，具体的に民法にはどのようなことが定められているのだろうか。これについて見ていく前に，まず，民法がどんな構成に従って条文を配列しているか学んでおこう。

　日本の民典は，諸外国の民法典を参考にして作られた。その過程で特に強い影響を受けたドイツ民法典が採用している**パンデクテン体系**という構成を採用した。

　その特徴は，規定のまとまり（例えば「編」や「章」など）の先頭に**総則規定**を置く点にある。総則規定とは，その分野について共通するルールを定めた規定である。実際，民法の構成は次のようになっている。まず，民法全体の共通ルールを定めた第1編「総則」から条文がスタートしている。これに，第2編「物権」，第3編「債権」，第4編「親族」，第5編「相続」が続く。そして，この第2編以下の中を見てみると，この中にも総則規定が置かれて

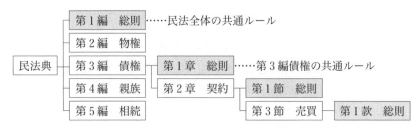

図1　パンデクテン体系の特徴

いるのが分かる。

　例えば，第3編の「債権」を見てみると，その第1章に「総則」とあるのが分かる。これは第3編「債権」全体に共通するルールを定める部分である。そして，第3編をさらに進んでいくと，次に第2章「契約」の規定が登場するが，ここにも第1節「総則」というパートが用意されている。これは第3編第2章全体に共通するルールを定めた部分である。さらに第3節を見ると第1款総則があり，これは第3編第2章第3節全体の共通規定である。<u>このように，各パートに共通する規定を集めて「総則」とするところにパンデクテン体系の特徴がある。</u>

2　注意点

　パンデクテン体系は，各パートの先頭に共通ルールを掲げることによって規定の重複を避けた，理論的によく整理された体系であるといえる。しかし，注意すべき点もある。それは，<u>民法典全体をよく理解していないと，ある問題が起きたときに，どこに必要な条文があるのか，なかなか見つけることができないという点である。</u>

　例えば，物の売り買い（「売買契約」という。詳しくは本書**第17章**で学ぶ）を巡ってトラブルが起きたとしよう。「売買を巡るトラブルだから，民法の中の『売買』という項目を見ればいい」とは実はいかない。確かに，そこでのトラブルが，注文したはずの商品の数が足りなかったという場合については「売買」に規定がある（526条。本書**第18章**参照）。しかし，「相手にだまされ

て不要なものを買わされたので契約を取り消したい」という場合には，いくら「売買」の規定を探してもこの問題に関係する規定を見つけることはできない。これは**詐欺**と呼ばれる場面であるところ，これに関する規定は，第1編「総則」の96条に置かれている（本書**第5章**参照）。詐欺が発生するのは必ずしも売買に限ったことではなく（賃貸借などの他の契約でも起きうるし，更には契約以外の場面でも起きうる），民法全体の共通ルールを収めた「総則」に規定を置くのがふさわしいからである。

Ⅲ　民法がカバーする領域

　では次に民法全体を概観しておこう。民法を2つの分野に分けるとすると，第2編「物権」と第3編「債権」は財産取引に関する規定が集められており，両者をあわせて**財産法**と呼ばれている。これに対して，第4編「親族」と第5編「相続」は，家族の身分関係に関する規定が集められていることから，**家族法**と呼ばれている。以下ではもう少しこの2つの中身について見ていくことにしよう。

1　財産法

　まずは**図2**を見てほしい。

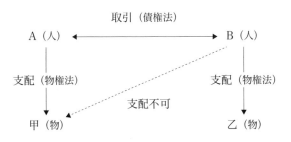

図2　物権法と債権法

　AとBという人がいたとする。Aは「甲」という物を支配しており，Bは

「乙」というものを支配している。ここで，BがAが支配している「甲」という物（例えば自動車）を欲しいと思ったとする。

　まず，Aが「甲」に対してする支配の仕方には様々なものがある。この支配の仕方を定めているのが第2編「物権」である（本書**第8章**から**第11章**参照）。ここでは，ひとまず，AもBも物に対して「所有権」（その物をどのように扱ってもよい権利。206条。詳しくは本書**第10章**参照）を持っているとする。BはAが所有している「甲」を勝手に支配することはできないから，Aと取引する必要がある。

　ここでの「取引」には様々なものがあるが（売買だけでなく賃貸借など），これを定めているのが第3編「債権」である（本書**第12章**から**第22章**参照）。また，**例①**のア．のように被害者が加害者に慰謝料を請求している場面（こうした場面を不法行為という）も，第3編「債権」に規定がある（709条，詳しくは本書**第22章**参照）。このように，「物権」には物の支配の仕方，「債権」には財産の移転の仕方が定められている。

2　家族法

　次に家族法である。まず第4編「親族」には，親子関係や婚姻・離婚について定められている。何があれば，婚姻や離婚，親子関係が成立し，成立すると法律上どういった効力が生ずるかといったことが中心に規定されている（本書**第23章**から**第25章**参照）。第5編「相続」にはその名の通り，相続関係に関する規定（相続の順位等）が置かれている（本書**第26章**から**第29章**参照）。

ⅠⅤ　民法の基本原理とその修正

1　民法の基本原理

　近代的な民法は，市民革命の成果である。近代社会以前には，「農民」や「貴族」といった個人の身分により，その人の社会的な役割も決定されていた。市民革命によってこの「身分」が否定され，各個人に自由な取引の主体

となりうる「資格」である「**権利能力**」（詳しくは本書**第2章**参照）が認められた。そして，近代市民社会の基礎にある**自由経済主義**や**夜警国家**といった思想を背景に，民法においてはその指導原理として次の3つの原則が認められた。

(1) 所有権絶対の原則

　かつて農民は，自由に土地を処分し，その土地を離れて別の仕事につくことは認められていなかった。しかし，それでは自由な取引社会は成り立たない。そこで，所有者がその所有物を自由に使用，収益，処分する権利である「所有権」が認められ，これを他人や国家が侵害することは許されなくなった。これを**所有権絶対の原則**という。

(2) 契約自由の原則

　「所有権絶対の原則」が認められても，契約の相手方，方法，内容を自由に決定できないのでは，やはり自由な取引社会は成り立たない。そこで，契約の締結（その相手方），方式（方法），内容を，自由に決定できることが原則とされた。これを「契約自由の原則」と呼んでいる（521条・522条）。なお，契約に関してだけではなく，個人が自らの自由な意思に基づいて法律関係を形成できるとする原則を，「**私的自治の原則**」と呼んでいる。契約自由の原則はこの私的自治の原則の一場面といえる。

(3) 過失責任の原則

　こうして，自由な取引が可能になったとしても，自分に落ち度がない損害について，他人から損害賠償請求されるような社会では，安心して他人と取引等の活動ができない。そこで，損害賠償責任を負うのは，自己に過失（あるいは故意）がある場合に限られるとする「**過失責任主義**」も民法の原則とされた（415条，709条参照）。

2 基本原理の修正

　このような民法の基本原理は，私法の領域の多くの制度を支える基盤となっており，私法の分野全体を統一的に理解するうえで極めて重要である。しかしそれは，いかなる場面でも無制限に適用されるというものではない。というのも，これらの原則を形式的に適用することが，妥当な解決を生まない場面もあるからである。そこでまず，<u>民法典には，「**公共の福祉**」や「**信義則**」「**権利濫用**」という一般条項が用意されている（1条）</u>。これらは，自己の権利を社会全体の利益に沿うように適切に行使することを要求し（ただし「公益がつねに優先する」という全体主義思想の表われではない），あるいは，契約関係や身分関係における当事者の誠実な行動を要求するものであるが，上記の基本原理もこの要求に沿うように適用されなければならない。また，とくに頻繁にそうした問題が起きる場面に関しては，今日では様々な特別法が作られており，上記 I (1)～(3)の原則が修正されている。

(1) 所有権絶対の原則の修正

　例えば，ある土地の所有者が，自己の所有権の行使として住宅地の真ん中に巨大なビルを建築し，隣の土地の日照をさえぎったとする。しかしこれでは，隣の土地の利用が害されよう。こうした場合の調整手段として，建築基準法などの様々な特別法が制定されており，それらに反する権利の行使は認められない。例えば，上の例ではビルを取り壊さなくてはならなくなる。

(2) 契約自由の原則の修正

　契約自由の原則も無制限ではない。たしかに，市民革命の成果によって人はすべて「平等」なものとみなされた。しかし，このことは，「貸主」と「借主」，「雇用者」と「被用者」をも対等な当事者としてみなすことにもつながる。しかしこれでは，経済的地位や交渉力の強い者が，交渉力に劣る者に対して，自己に有利な契約内容を押し付ける結果につながる。<u>そこで，社会の健全な発展を目的として，今日では，**労働法**（例えば労働基準法）や**経</u>

済法（例えば独占禁止法）といった**社会法**が契約自由の原則を一定程度修正している。

(3) 過失責任主義の修正

　過失責任主義によると，被害者が加害者の過失を立証することになるが，しかし，被害を受けた個人が製品の欠陥による事故や，公害のように過失を証明することは難しい。そこで，そうした過失の証明が困難な場合について**製造物責任法**その他の特別法が，**無過失責任**を採用し，加害者の過失を証明しなくとも，被害者が賠償を受けられるようにしている。

　以上のように，民法の基本原理の修正される場面が多くなっていることはたしかである。しかし，民法全体の骨組みとなっているのは，あくまで上記の３つの原則であり，特に修正すべき理由がない限り，それらが依然として当てはまることを忘れてはならない。

━━━ V　条文の読み方 ━━━

　ところで，民法の条文にはいろいろな番号が付けられている。本書の中でも様々な条文が出てくるが，最後に条文の番号の付け方や構造について学んでおこう。まず民法13条を見てほしい。

（保佐人の同意を要する行為等）

第13条　被保佐人が次に掲げる行為をするには，その保佐人の同意を得なければならない。ただし，第九条ただし書に規定する行為については，この限りでない。

一　元本を領収し，又は利用すること。

二　借財又は保証をすること。

　以下略

2　家庭裁判所は，第11条本文に規定する者又は保佐人若しくは保佐監督人の請求により，被保佐人が前項各号に掲げる行為以外の行為

をする場合であってもその保佐人の同意を得なければならない旨の
審判をすることができる。ただし，第9条ただし書に規定する行為
については，この限りでない。

　以下略

1　「見出し」と「条数」

　まず，条文を見ると多くの条文には13条の（保佐人の同意を要する行為）の
ように，タイトルが付けられている。これを「見出し」という。「第13条」
とある部分は「条数」という。

2　「項」と「号」

　次に，13条には算用数字で「2」と書かれている部分がある。この部分は
13条「2項」という部分になる。2項があるのだから1項があってしかるべ
きであるが，上記の条文をみても「1」という数字が見当たらない。法律の
正文には1項を示す「1」という表記はない。しかし，13条のすぐ後に続く
「被保佐人が次に掲げる行為を……」の部分は13条「1項」と呼ばれる。な
お，市販の六法全書のほとんどが「①」などの番号を付しているが（2項以
降も②としているものもある），これは読みやすさのために出版社が独自に付
けたものである。

　では，13条1項の中を見てみると，漢数字の「一」「二」……（なお13条
1項には実際には「十」まである）という番号が続いている。これは「号」と
呼ばれている（「一」は「13条1項1号」と呼ばれる）。なお，条文が条→項→
号あるいは条→号で規定されている場合に，号で列挙された部分の前の部分
を「柱書」という。したがって13条1項の「被保佐人が……」の部分を指す
ときは「13条1項柱書」と呼ぶ。

3　「本文」と「ただし書」

　最後に，13条1項は，「①被保佐人が次に掲げる行為をするには，その保

佐人の同意を得なければならない。②ただし，第9条ただし書に規定する行為については，この限りでない」と規定しているが，この下線部①の部分のみを指す場合を「13条1項本文」，下線部②の「ただし」以下のみを指す場合を「13条1項ただし書」という。

　本書中でも上記のような表記がしばしば登場することから，ここでしっかり頭に入れておいてほしい。

【本章のまとめ】

・民法は「**私法**」の「**一般法**」であり，私人間の関係を定める最も基本的な法律。

・日本の民法は「**パンデクテン体系**」を採用している。

　→条文の各まとまりのはじめに「総則」規定（共通ルール）が置かれているのが特徴。

・民法が規律している範囲は，大きく分けて「財産法」と「家族法」

【民法の三大原則】

　・私的自治の原則

　・所有権絶対の原則

　・過失責任主義

　→それぞれ現代社会の発展に伴い修正されている。

・条文の構造　**条 → 項 → 号**

　　　　　　　「**本文**」と「**ただし書**」

第1部　総則

第2章　人と物，権利能力

Ⅰ　人と物
Ⅱ　権利能力

━━━━ Ⅰ　人と物 ━━━━

　私たち人間は，自分をとりまく環境の中で生きている。朝，目を覚ませば自分の住居にいることを認識し，生活雑貨に囲まれて生活し，何かを食べ，外に出れば見知らぬ人を含めて様々な人たちと遭遇する。この世界は，「自分」と「自分以外」に分けることができる。自分以外については，「人」と「物」に分けることができる。このように，自分という「人」は，自分以外の「人」や「物」と関わって生活を営んでいる。民法は私人相互の権利義務の関係や，財産関係，家族関係についてのルールを定めた法律であるが，別の角度から言えば，「人」と「物」との関係におけるルールを定めたものということができる。

　人と物との関わりの原点は，例えば「これは自分のものだ」というように，人が物をコントロール（支配）できるということにあろう。支配の典型は所有である。自分の物であれば自由に使うこともできるし（使用），自分の食べ物であれば当たり前だが食べてかまわない（処分）。

　これに対して，人と人との関わりについて考えるに，人間を道具としてみることや，人が人を支配するということは認められない。人を物と同視することはできないのである。人と人との関係については，例えば，契約により

サービスを提供してもらう，代金を支払ってもらう，商品を引き渡してもらうというように，相手に対して何かを求める（＝請求）という関係に着目することができる。人と人との関係では，支配ではなく「請求」という関係に焦点が当てられる。

日本の現行民法典は，全部で5編から成るが，第2編は物権の編であり，人と物との関係についてルールを定めている。第2編では，人が物を支配する権利の根幹としての所有権（物の使用・収益・処分ができる権利）が中心に据えられる。他方で，第3編は債権の編であり，人と人との権利・義務（債権・債務）の関係を規律している。第3編では，人が人に請求する権利，あるいは請求に応じるべき義務としての債権・債務のルールが定められている。わが国の民法は，人と物との区別を編別構成においても意識したものとなっている。

権利や義務が「どのような存在」に備わる（帰属する）のかという問題については，次の項目で見るように，民法第1編総則の権利能力という概念において扱われる。

Ⅱ　権利能力

1　権利能力

(1)　権利能力とは

> **例①**
>
> 　Aに所有権があるとか，AがBに100万円を支払う義務（債務）を負うという場合の，「A」や「B」には「どのようなもの」（主体）が当てはまるだろうか。

民法は，私法の一般法であり，私人間の法律関係を規律する。私人間の法律関係の中でも，特に権利・義務関係が重要である。権利・義務関係とは，

例えば，Aに所有権があるとか，AがBに100万円を支払う義務（債務）を負うといったことである。それでは，権利を有したり，義務を負ったりすることができる「A」や「B」には「どのようなもの」（主体）があてはまるだろうか。権利を有したり，義務を負ったりすることができる（資格を有する）のは誰かということである。**権利能力**という法律用語がある。権利能力とは，権利・義務の帰属主体となりうる資格のことをいう（講学上，権利能力のことを法人格と表現することもある）。法律上，権利能力を有するのは**自然人**（人間）と**法人**である。私たち人間については法人と区別する意味で自然人と呼ばれる。どんなに知能の高い動物であっても，人ではない以上，権利能力は認められない。民法の世界では，動物が権利を有したり，義務を負ったりすることはない。例①のAやBには自然人や法人が当てはまる。

3条1項は「私権の享有は，出生に始まる」と規定する。これは，自然人が出生により初めて権利能力を取得することを定めている。さらにこの条文は，人であれば誰でも平等に権利能力を有するという**権利能力平等の原則**を宣言していると解されている。

(2) 自然人の権利能力の始期

「私権の享有は，出生に始まる」（3条1項）。民法は出生すれば，人に当然に権利能力が備わると定めている。それでは，母親のお腹の中にいる胎児に権利能力はあるのだろうか。胎児はまだ「出生」していない。3条1項の反対解釈によれば，権利能力が備わっていないことになる。胎児は民法上「人」とは扱われていないのである。このように，胎児は権利能力を有しないというのが民法における原則である。しかし，この原則を貫くと不都合が生じうる。ここで，次の4つのケースについて考えてみよう。

i 相続

例②

胎児Aの父親Bが相続財産を残して死亡した。

例②のように，Bの死亡がAの出生前であった場合，3条1項反対解釈によれば，B死亡時にAは権利・義務の帰属主体ではないため，相続は認められないことになる。しかし，胎児はそう遠くない将来「人」となる存在であるのに，たまたま父親の死亡の時点が出生の前か後かによって相続できたりできなかったりするのは不合理であろう。

そこで民法は，「胎児は，相続については，既に生まれたものとみなす」（886条1項）と規定した。現実には胎児はまだ生まれていないが，「相続については」すでに生まれたものと「みなす」のである。「みなす」は，「擬制する」とも言い換えることができる。みなす（擬制）とは，実際はどうかに関わらず，法的にそのように取り扱うということである。別の法律用語である「推定」の場合は，「実際はそうではない」と反論（反証）して取り扱いを覆すことができるが，擬制される場合は，反証により覆すことはできない。

胎児Aの父親Bが相続財産を残して死亡したというケースでは，886条1項が適用され，Bの死亡時に胎児であったAでも相続ができることになる。このような規定によって先程述べた不合理は回避される。

ii　遺贈

> **例③**
> 　胎児Aの父親Bが胎児に対して遺贈（遺言により贈与すること）を行ったが，Aが出生する前にBが死亡し，遺言の効力が生じた。

例③の場合，遺言の効力が生じたBの死亡の時点ではAは胎児であったのだから，胎児は人ではないという取扱いによれば，Aは遺贈の目的たる財産を取得できないはずである。

しかし，民法は相続についての886条の規定を受遺者（遺贈を受ける者）について準用し（965条），遺言の効力が生じた時点において胎児であった者でも遺贈により財産を取得することができるとしている。

iii　不法行為に基づく損害賠償請求

> **例④**
>
> 　胎児Aの父親Bが加害者Cの運転する車に轢かれて死亡した。

　721条は「胎児は，損害賠償の請求権については，既に生まれたものとみなす」と規定しており，**例④**の場合，Bの死亡時に胎児であったAも不法行為に基づく損害賠償請求をなしうる。

(3)　「既に生まれたものとみなす」の意味

　これらの「既に生まれたものとみなす」とはどのような意味だろうか。2つの理解の仕方がある。

　第1に，これらの規定の適用場面においては，あくまで出生前の段階では権利能力は認められず（3条1項の原則を変更せず），しかし，胎児が生きて生まれた場合には，過去に遡って権利能力を取得するとする見解がある。「遡って権利能力を取得する」というのは分かりにくいが，胎児の段階から権利能力があったものと取り扱うということである。これを**停止条件説**という。阪神電鉄事件判決（大判昭7・10・6民集11巻2023頁）は，停止条件説を採ったと理解されている。

　第2に，これらの規定の適用場面においては，胎児にも出生前の段階から権利能力を認め，しかし，その後死産した場合には，遡って権利能力が消滅する（死産の場合には胎児の段階から権利能力はなかったものと法的評価を変更する）とする見解がある。これを**解除条件説**という。

2　自然人の権利能力の終期

　自然人の権利能力の終期について民法に明文は存在しない。死亡により権利能力は終了すると解される。死亡により相続が開始し（882条），婚姻関係の解消が生じる。なお，民法には，失踪宣告制度という失踪者の利害関係人の不都合を解消するための制度を設けており，失踪宣告の効果は，死亡した

ものとみなされること（死亡擬制）であるとしているが，生存する失踪者の権利能力を否定するものではない。

3　法人

(1)　法人とは

民法第1編第3章では法人について規定している。**法人とは，自然人以外で，法律により権利・義務の主体とされているものをいう**。権利能力を有しない団体は，権利・義務の主体ではないため，例えば，その団体に所有権が帰属すると観念することはできない。

法人は，民法その他の法律の規定によらなければ，成立しないとされている（33条1項）。これを**法人法定主義**という（「その他の法律」には，一般法人法，会社法，NPO法など多数ある）。

(2)　法人の本質論

自然人でないものが，法人格を取得することの法律的な意味をどのように理解すればいいのだろうか。考え方がいくつかある。

ⅰ　法人擬制説　権利・義務の主体は本来自然人のみであり，法人とは法律によって自然人に擬制して権利義務の主体とされたものと考える説。

ⅱ　法人否認説　法人の実体は，自然人または財産にすぎないとする説。法人の背後の実体に着目しており，法人理論を一歩前進させたものと評価されている。

ⅲ　法人実在説　法人は，擬制されたものではなく，実質的に法的主体となりうる社会的実在であるとする説。この説が通説であるとされる。

(3)　法人の分類

法人の種類には様々なものがある。代表的な分類をみてみよう。

ⅰ　公法人と私法人　国や地方公共団体など公法に準拠して公法的事務を行う法人を公法人という。これに対して，民法，会社法など，私法に準拠している法人を私法人という。

ii　社団法人と財団法人　　一定の人の集まりである「社団」に法人格が与えられている場合を**社団法人**という。社団法人は人が集まってできる法人であるから，構成員たる**社員**の存在を不可欠の要素とする。最高意思決定機関として，社員総会がある。業務執行者として**理事**が置かれる。

他方で，一定の財産の集まりである「財産」に法人格が与えられている場合を**財団法人**という。財産自体を法人として，法人の機関が定款に示された設立者の意思を実現するべく財産の維持・管理・運用を行う。社員がいないため，社員に利益を分配するということもない。財団法人は常に非営利法人である。

iii　営利法人・非営利法人　　**営利法人**とは，法人の活動によって得られた利益を構成員に分配することを目的とする法人をいう。営利法人の典型例は，株式会社であり，株式会社はその経済的活動で得られた利益を構成員である株主（株式会社の社員）に分配する（剰余金の配当，残余財産の分配）。

他方で，**非営利法人**とは，法人の活動によって得られた利益を構成員に分配することを目的としない法人をいう。一般社団法人，一般財団法人，NPO法人（特定非営利活動促進法）は非営利法人である。

なお，法人が収益を上げる活動をしているかどうかは，営利法人であるか否かとは関係がない。非営利法人でも原資の獲得などの目的のため収益事業を行うことは珍しいことではない。

iv　一般法人・公益法人　　**一般法人**には，一般社団法人と一般財団法人がある。事業に公益性がある法人も，公益性がない法人も一般法人たりうる。

公益法人とは，一般法人のうち，特に公益目的事業（学術，技芸，慈善その他の公益に関する別表各号に掲げる種類の事業であって，不特定かつ多数の者の利益の増進に寄与するもの。公益社団法人及び公益財団法人の認定等に関する法律2条4号）を実施することにより，行政庁から公益認定を受けた一般法人をいう（同法2条，民法2条）。公益法人や公益法人に寄附を行う者は税制上の優遇を受けることができる。

⑷ 権利能力なき社団とは

i 権利能力なき社団とは 　法人格がない団体は，それがいくら法人と同様の組織を有し，構成員とは独立して団体としての活動を行っていても，権利能力がないのであるから，権利義務の帰属主体とはならず，法人と同様の法的取り扱いを受けることはできない（33条1項，法人法定主義を参照）。

　しかし，法人格を有しない団体の中には，団体の組織・運営・管理や社会的な実態の点において法人と何ら変わらないような団体もある。そのような団体としての活動は，法人格を得ていないというだけで，個人の活動とは異なるのであるから，できるだけ法人に近づけた法的取り扱いをするのが適切であるといえる。そのために考案された法理が，**権利能力なき社団**の法理である。

ii 権利能力なき社団の要件 　権利能力なき社団といえるためには，実質的に法人と変わらないといえることが必要である。権利能力なき社団といえるための要件につき判例は，①団体として組織をそなえ，②多数決の原則が行われ，③構成員の変更にもかかわらず団体そのものが存続し，④代表の方法，総会の運営，財産の管理その他団体としての主要な点が確定していることが必要であるとしている（最判昭39・10・15民集18巻8号1671頁）。

⑸ 法人格否認の法理

　法人は構成員や出資者とは独立した別個の法人格を有している（法人格の独立性）。しかし，その独立性を強調することが，正義・衡平の理念に反する場合もある。例えば，債務を免れるために，法人格を濫用するような場合がある。そのような例外的な場合に，問題となっている法律関係に限って，法人格であることを否定し，妥当な解決を図る法理を**法人格否認の法理**という。

【本章のまとめ】

【人と物】

・民法は，人と物を区別している。人が物を支配する権利を**物権**といい，人が人に対して請求する権利を**債権**という。

・**権利能力**とは，権利・義務の帰属主体となりうる主体のことをいう。権利能力を有するのは**自然人**と**法人**である。

【自然人と法人】

・自然人は，出生により権利能力を取得するが，胎児も，相続，遺贈，不法行為に基づく損害賠償請求についてはすでに生まれたものとみなされる。

・法人とは，自然人以外で，法律により権利・義務の主体とされているものをいう。

・法人は擬制されたものではなく，実質的に法的主体となりうる社会的実在であるとする考え（法人実在説）が通説である。

・法人格はないが，実質的に法人と変わらないような団体を**権利能力なき社団**という。

第 3 章　意思能力・行為能力

I　意思能力
II　行為能力

I　意思能力

1　意思能力とは

> **例①**
> 　3 歳の子どもが 1 人で買い物をしてきた場合でも，その売買契約は有効なのだろうか。

　例①の契約は有効だろうか。確かに，3 歳の子どもでも，買い物をすれば目的物が自分のものになるということは分かるだろう。しかし，代金を支払う法的義務が生じることや，そもそも支払うお金の価値がどのようなものかについてまで十分理解できているとは言えないであろう。そうすると，この 3 歳の子どもは，しっかり意味を理解した上で買い物（民法では売買契約という）をしたとはいえない。もちろん 3 歳の子どもにも権利能力は備わっているから，権利・義務の帰属主体となる。しかし，権利・義務の帰属主体になりうるからといって，義務を負うこと自体の意味を理解していない者に義務を負わせるべきではない。十分な判断能力に基づいて自らの意思で決めた

ことだからこそ契約には拘束力があり，契約を守らなければならないのである。

　そこで**意思能力**という概念が必要となってくる。意思能力とは，自分の行為の結果の発生を判断できる能力のことをいう。さしあたりは判断能力のことだと思っておけばよいだろう。行為時に相応の判断能力があることは，ある行為が自らの意思に基づいているといえるための前提となっているともいえる。このような判断能力のことを，民法では意思能力と呼んでいる。意思能力を欠くことを**意思無能力**という。また，意思能力を有しない者のことを意思無能力者という。人々は，自らの意思に従って生きるべきであり，自らの意思に基づいて行った行為だからこそ契約などによる拘束を受ける。このような考えを，民法では，**私的自治の原則**あるいは**意思自治の原則**と呼ぶ。

　意思能力を欠く状態で行われた行為は**無効**とされる（3条の2）。例えば，契約であれば，ある当事者が意思能力を欠く状態で行った契約は無効とされ，その当事者は，契約の拘束力から免れることができる。意思無能力無効となりうる例としては，乳幼児，泥酔者，重度の精神病患者がする法律行為を挙げることができる。

2　意思無能力無効の意義

　無効というのは，通常は「いつでも，誰でも主張できるもの」と考えられているが，意思無能力無効は，意思無能力者を保護のためにあるのだから，この無効を主張できるのは意思無能力者のみであると考えられている。意思無能力者と取引をした相手方から無効と主張することはできない。

　契約が無効である場合の法律関係はどうなるのであろうか。例えば，意思無能力者と売買契約をして，意思無能力者から代金を受け取った者は，代金を意思無能力者に返還しなければない。他方で，意思無能力者としても相手方に売買の目的物を返還しなければならない。このように，無効な行為に基づく債務の履行として給付を受けた者は，**原状回復義務**を負う（121条の2）。もっとも，意思無能力者は，金銭を費消してしまったり，給付物を紛失してしまっている場合もあるだろう。意思無能力者を保護する趣旨から，民法は，

意思無能力者は，その行為によって現に利益を受けている限度（**現存利益**）において返還をすれば足りるとしている（同条3項前段）。判例では，遊興費などで浪費してしまった場合は，現存利益は存在しない（大判昭14・10・26民集18巻1157頁）が，生活費に用いた場合には，その分自分の財産の支出を免れているので，現存利益は存在すると考えられている（大判昭7・10・26民集11巻1920頁）。

Ⅱ　行為能力

1　行為能力とは

> **例②**
>
> 　Aは重度の認知症を患っているが，金融業者Bから借金をして，Cより使う予定のない高級自動車を買ってきてしまった。

例②において，Aが「意思無能力であったから契約は無効だ」というためには，自動車の購入時に意思無能力であったことをAの側で主張立証しなければならないが，このような立証は実際には困難な場合が多いであろう。そこで，民法は，判断能力が不十分な人を保護するため，**制限行為能力者制度**を設けた。自らが制限行為能力者であることは容易に証明できる。制限行為能力者には，**未成年者**，**成年被後見人**，**被保佐人**，**被補助人**の4つの類型がある。

　行為能力とは，単独で確定的に有効な法律行為をなしうる資格のことをいう。行為能力が制限されている者のことを**制限行為能力者**という。制限行為能力者が行った一定の法律行為は取り消すことができるとされている（5条2項・9条本文・13条4項・17条4項）。

　例えば，未成年者は制限行為能力者とされており，単独で確定的に有効な法律行為を行うことができない。もし，未成年者がその法定代理人（親権者

または未成年後見人）の同意を得ないで単独で契約を行った場合は，確定的に有効ではなく，取り消しうる契約ということになる（5条2項）。取り消しうるとは，取り消されなければ有効のままであるものの，取り消されれば無効となる場合のことをいう。

2　未成年者

(1)　未成年者とは

未成年者とは18歳未満の者をいう（4条参照）。成年年齢はこれまで20歳であったが，2022年4月1日より18歳となった。

未成年者には保護者として**法定代理人**が付く。未成年者の法定代理人とは，**親権者**または**未成年後見人**のことである（824条・859条1項）。法定代理人は，未成年者を包括的に代理する権限を有している（**代理権**）（824条本文・859条1項）。また，法定代理人は，未成年者が法律行為をするに際し，同意をすること（同意権）（5条1項），未成年者がした法律行為を取り消すこと（**取消権**）（5条2項・120条1項），そして，未成年者が単独で行った法律行為を追認すること（**追認権**）（122条）ができる。

(2)　未成年者が法律行為をする場合の原則

未成年者が法律行為をするには，その法定代理人の同意を得なければならない（5条1項本文）。法定代理人の同意を得ないで行った法律行為は，取り消すことができる（同条2項）（未成年者取消権）。

未成年者は父母（未成年者が養子であるときは養親）の親権に服する。親権を行う者がないとき，または親権を行う者が管理権を有しないときは未成年後見人が保護者となる（838条1号・839条以下）。

(3)　未成年者が法律行為をする場合の例外

次の場合には未成年者のする法律行為も例外的に確定的に有効である。

i　単に権利を得，または義務を免れる法律行為（5条1項ただし書）　例えば，贈与を受ける行為や，債務免除を受ける行為などの，単に権利を得，または

義務を免れる法律行為については，未成年者に不利益が生じることは通常ないため，民法は，法定代理人の同意を不要とし，未成年者が法定代理人の同意なしにこれを行っても，取り消せないものとした。

ii　法定代理人が処分を許した財産の処分行為（5条3項）　例えば，親が未成年者に文房具の購入のために3,000円を与え，未成年者が購入をしてきたときのように，法定代理人が目的を定めて処分を許した財産については，その目的の範囲内において，未成年者が自由に処分することができる（5条3項前段）。

　未成年者が親からお小遣いをもらって飲食をするなどのように，法定代理人が目的を定めないで処分を許した財産についても，未成年者は自由に処分することができる（5条3項後段）。

iii　未成年者の営業の許可　親からスーパーの経営を任され，親の許可を得て未成年者がスーパーを営んでいる場合のように，一種または数種の営業を許された未成年者は，その営業に関しては，成年者と同一の行為能力を有する（6条1項）。この例の場合，スーパーの営業に関する商品の仕入れや，備品の購入，販売など個々の契約について未成年者は，親の同意なしに完全に有効なものとして単独で行うことができる。

iv　取消権の行使　行為能力の制限によって取り消すことができる行為については，制限行為能力者本人も取消権者であり，自ら取り消すことができる（120条1項）。取消しは白紙に戻すだけなので，制限行為能力者にも有効な取消権の行使が認められている。

v　一定の身分行為　身分行為（その効果が親族関係にかかわる法律行為）については，制限行為能力者の意思を尊重する必要性が特に高く，法定代理人の同意が不要とされている場合がある。例えば，子を認知をする場合（780条），養子となる場合（15歳以上の未成年者。797条1項反対解釈），遺言をする場合（15歳以上の者）である（961条・962条）。

3　成年後見制度

(1)　成年後見制度とは

　認知症，知的障害，精神障害などの理由で判断能力が不十分な人については，財産を自分自身で管理することや，入院や施設へ入所する契約を自分で結ぶことが困難な場合がある。このような判断能力が不十分な人を保護・支援するのが成年後見制度である。成年後見制度の基本的理念は，①本人の残存能力の尊重，②ノーマライゼーション（いわゆる弱者といわれている人々もそうでない人も，同じ様に生活することができる社会づくり），③自己決定権の尊重にある。

(2)　法定後見制度

　成年後見制度は，**法定後見制度**と**任意後見制度**の２つからなる。

i　法定後見制度　　法定後見は，家庭裁判所によって選ばれた成年後見人・保佐人・補助人（成年後見人等）が，本人を代理して契約をしたり，本人が自分で契約を際に同意を与えたり（同意が必要とされている場合），本人がなした契約を後から取り消すことによって，本人を保護・支援する制度である。成年後見人等は，本人の生活・医療・介護・福祉など，本人の身のまわりの事柄にも目を配りながら本人を保護・支援する。このように，本人の財産管理や，身上監護（身上保護）を行う。成年後見人等はその事務について家庭裁判所に報告するなどして，家庭裁判所の監督を受ける。なお，成年後見人等の職務は法律行為に関するものに限られており，食事の世話や介護など（事実行為）は，一般に成年後見人等の職務ではない。

ii　任意後見制度　　任意後見では，まず本人に十分な判断能力があるうちに任意後見契約が締結される。すなわち，将来，判断能力が不十分な状態になった場合に備えて，あらかじめ本人が選んだ受託者（任意後見人となる者）に，自らの生活，療養看護や財産管理に関する事務の全部または一部を委託して，その委託に係る事務について代理権を与える契約（任意後見契約）を公正証書で締結しておく。本人の判断能力が低下し，家庭裁判所が**任意後見**

監督人を選任することにより，任意後見契約の効力が生じる。任意後見人は，任意後見契約で決めた事務について，家庭裁判所が選任する任意後見監督人の監督のもと，契約で定められた特定の法律行為を本人に代わって行う。これによって本人の意思に従った適切な保護・支援を行う（任意後見に関する法律2条1号参照）。なお，任意後見人には本人の行為にかかる取消権はないと解されている。

4　成年被後見人

> **例③**
>
> 　Aの父親Bが重度の認知症になり，福祉施設に入所することになった。Aは入所費用の支払いのため，銀行の窓口でBの銀行預金の引出しを申し出た。預金の引出しはできるだろうか。

　家庭裁判所は，精神上の障害により事理弁識能力を**欠く常況にある者**については，後見開始の審判をすることができる（7条）。後見開始の審判を受けた者を**成年被後見人**という。成年被後見人には保護者として**成年後見人**が付く（8条）。保護を受ける側が成年被後見人であり，保護する側が成年後見人である。間違えやすいので注意が必要である。

　成年後見人には，成年被後見人を代理する権限がある（859条，ただし859条の3による例外あり）。**例③**については，後見開始の審判により選任された成年後見人であれば，本人を代理して，本人の預金を引き出すことができる。誰が成年後見人に選任されるかは家庭裁判所の判断によるため（843条1項），Aが選任されるとは限らない。

　成年後見人は成年被後見人のする法律行為を取り消すこと（取消権。9条本文・120条1項），成年被後見人が行った法律行為を追認すること（追認権）（122条）ができる。成年後見人の権限として，未成年者の法定代理人のような同意権はなく（成年後見人から同意を与えられても，成年被後見人がその通りの行為をするかどうかの保障はないため），たとえ成年後見人の同意があって

も成年被後見人の法律行為は取り消すことが可能である。

　成年後見人は，善管注意義務（善良なる管理者の注意義務）を負っており（869条・644条），高度の注意義務が課せられている。他人の財産を管理するのだから当然といえる。また，成年後見人は，成年被後見人の生活，療養看護および財産の管理に関する事務を行うに当たって，成年被後見人の意思を尊重し，その心身の状態及び生活の状況に配慮する義務を負っている（身上配慮義務。858条）。

5　被保佐人

(1)　被保佐人

　家庭裁判所は精神上の障害により事理弁識能力が**著しく不十分である者**について，保佐開始の審判をすることができる（11条本文）。保佐開始の審判を受けた者を**被保佐人**という。被保佐人には保護者として**保佐人**が付く（12条）。

　保佐開始の審判は精神上の障害により事理弁識能力が「著しく不十分」である者についてなされうるものであるので，事理弁識能力を欠く常況にある者については保佐開始の審判をすることはできない（11条ただし書）。保佐開始の審判の請求権者は，成年後見の審判と同様である。

(2)　13条1項各号に列挙された行為

　被保佐人が13条1項各号に列挙された行為をするには，保佐人の同意を得なければならない（ただし，日用品の購入その他日常生活に関する行為を除く）（13条1項）。被保佐人が保佐人の同意を得なければならない行為について，保佐人の同意を得ないでした行為は取り消すことができる（13条4項）。

　13条1項各号の行為とは，次の通りである。①元本を領収し，または利用すること，②借財または保証をすること，③不動産その他重要な財産に関する権利の得喪を目的とする行為をすること，④訴訟行為をすること，⑤贈与，和解，または仲裁合意をすること，⑥相続の承認もしくは放棄または遺産の分割をすること，⑦贈与の申込みを拒絶し，遺贈を放棄し，負担付贈与の申

込みを承諾し，または負担付遺贈を承認すること，⑧新築，改築，増築または大修繕をすること，⑨602条（短期賃貸借）に定める期間を超える賃貸借をすること，⑩13条1項1号〜9号に列挙された行為を制限行為能力者（未成年者，成年被後見人，被保佐人，17条1項の審判を受けた被補助人）の法定代理人としてすること。

これら13条1項各号の重要な法律行為については，保佐人の同意がない限り，取り消すことができる。

なお，被保佐人が13条1項各号に列挙された行為以外の行為をする場合であっても，家庭裁判所は，請求権者の請求により，保佐人の同意を要する旨の審判をすることができる（13条2項本文）。ただし，日用品の購入その他日常生活に関する行為については同意を要する旨の審判をすることはできない（同条同項ただし書）。

(3) 保佐人の権限・義務

保佐人は，保佐人の同意を要する行為につき，同意権（13条），取消権（13条4項・120条1項），追認権（122条）を有している。

保佐人は原則として被保佐人の代理をする権限を有しない。代理は本人の私的自治への介入を意味するからである。ただし，代理が必要な場合もあるため，保佐人の代理権は，家庭裁判所が，特定の法律行為について保佐人に代理権を付与する審判をした場合に生じるとされている。保佐人は審判で定められた特定の法律行為について本人を代理する（876条の4第1項）。

6　被補助人

(1) 被補助人

家庭裁判所は，精神上の障害により事理弁識能力が**不十分である者**について，補助開始の審判をすることができる（15条1項本文）。補助開始の審判を受けた者を**被補助人**という。被補助人には保護者として**補助人**が付く（16条）。

補助開始の審判は，精神上の障害により事理を弁識する能力が不十分であ

る者についてなされうるものなので，事理弁識能力を欠く常況にある者，事理弁識能力が著しく不十分である者については補助開始の審判をすることはできない（15条1項ただし書）。本人以外の者の請求により補助開始の審判をするには，本人の同意がなければならない（15条2項）。事理弁識能力がある本人の意思を尊重するべきだからである。

(2) 補助人の同意を要する旨の審判

　家庭裁判所は，請求権者の請求により，被補助人が特定の法律行為をするにはその補助人の同意を要する旨の審判をすることができる（17条1項本文）。補助人の同意を要する行為であって，補助人の同意を得ないでした行為は，取り消すことができる（17条4項）。同意を要する旨の審判を受けていない行為については，被補助人が単独で確定的に有効に行うことができる。

　審判により補助人の同意を要するとすることができる行為は，13条1項に規定する行為の一部に限られている（17条1項ただし書）。本人以外の者の請求によりこの審判をするには，本人の同意が必要である（17条2項）。

(3) 補助人の権限・義務

　補助人は，補助人の同意を要する行為につき，同意権（17条1項本文），取消権（17条4項・120条1項），追認権（122条）を有する。

　補助人は原則として被補助人の代理権を有しない。補助人の代理権は家庭裁判所が，特定の法律行為について補助人に代理権を付与する審判をした場合に生じる（876条の9第1項）。

7　制限行為能力者の相手方の催告権

> **例④**
> 　Bは未成年者Aと売買契約をした。Aはまだ契約を取り消していない。Bは契約がこのままずっと取り消されないのか，いつかは取り消されるのかが分からず不安である。

制限行為能力者が行った一定の法律行為は取り消すことができる（5条2項・9条本文・13条4項・17条4項）。制限行為能力者と取引をした相手方としては，もし追認権者（制限行為能力者本人や，法定代理人など）が取り消すことができる行為を追認すれば確定的に有効になるから（122条），その置かれた立場は安定化するが，<u>追認がなければ，取り消されるのかどうかが分からず不安定な立場に立つことになる。</u>

　このような不安定な立場に立つ相手方のために用意されたのが，**制限行為能力者の相手方の催告権**である。この制度は，<u>制限行為能力者と取引をした相手方が1か月以上の期間を定め，一定の者に対し，追認するかどうか確定せよと催告ができ，その期間内に確答が無い場合には，追認または取消しがあったものとみなされるというものである</u>（20条）。追認・取消しどちらの効果になるかは20条に規定されている。**例④**の場合は20条1項・2項の適用が問題となる。20条1項は未成年者が成年となった後，その者に催告した場合について規定しており，20条2項は法定代理人に催告した場合について規定している。条文を見て自分で結論を考えてみよう。20条の規定は若干ややこしいが，当事者の立場に立って考えれば理解できるであろう。この制度により，制限行為能力者と取引をした相手方は，どっちつかずの状況から脱することができる。

8　制限行為能力者の詐術

例⑤
　未成年者Aは偽造運転免許証を見せて，成年者であるとBを騙して，自動車を購入した。

　先にも述べたように制限行為能力者が行った一定の法律行為は取り消すことができる（5条2項・9条本文・13条4項・17条4項）。

　しかし，例えば，未成年者が自分は成年であると相手方を騙して売買契約を締結した場合にまで，「取消し」という保護を与えるべきだろうか。相手

方の信頼や取引の安全を優先させるべき場合もあろう。そこで民法は，制限行為能力者が行為能力者であることを信じさせるため**詐術**を用いたときは，その行為を取り消すことができないと規定した（21条）。**例⑤**ではAは詐術を用いているので，契約の取消しはできない。

　「詐術」の意義は解釈に委ねられている。例えば，未成年者が，自分が未成年者であることを相手方に告げなかったことは「詐術」とまではいえないであろう。しかし，黙秘に加えて，さらに積極的な言動があった場合はどうだろうか。判例は，黙秘していた場合でも，それが，他の言動などとあいまって，相手方を誤信させ，または誤信を強めたものと認められるときは，詐術に当たるとしている（最判昭44・2・13民集23巻2号291頁）。

【本章のまとめ】

【意思能力】

・**意思能力**とは，自分の行為の結果の発生を判断できる能力のことをいう。意思能力を欠く状態でされた法律行為の効果は**無効**である。

【制限行為能力】

・制限行為能力者には，**未成年者**，**成年被後見人**，**被保佐人**，**被補助人**の4つの類型がある。

　未成年者が法律行為をするには，その**法定代理人**の同意を得なければならない。

　法定代理人の同意を得ないで行った法律行為は，取り消すことができる。

　家庭裁判所による後見開始の審判は，精神上の障害により事理弁識能力を**欠く常況にある者**について，保佐開始の審判は，精神上の障害により事理弁識能力が**著しく不十分な者**について，補助開始の審判は，精神上の障害により事理弁識能力が**不十分な者**についてなされる。

・制限行為能力者の相手方の保護

　制限行為能力者と取引をした相手方には**催告権**が認められ，期間内に確答がない場合には，追認または取消しがあったものとみなされる。

　制限行為能力者が行為能力者であることを信じさせるため**詐術**を用いたときは，その行為を取り消すことができない。

第4章　物

I　物の意義（物＝有体物）
II　物の区分

第2章・第3章では，民法上の権利主体である「人」と人が単独で取引等を行う際に必要とされる能力（権利能力・行為能力・意思能力）について学んだ。

本章では，権利の客体である「**物**」について学ぶ。

I　物の意義（物＝有体物）

> **例①**
>
> 　AはBの自宅の外にあったコンセントにプラグを差し込み，自分の電気自動車の充電をしていた。Bはこれに気が付き，「その電気は私のものだ。返せ」と主張した。認められるか。

Bの主張を民法的に言い換えると，「その電気の所有権は私にある。したがってその電気を私に返還せよ」ということになる（所有権に基づく返還請求という）。その前提として，Aが盗んだ電気にBの所有権が成立しなければならない。そして，そのためには，電気が民法上，所有権という物権の客体である「物」である必要がある。

これについて民法は「この法律において『物』とは，有体物をいう」と規定している（85条）。**有体物**とは「形のあるもの」という意味である。個体がイメージしやすいが液体や気体であっても管理可能な状態にあれば（例えばペットボトルに入っている状態），有体物と言える。したがって，空中に漂っている空気や川の水などは有体物ではない。そして，電気もまた有体物ではないとされている。よって，**例①**の場合，Bの主張は認められないことになる。

もちろん，電気を盗むことは犯罪になるし（刑法245条・235条），電気が盗まれたことによって生じた損害（例えば電気代相当額）については，損害賠償請求が可能となる（709条）ことから，法律上の保護が一切ないわけではない。

Ⅱ　物の区分

民法上，「物」はいくつかの仕方で区分されている。以下，そのうち重要なものを見ていくことにしよう。

1　動産と不動産

> **例②**
>
> 次の物は動産か，不動産（またはその一部）か。
>
> ア．土地
>
> イ．地表の下にある土砂／土地から運び出された土砂
>
> ウ．地面に植えられた樹木／伐採され搬出された樹木
>
> エ．これから建物を建てる土地の上に置かれた建築資材
>
> オ．建物

「物」は，**動産**と**不動産**に分けられる。不動産とは「土地及びその定着物」（86条1項）のことである。**定着物**とは，土地に直接または間接に固定され，

土地と一体になっているものをいい，建物，石垣や敷石，線路，鉄管，植木などがこれに当たる。したがって，**例②**のア．とイ．の土砂やウ．の樹木が土地から分離される前は土地の定着物に当たる。建物は土地の定着物であるが（**例②**のオ．），土地とは独立した不動産として扱われる（370条参照）。かつて日本では必要に応じて建物を解体せずに移動することがあったが（曳屋という），そのことに由来する。

　一方，動産とは不動産以外の物のことである（86条2項）。つまり，土地とその定着物に含まれない物は，すべて動産ということになる。例②のイ．とウ．の搬出された土砂や材木は動産であり，エ．も動産である。

　この動産と不動産の区別は，特に物権法において重要となる（詳しくは**第8章**から**第11章**参照）。

2　主物と従物

> **例③**
>
> 　AはBから建物を購入したが，その建物には各部屋にエアコンが設置されていた。ところが，Bが後になって，「私は建物をあなたに売ったがエアコンまで売ったつもりはない」と言い出し，エアコンを外して持ち帰ろうとしている。Bの言い分は認められるだろうか。

　物理的にまったく別個独立の物であるが，一方の物が他方の物の社会的効用を補う関係にある場合，後者を**主物**，前者を**従物**と呼ぶ。具体的な例を挙げると，建物を主物とすると，そのなかに備えつけられた畳や建具のほか**例③**のエアコンが従物に当たる。そして民法は「従物は，主物の処分に従う」（87条2項）としている。これは，主物である建物の所有権が買主に移ると，従物である畳や建具，エアコンの所有権も買主に移るということである。したがって，Bの言い分は認められない。ただし，合意によって主物と従物を別の取引対象とすることまで禁止する必要はないだろう。よって，A・Bが合意の上でエアコンを取引の対象から外すことについては問題はない。

3　元物と果実

　そのほかに，元物・果実という分類もある。果実という言葉から，木になるりんごやみかんなどの果物が連想される。たしかに，その連想の通り，りんごやみかんは，民法上，木という**元物**（げんぶつ／がんぶつ）から産出された果実である。しかし，民法上の**果実**とは，こうした「果物」のことだけではなく，元物から産出される経済的な収益の総称である。

　そして果実は，その言葉から通常連想される果物，畑の野菜，牛乳などを指す**天然果実**と，不動産を賃貸した場合の賃料などを指す**法定果実**に分かれる。こうした区別は特に果実を誰が収取するかという問題とかかわっている。

　天然果実の場合，当事者に特約が無い限り，果実が元物より分離するときに，収取権を有する者に帰属するとされている（89条1項）。木にりんごがなっている場合，それが熟して採取するときに，その木の所有者が，そのりんごを手に入れるということである。法定果実の場合は，これを収受する権利の存続期間に応じて，日割り計算で前後の権利者に分けられる（同条2項）。例えば，月額10万円の家賃で賃貸中のアパートを，大家が月の半ばに売却すると，買主と売主が5万円ずつ家賃を収取することになる。

```
【本章のまとめ】
【物とは】
・物は権利の客体である。
・民法上の「物」は有体物に限られる（85条）。
【物の分類】
・物にはいくつかの区分が存在する。
　①不動産（＝土地及びその定着物）と動産（不動産以外の物）
　　→それぞれ物権法において異なる扱いがなされている。
　②主物と従物
　　→従物は主物の処分に従う（合意により別の取引対象とすることも可）。
　③元物と果実（法定果実と天然果実）
　　→法定果実と天然果実は果実収取権において異なる扱いがされている。
```

第5章　法律行為(1)

Ⅰ　法律行為とは

1　法律行為の定義と分類

(1)　法律行為と意思表示

この章では，「法律行為」とその核となる「意思表示」について学ぶ。まず**法律行為**とは，一定の法律効果を発生させようという意思を表示することにより，その欲した内容通りの効果が生じる行為をいう。そして，ここでの「一定の法律効果を発生させようという意思」（民法では「**効果意思**」と呼ぶ）の「表示」を「**意思表示**」と呼ぶ。この意思表示の数や向かう先に応じて，法律行為は契約・合同行為・単独行為の３つに分類される。

(2)　法律行為の分類と具体例

契約とは，２つ以上の意思表示の合致により成立する法律行為である。例えば，Ａがコンビニでおにぎりを買う行為も立派な契約であり法律行為の１つである。つまり，Ａは「おにぎりを買おう」という効果意思（法律的には，代金の支払義務を負う代わりに店からおにぎりの所有権を移転してもらおうとす

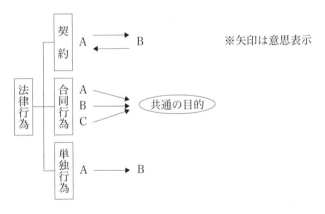

図1　法律行為の分類

る意思）を抱き，「おにぎりをください」という表示を行い，コンビニの店員Ｂがこれに承諾すると（これも意思表示），Ａとコンビニの間におにぎりに関する契約（売買契約）という法律行為が成立することになる。契約には様々な種類があるが，民法には13種類のひな型（**典型契約**という。詳しくは**第17章以下参照**）が用意されている。

　そのほかに法律行為には合同行為と単独行為がある。**合同行為**とは，複数の意思表示が同一の目的のためになされることにより成立する法律行為である。一般社団法人の設立がその例である。**単独行為**とは，１個の意思表示だけで成立する法律行為であり，取消し，解除，遺言がその例である。

2　「私的自治の原則」

　ところでなぜ，法律行為が成立すると，その通りの法律上の効果が発生するのだろうか。それは，民法が私的自治の原則を大前提としているからである。**私的自治の原則**とは，人は自由な意思に基づいて自分の法律関係を自由に形成することができ，それを国家も法律や公序良俗に違反しない限りで承認するという原則であり，自由主義思想を基礎とするものである。

1　公序良俗

では，具体的に法律行為に関する規定を見ていこう。

例①

　AがBと「Cを殺してくれたら1億円を払う」という契約をしたとしよう。そして，実際にBがCを殺害してきたとする。そしてBが逮捕されるのを覚悟のうえで，Aに対して「1億円支払え」という裁判を起こしたとして，一体どうなるだろうか。裁判所はAに対して「Bに1億円支払え」と命じるだろうか。

　まず，**例①**のAとBの意思表示は合致しているので契約＝法律行為が成立する。したがって，Bの言い分にも理由があることになりそうである。しかし，民法90条は「公の秩序又は善良の風俗に反する法律行為は，無効とする」と定めている。「公の秩序又は善良の風俗」は今日では両方合わせて**「公序良俗」**と呼ばれているが，その内容には，刑罰をもって禁止されている行為（例えば**例①**の殺人。刑法199条）や性道徳を乱す行為等が含まれている。そして，この公序良俗に反する法律行為は無効，すなわち法律的には何らの効果も発生しなかったこととして扱われる。つまり，BはAに対して裁判上1億円を請求することはできない。国家は，こうした違法な法律行為の実現には手を貸さないということを宣言した規定である。

2　強行規定と任意規定

　ところで，民法には90条の文言にみられる「公の秩序」に関する具体的な規定が存在する。そうした規定を**強行規定**（法規）と呼ぶ。民法175条は，「物権は，この法律その他の法律に定めるもののほか，創設することができない」と規定しているが，その例である。そして，こうした強行規定に反す

る法律行為も**無効**である（91条の反対解釈。反対解釈とは，「pならばqである」という規定から「pでなければqでない」と解釈する方法である。民法91条は「法律行為の当事者が法令中の公の秩序に関しない規定と異なる意思を表示したときは，その意思に従う」と規定しているが，「公の秩序に関しない規定」であれば従わなくてもよいのであれば，「公の秩序に関する規定」には従わなければならないという解釈が導き出される）。

　なお民法には，一応条文は用意されているものの，それに従わなくてもよいことが規定されている場合がある（例えば民法485条）。このように当事者の意思で適用を排除できる規定のことを**任意規定**（法規）と呼ぶ。民法91条の「公の秩序に関しない規定」とはこの任意規定のことである。

<hr>

Ⅲ　意思表示

1　意思表示とは

　前述のように，法律行為は常に1つ以上の意思表示を構成要素として含んでいる。したがって，意思表示の効力が失われる場合には，法律行為の効力も失われる。民法93条以下の規定は，そうした意思表示の効力（が失われる場合）に関する規定である。

　ところで，民法93条以下について学ぶ前に，意思表示の成り立ちを理解することが重要である。AがBからパソコンを買う約束をした，という場面に沿って確認しておこう。

　①まず，AがBからパソコンを買いたいと思った理由（パソコンが壊れたなど）があるはずである。この理由を**動機**という。

　②そして，AがBからパソコンを買いたいという意思を抱く。この「法律上の効果」の発生に向けられた「意思」を**（内心的）効果意思**と呼ぶ。

　③そして，AがBに「パソコンを売ってほしい」と自分の効果意思を表明する。この行為を**表示行為**という。表示行為にはBの効果意思が現れているが，特に表示行為上に現れている効果意思を**表示上の効果意思**と呼ぶ。

図2　意思表示の成り立ち

　この①から③の段階を経て意思表示が完成する。なお，意思表示もコミュニケーション手段の一種であるから，当然，それが相手に届かなければ（例えば出した手紙が届かなかった場合など）意味がなく，そのような場合には意思表示の効力が発生しない。このことを定めた規定が民法97条であり，こうした考え方を**到達主義**と呼んでいる。

2　意思の不存在と瑕疵ある意思表示

⑴　意思の不存在

　ところで，正常な意思表示は，内心的効果意思と表示上の効果意思が一致している。ところが，しばしば両者が一致しない場合が生ずる。**意思の不存在**と呼ばれる場面であり，93条から95条に規定がある（詳しくは後述）。こうした場合には，効果意思が正しく表示されていないので，その意思表示は原則として効力が否定される。なお，表示行為には正しく内心的効果意思が対応していなければならないという考え方を**意思主義**と呼ぶ。

⑵　瑕疵ある意思表示

　また，内心的効果意思と表示上の効果意思は一致しているが，相手方に騙されたり脅されたりして意思表示をしてしまう場合もある。このように，自由な意思に基づかずに意思表示をしてしまった場合を**瑕疵ある意思表示**と呼び96条に規定が置かれている。この場合，効果意思そのものは正しく表示されているが，その形成過程に問題があるので，一律無効ということにはせず，意思表示を行った者に**取消し**を認めている（無効と取消しの違いについては本書**第6章**参照）。

図3　意思の不存在

図4　瑕疵ある意思表示

3　心裡留保

例②

　BがAをからかうつもりで，本当はタダであげるつもりはないのに，「僕の持っているパソコンに君にタダであげるよ」といった。この場合のBの意思表示は有効だろうか。

　Bの意思表示を上の**図3**に当てはめてみよう。Bは「タダであげる」という表示行為を行っているが，これに対応する内心的効果意思が存在しない。つまり，意思の不存在が生じている。Bはそのことを知りながらわざと行っているが，このように，<u>意思表示をする者（表意者）が「わざと」意思の不存在を生じさせる場面を**心裡留保**という（93条）。</u>

　ところで，先の意思主義の考え方に立てば，この意思表示は無効となるはずである。ところが，93条1項本文を見ると，こうした場合でも「そのため

にその（＝意思表示の）効力を妨げられない」と規定している。つまり，意思表示は有効である。なぜなのだろうか。それは，Ｂの申し出をＡが真に信頼していた場合には，Ａが気の毒だからである。このように，相手方（ここではＡ）の信頼を保護する考え方を**表示主義**といい，93条１項本文はこの**表示主義**に従って，意思表示を有効としている。

したがって，ＡがＢの申し出は「冗談だな」と分かっていた，あるいは当然に分かるべきであったという場合には，Ａの信頼保護の必要性は無く，Ｂの意思表示を無効としてよい（93条１項ただし書）。

4 虚偽表示

> **例③**
>
> 　ＡはＣから借金をしていた。ところが返せそうにない。そこで，ＣはＡの自宅（甲）を差し押さえて競売にかけて，その代金から借金を返してもらおうと考えていた。ところが，これを察知したＡが友人のＢに，「家がＣに競売にかけられてしまうので，Ｂに売ってしまったことにして，登記名義も一時Ｂにしておいてもらえないか」と持ち掛け，お互い，売る気も買う気もないのに甲の売買契約を締結した。この場合，Ａの意思表示は有効だろうか。

次の場面は，（通謀）**虚偽表示**と呼ばれる場面である。まず**例②**にあるように，お互い売る気も買う気も無いのに，「甲を売ります」「甲を買います」という表示行為を行っていることから，意思の不存在が生じていることが分かる。そして，これを「わざと」生じさせている点では心裡留保と同じであるが，ここでは，お互いに示しあわせて（＝**通謀**という）これを行っている点では異なっている。そして，この場合，ＡもＢも相手方の意思表示が有効であるという点について何ら信頼していないのであるから，原則通り無効としてよい。このことを規定しているのが94条１項である。

5 錯誤

例④

ア．AはBが2台パソコン（甲と乙）を持っているのを知っていたが，Bにそのうち1台を買いたいと告げる際に，誤って，「甲」と表示すべきところを「乙」と述べてしまった。この場合の意思表示は有効だろうか。

イ．Aは「甲」を欲しいと思い，「甲」を買いたいと正しく表示した。Aは，自分のパソコンが壊れていると思い，Bから購入しようと考えたところ，実はAのパソコンは壊れていなかった場合はどうだろうか。

(1) 錯誤の2の場面

例④の各場面は**錯誤**と呼ばれる場面であり95条所定の要件を満たすと意思表示が**取消し**可能となる。錯誤については以下の2つの場面がある。まず**例④ア．**ではAは内心では，甲が欲しいという効果意思を抱いていたのに，誤って「乙が欲しい」と表示しており，の不存在が生じている。このように，誤って意思の不存在を生じさせてしまう場合を**表示錯誤**という。

他方，**例④イ．**の場面では，Aには意思の不存在は生じていない。しかし，Aがパソコンを欲しいと思った理由について勘違いが生じている。こうした場面を**基礎事情の錯誤**（かつては動機錯誤と呼んでいた）といい，95条1項2号に規定がある。この基礎事情の錯誤については同条2項で，Aの認識を「法律行為の基礎とすることの表示」が必要であるとしている。つまり，AはBに向かって「私は自分が持っているパソコンが壊れてしまったのであなたから買うのだ」ということを相手方に表示する必要がある。

(2) 錯誤の重大性と重過失要件

表示錯誤にせよ基礎事情の錯誤にせよ，軽微な錯誤でいちいち意思表示が

取り消されたのでは，相手方は怖くて契約できない。そこで95条1項柱書は，錯誤が取引上の社会通念に照らして重大であることを要求している（重大性要件）。

さらに，ちょっと注意をすれば避けられた錯誤に基づいては取消しを主張できないこと，すなわち錯誤した者に**重過失**がある場合には取消しを主張できないことをも定めている（重過失要件。95条3項）。重過失に基づく錯誤を理由に取消しを主張するのはあまりに「虫がよすぎる」からである。

6　詐欺・強迫

(1)　詐欺

では次に，瑕疵ある意思表示の場面を見て行くことにしよう。

> **例⑤**
>
> 　ア．BがAに対して，性能についてウソをついて，それを信じたAがBからパソコン甲を購入した場合。
>
> 　イ．BがAに対して，「パソコン甲を買わないと，お前の悪いうわさを流すぞ」と述べて，Aが仕方なくBからパソコン甲を購入した場合。

例⑤の2つの場面についてA・B間の契約は有効だろうか。民法96条は瑕疵ある意思表示の場面として詐欺と強迫について規定している。

詐欺とは，相手方に騙されて（騙す行為を欺罔行為（ぎもうこうい）という），意思表示をしてしまった場合であり，**例⑤**ア．はこれに当たる。この場合，Aの「パソコン甲を買いたい」という効果意思は，Bのウソによって形成されたものである。こうした場合に民法は，意思表示の取消しを認めている。ただし，1点，注意すべき点がある。BがAを騙すつもりでウソを言った場合，つまり，**故意**に事実と異なることを告げた場合でない限り取消しは認められないという点である。Bが故意ではないものの結果的に事実と異なることを相手に告げてしまい，Aが勘違いした結果として意思表示をしてしまった場合には，

錯誤や消費者契約法上の取消しの問題となる。

(2) 強迫

強迫とは，相手方に**故意に**不利益な事実を告げて，意思表示をするように仕向ける場合であり，**例**⑤イ．がこれに当たる。必ずしも相手に脅されて意思表示をした場合に限られない（脅迫ではなく民法上の「きょうはく」は「強迫」と書くので注意）。こうした場合にも，効果意思を抱く過程に瑕疵があることを理由に，意思表示を取消すことができる。

7　意思表示の無効・取消しと第三者の保護

> **例**⑥
> 　AがBに土地甲を売り，その土地をBがCに売ったとしよう。その後，これまで見てきた民法の規定に従い，Aの意思表示が無効あるいは取消しとなった場合，AはCから土地を取り戻すことはできるのだろうか。

例⑥についての規定が民法93条から96条の各条の中に置かれている。まず，意思表示の無効・取消しを主張するAから見たときに，AとBを「**当事者**」，Cを「**第三者**」という。そして，Aが意思表示を無効・取消しにすると，A・B間の契約は，はじめから無かったことになり，当然，最初からBは土地を持っていなかったことになる。そうすると，CもまたBから土地の権利を手に入れていなかったことになる（「**無権利の法理**」という）。そして，CはAから「それは私の土地だ。返してもらう」という主張をされてしまうことになる。

しかし，それでは，Cが何も知らずにBと契約していた場合には，気の毒であろう。そこで，民法93条から96条はそれぞれ，Aの上記のような主張に対して，一定の要件の下，Cに対抗手段を認めている。

まず民法93条2項を見てほしい。同条同項は，「前項ただし書の規定によ

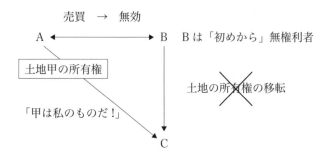

図 5　無効・取消しと第三者

る意思表示の無効は，善意の第三者に対抗することができない」と規定している。これと同じ規定が，94条2項にもある（民法95条4項と96条3項では「善意でかつ過失がない第三者」としている）。ここでの**善意**は，意思表示が無効であったことについて知らないこと指すが，そのような第三者には，Aは自分の意思表示が無効であったことを理由に土地の取戻しを請求できないことになる。こうしてCが保護される結果となる。

　なお民法96条3項については注意が必要である。そこには「詐欺による意思表示の取消しは」と書いてあり，強迫の場合については書かれていない。つまり，強迫を理由にAが意思表示を取り消した場合には，Cの善意・悪意に関係なく，土地を返してもらえるのである。

【本章のまとめ】

・**法律行為**とは，一定の法律効果を発生させようという意思を表示することにより，その欲した内容通りの効果が生じる行為。

【法律行為の無効原因】

　公序良俗違反（90条）

　強行法規違反（91条の反対解釈）

・**意思表示**は，動機に導かれ，内心的効果意思を生じ，これを表示することによって成立する。

【意思表示の無効・取消し原因】

　意思の不存在；内心的効果意思と表示（上の効果意思）の不一致。心裡留保（93条），虚偽表示（94条），錯誤（表示錯誤，95条）の3つがある。

　瑕疵ある意思表示；内心的効果意思の生成に不当な影響が及んでいる場合。詐欺と強迫（96条）の2つがある。

【意思表示の無効・取消しと第三者保護】

　法律行為の無効・取消しによって影響を受ける第三者を保護する規定がある。それぞれ第三者に「善意（および無過失）」を要求している。

第 6 章　法律行為(2)

Ⅰ　代理
Ⅱ　無効および取消し

それでは，法律行為の規定の後半部分に入っていこう。ここでは，他人がした法律効力を自分に帰属させる場面である**代理**や，法律行為の効力の消滅場面である**無効・取消し**について学ぶ。

━━━━━━━━━━━━━━　**Ⅰ　代理**　━━━━━━━━━━━━━━

> **例①**
>
> 　Ａは常日頃，外車「甲」が欲しいと思い，その話を友人Ｂにしていた。ある日，Ｂは中古車店Ｃで「甲」を発見した。そこでＢは先に売れてしまってはＡが悲しむだろうと思い，Ａに断りもなく「自分はＡに頼まれた」と述べて，Ａの名前でＣと甲の売買契約を締結してしまった。ＡがＣから代金請求を受けたとして，これに応じなければならないだろうか。

1　代理とは

例①では何が問題となっているのだろうか。これまで学んできたことをべ

ースに考えてみよう。まず，B は C との間で，中古車甲の売買契約を締結
している。そうすると，売買契約の効力，つまり，自動車を引き渡せという
権利（引渡債権）や代金を支払う義務（代金債務）が発生する。

　しかし，問題なのは，「A に断りもなく」「A の名で」契約をしている点で
ある。つまり，契約から生じた効力を A に帰属させて良いのが問題となっ
ている。もう少し，一般化していえば，他人（ここでは B）が相手方（ここ
では C）と行った法律行為の効力をどのような場合に本人（ここでは A）に
帰属させて良いかということが問題となっている。これを扱うのが「代理」
という制度である。

　なお，代理には，例えば，取引に詳しい人に契約交渉をお願いする場合の
ように，本人が自らの意思で代理人を選任する場合である**任意代理**と，制限
行為能力者のところで学んだように特定の者が法律上当然に代理人となる場
合である**法定代理**がある。

2　代理の成立

　それでは例①の場合，代理が成立しているだろうか。しているならば，
B・C 間の売買契約の効力は A に帰属し，A は代金を支払う義務を負う（も
ちろんその代わり「甲」の所有権を手に入れることができる）。

(1)　代理権の存在
　まず，有効な代理が成立するためには，相手方（C）と契約する他人（B）
が**代理権**を有していなければならない。**例①**の場合，B が「断りもなく」C
と契約していることから，B には代理権はない。よって代理は成立しない
（その後の処理については後述 **3**）。なお，この代理権が，本人（A）から与え
られる場合（**代理権授与行為**という）が任意代理であるのに対して，法律の
規定により当然に発生するのが法定代理である。

(2)　顕名
　仮に A が B に代理権を与えていても，B が C にそのことを告げずに契約

していたらどうなるだろうか。おそらくCは自分の相手はBであると思うだろう。そこで民法は、「本人のために（契約）することを示す」ことを要求している（99条）。これを**顕名**という。顕名がなかった場合は、「自己のため（＝B自身のため）にしたもの」とみなされる（100条）。

(3) 代理行為の瑕疵

> **例②**
>
> 　BがAから中古車甲の売買に関する代理権を与えられ，顕名もしたうえでCと中古車の売買契約をしたとする。ところが，Bが中古車甲だと思っていた車が実は「乙」だった場合はどうなるだろうか。Aが上記のような勘違いをしていて，Bはしていなかった場合はどうか。

　甲だと思っていたものが乙だった，というのは錯誤の問題である。ここでは錯誤が成立することを前提に話を進めると，この問題については民法101条1項に規定がある。それによると，「代理人が相手方に対してした意思表示の効力が意思の不存在，錯誤……によって影響を受けるべき場合には，その事実の有無は，代理人について決するものとする」と規定している。したがって**例②**の場合にはBに錯誤があったということで代理は有効に成立しない。したがって，Aが甲を乙と勘違いしていたが，Bは勘違いしていなかったという場合には，代理は有効に成立する。

(4) 代理人の能力

　なお制限行為能力者であっても代理人となることができるが，任意代理の場合そのことを理由に代理行為を取り消すことはできない（102条本文）。ただし法定代理の場合は，本人は代理人を自ら選んだわけではないので，制限行為能力者が本人にとって不利な契約を締結してきた場合，取り消せないでは本人にとって酷であろう。そこで102条ただし書は法定代理の場合には取

消しを認めている。

3　無権代理

例①に戻ろう。Bは代理権がないのに顕名をしたうえでCと取引をしていた。まず，このように代理権を有しない者が，あたかも代理権があるかのように取引行為をした場合を**無権代理**という（そうした行為を行った者を**無権代理人**という）。B・C間の取引（＝無権代理行為）の効果は，<u>原則として本人には生じない</u>。ただし，例①で本人Aが，法律効果が自分に帰属することを認めることも可能である。これを**追認**という。この場合，無権代理行為は有効となる（113条）。

では，Bの取引が無権代理だと分かったが，その後Aが追認するとも追認を拒絶するとも言わない場合はどうなるだろうか。この場合Cは誰に代金の請求をしたらいいのか困ってしまうだろう。そこで，114条は，相手方（C）は本人（A）に対して，相当期間を定めて追認するかしないかの意思決定を迫り（これを**催告**という），期間内に返事がなかった場合には追認を拒絶したものとみなすとした。また，追認を得るまでのあいだに，みずから当該行為を取り消すこともできる（115条）。

4　表見代理

(1)　表見代理とは

ところで，無権代理の中には，無権代理人にあたかも代理人らしい外観があり，それを第三者が信頼して取引関係に入っている場合がある。そうした場合に，本人の追認の有無に関係なく，本人に効果を帰属させるのが**表見代理**と呼ばれる制度である。

(2)　代理権授与表示による表見代理

> **例③**
> AはBに実際には代理権を与えていないにもかかわらず，Cに対

して，「Bに中古車甲の売買の代理権を与えた」という表示を行い，これを信じてCがBと中古車甲の取引をした。

　まず**例③**でBは代理権をAから与えられていないのでB・C間の契約は無権代理行為である。109条1項はCがBに取引の権限があると信じたことについて善意・無過失であり，かつ，B・C間の取引がAの表示（代理権授与表示という）における代理権の範囲内の行為（**例③**では「中古車甲の売買」）であれば，B・C間の取引の効果は，Aについて生ずるとする。

　ただ，実際にこの規定はこうした場面で使われることはなく，例えば，Bが勝手にAの代理人であるかのような名称を使っているのをAが黙認していたという場合に用いられている。

(3)　権限外の行為の表見代理

例④
　AはBに「中古車甲をレンタルしてきてくれ」と依頼したところ，Bは中古車甲をCから購入する契約を締結してきてしまった。

　Bに与えられた代理権は「中古車甲を借りること」であるのに対して，実際には購入してきてしまっている。Bの行為はAから与えられた代理権の範囲を超えており，その点でやはり無権代理である。110条はこれについて，CがBに代理権があると信ずべき正当な理由がある場合には，109条を準用すると定めている。つまり，この場合もAの追認の有無に関係なく，Aに効果が帰属する。

(4)　代理権消滅後の表見代理

例⑤
　AはBに中古車甲購入に関する代理権を与えていた。ところが，Bがなかなか取引相手を見つけられなかったので，委任を解除した。そ

の際，AはBに交付した書面を回収しなかったが，のちにこれを利用してBがCとの間でAを本人とする中古車甲の売買契約を締結した。

代理権授与の前提となっている委任契約（法律行為をすることを委託する契約。643条）が解除されると代理権は消滅する（111条2項）。したがって，Bの行為は無権代理となる。これについて，112条1項は，代理権の消滅後であっても，当初与えられていた代理権の範囲内の行為であり，第三者（C）が代理権の消滅について善意・無過失であったときは，Aに効果が帰属するとしている。

5　無権代理人の責任追及

例①でAが無権代理行為を追認せず，また表見代理も成立しない場合，Cはどうすればよいだろうか。こうした場合Cは，無権代理を行ったBに責任を追及するしかないだろう。

これについて，117条は，BがCの選択に従い，履行または損害賠償の責任を負うとしている（同条1項）。ただし，CがBに代理権がないこと知っていた場合や過失により知らなかった場合，Bが制限行為能力者であった場合は，Bは責任を負わない（同条2項各号）。

Ⅱ　無効および取消し

1　無効

(1)　無効の意義

これまで見てきたように，法律行為が**無効**となるのは，意思能力のない者が法律行為をした場合（3条の2），法律行為の内容が公序良俗（90条）や強行規定に反する場合，表意者の心裡留保について相手方が悪意の場合（93条1項ただし書），虚偽表示の場合（94条1項）である。

それでは，「**無効**」とは，法律上，どのようなことを意味するのであろうか。**無効**とは，当事者が意図した法律効果が，はじめから当然に発生していなかったものとして扱われることである。

⑵　無効の主張者

そして，後述の取消しは，取消権という権利を有する者（取消権者）しか主張できないのに対して，無効は，誰からでも主張できるのが原則である。しかし，意思無能力者がした行為の無効については，意思無能力者の保護のために認められるものであるから，意思無能力者の相手方からの主張を許す必要は無く，意思無能力者の側からのみ主張し得ると理解されている。

⑶　無効行為の追認

また，無効な法律行為を有効と認める意思表示，すなわち追認がなされても，無効な行為が行為の当初から有効になることはなく，新たな法律行為がされたものとみなされる（119条）。ただし，無権代理人が行った行為も無効であるが，これについては本人が追認できる（113条）。ここでは無効の意味が，「法律行為の効果が当初から全く発生していない」というよりは，「無権代理人と相手方の間で成立した法律行為の効力が本人に帰属していない」という意味での無効だからである。

2　取消し

⑴　取消しの意義

次に，**取消し**とは，一応有効とされた法律行為の効力を行為時に遡って否定する意思表示である。つまり，取消しの意思表示がなされるまでその法律行為は有効であるが，いったん取り消されると，法律行為の効力は，はじめに遡って無効であったものとみなされる。これを取消しの遡及効（そきゅうこう）という。

⑵　取消権と取消権者

この意思表示をすることができる権利を**取消権**といい（取消権を有する者

を取消権者という〔120条〕），制限行為能力者が単独で法律行為をした場合（5条以下），意思表示に錯誤がある場合（95条），瑕疵ある意思表示がなされた場合（96条）に，取消権が生ずる。

(3) 取り消しうる行為の追認

取り消しうる行為は追認することができ（122条），追認されると当該法律行為は確定的に有効となる（つまり以後取り消すことができなくなる）。また，追認の意思表示がなくても，一定の事実があれば，当該法律行為が確定的に有効とされる場合がある。これを**法定追認**という（125条）。

取消しには期間制限があり，追認することができるときから5年，または，行為の時から20年を経過すると取消しをすることができなくなる（取消権の**時効**による消滅。126条。本書**第7章**参照）。前述の無効には，こうした期間制限が存在しない。

3 原状回復義務

法律行為が無効（あるいは取消しにより遡及的に無効）とされると，その後はどのような処理がなされるのだろうか。例えば，パソコンの売買が成立したが，それが無効（あるいは取消しにより遡及的に無効）となった場合を考えてみよう。

仮に，買主Aがパソコンの引渡しを受けている場合には，当然，これを売主Bに返さなければならない（121条の2）。これを**原状回復義務**という。「原状回復」とは元の状態に戻すことを意味するが，場合によってはこれが困難な場合もある。その場合には金銭で賠償することとなるが（価額賠償），意思無能力者や制限行為能力者については，「現に利益を受けている限度で」（**現存利益**という）返還すれば足りる（同条3項）。

【本章のまとめ】

【代理とは】

・**代理**とは，他人がした法律行為の効果を本人に帰属させる制度

　要件：①代理権が存在すること，②顕名があること，③代理行為に瑕疵が
　　　　ないこと

　効果：本人に効果が帰属

・代理権がないのに顕名がされた状態で行われた行為＝**無権代理**

　追認がある場合→本人に効果帰属

　追認がない場合→表見代理が成立する場合→本人に効果帰属

　　　　　　　〃　　　　しない場合→本人に効果帰属せず

　　　　　　　　　　　　　　　　　　　　→無権代理人の責任へ

【無効と取消し】

・**無効**：当初から法律効果が発生しないこと

　　　→したがって追認不可（追認すると新たな法律行為が成立）

・**取消し**：取消しの意思表示をするまでは有効（取消しの意思表示によって遡及
　　　的無効）

・無効，取消し→**原状回復義務**発生

第 7 章　条件・期限・期間の計算，時効

Ⅰ　条件・期限・期間の計算

1　序説

　法律行為をする場合に，その効果を直ちに発生させるのではなく，一定の事柄が起こったときや，一定の時期がきたときから効果を発生する，または効力がなくなるように，法律行為に取決めを付加すること（これを附款という）がある。これが条件や期限と呼ばれるものである。条件と期限の違いであるが，前者の場合は，「試験に合格したら」といったように将来発生するかどうか不確実な事実にかかるものである一方で，後者の場合は，「成人したら」といったようにその発生が確実な事実にかかるものである点に違いがある。

2　条件

　条件には，**停止条件**と**解除条件**の 2 つがある。停止条件とは，条件が成就したときに法律行為の効力が生ずるものである。それまで効力を生じるのを

停止していたものを生じさせるので,「停止」条件という。解除条件とは,条件が成就したら,効力を消滅させるものをいう。「留年したら奨学金の給付を打ち切る」というときの「留年したら」がこれにあたる。

3　期限

到来（または実現）することが確実な事実にかからせることを期限という。期限には,5月1日からというように到来時期が明確な**確定期限**と,「○○が死亡したら」というように,到来は確実（死は必ず訪れる）だが,到来する時期が確定していない**不確定期限**とがある。なお,始期または終期が到来しないことによって,当事者が有する利益を**期限の利益**という。

4　期間の計算

期間とは,ある時点からある時点までの継続した時間区分のことであるが,民法はこの期間の計算についてのルールを規定している。期間の計算については,期間の計算を開始する時点である**起算点**と,期間の計算を終了する時点である満了点がいつになるのかが重要となる。

時・分・秒の場合は,すぐに期間の計算を開始する（139条）。これを**即時起算**という。例えば,4月1日午前10時に「今から10時間以内に10万円を支払う」と約束をした場合には,4月1日午前10時が起算点となり,この時点から期間の計算を開始し,10時間という期間が経過する4月1日午後8時が満了点となる。

日・週・月・年のように,期間が1日以上の単位による場合には,期間が午前0時から開始する場合（初日が丸1日ある場合）を除いて,初日は期間に算入しない（140条）。これを**初日不算入**という。そして満了点はその末日の終了時点になる。4月1日の午前10時に「今から3日間10万円を貸す」と約束した場合,4月1日は含まれず,4月2日の開始時を起算点,4月4日の終了時点が満了点となる。

1　時効とは

　時効と聞くと刑事事件における時効を思い浮かべる人も多いだろう。刑事手続上の時効は公訴時効といい，犯罪が終わった時から一定期間を過ぎると公訴が提起できなくなる制度である。民法上の時効には，**取得時効**と**消滅時効**とがあり，前者は，一定期間他人の物を占有することにより，その物に対する権利を取得するというものであり，後者は一定期間，権利が行使されなかった場合に権利が消滅するというものである。片や一定期間の経過により権利を取得し，片や権利を失うという正反対の制度であるわけだが，民法は第7章でこの2つの異なる制度を「時効」として統一的に規定しているのである。

2　時効の援用

例①

　AはBに対して100万円を貸したが，その日からすでに10年以上経過しており，その間1度も請求をしたことがなかった。AがBに対して100万円の返還を求めて訴訟を提起してきた場合，Bはいかなる主張ができるだろうか。

　145条は，時効は当事者が**援用**しなければ，裁判所がこれによって裁判をすることができないと規定する。つまり，時効の利益を受けるためにはその援用をする必要があるということである。時効の利益とは，時効の完成により権利を取得する，または，債務が消滅することであり，援用とはそのような時効による利益を受ける意思を表明することである。例えば，誰かから借金をしている場合に，債権の消滅時効期間が経過すると自動的に債務（相手からみれば債権）が消滅するということではなく，「時効によってあなたの債

権は消滅した」とか「時効によって所有権を取得した」という形で援用をしないと，権利の取得もしくは権利の消滅という効果は生じないのである。また，裁判になった場合，債務者が時効を主張しないと，裁判官が勝手に当該債務は時効により消滅しているという判断をすることはできない。このように，民法は時効の利益を享受するかどうかを当事者の意思に委ねているのである。上記の**例①**では，BはAからの訴えに対して，訴訟の場において，当該債権が消滅時効にかかっていることを主張することができる。

例②

　例①において，CはBのためにC所有の甲土地に抵当権を設定し，物上保証人となっていた。Bが時効の援用を行わない場合に，Cは時効の援用を行うことができるだろうか。

　時効の援用は「当事者」が行うことができる旨規定されている。例えば，借金をしている本人（債務者）が，その債務について時効による消滅を主張することは問題ないだろうが，その他には，どのような者が含まれるかが問題となる。この点につき，145条は「当事者（消滅時効にあっては，保証人，物上保証人，第三取得者その他権利の消滅について正当な利益を有する者を含む。）」と規定している。それゆえに，**例②**では物上保証人であるCは時効の援用ができる。

　援用の効果が及ぶ範囲は相対効であると考えられている。**例②**において，CがA・B間の貸金債権の消滅時効を援用したとすると，その効力はAとCとの関係においてのみ生じることになる。つまり，AとCとの関係においては，A・B間の貸金債権の消滅に伴って抵当権は消滅し，Cは物上保証人としての地位から解放されることになるが，Bが援用していないと，AとBとの関係において債権は消滅せず，なおAはBに対して債務の履行を請求することができるのである。

3　時効利益の放棄

(1)　時効利益の放棄の意義

　時効の利益の放棄とは，時効の利益を受ける者が時効の援用をしない旨の意思表示をすることである。146条は「時効の利益は，あらかじめ放棄することができない」と規定する。これを反対解釈すると，時効が完成した後であれば時効の利益の放棄は可能であるということになる。なぜ，時効完成前の放棄は認められないのだろうか。それは，通常お金を借りる側の立場は弱いため，債権者から時効の利益の放棄を迫られるおそれがあるからである。

(2)　時効援用権の喪失

> **例③**
>
> 　AはBに対して100万円の債権を有しているが，すでにその債権は消滅時効が完成していた。しかし，Bはそれに気が付かずにAに対して「借金の返済をもうしばらくまってほしい」と返済の猶予を求めた。その後，Bは時効の援用をすることができるだろうか。

　時効が完成しているにもかかわらず，債務者が債務の弁済の猶予を申し出る，債務の一部の弁済などの自認行為（消滅時効完成後の債務の承認）を行った場合（債務者が時効完成を知らずにしてしまうことが多い），その債務者はもはや時効の援用を行うことはできないのであろうか。判例は，債務者がたとえ時効完成を知らなかったとしても，そのような承認をした債務者が改めて時効を援用することは，信義則に照らして許されないとして，時効の援用を制限した。

4　時効完成の障害

　時効が完成前に進行している状態で，債権者の権利行使の意思を明らかにする一定の行為があることによって時効の完成が猶予されたり，時効期間が

更新されたりすることがある。これらを時効完成の障害と呼び，**時効の更新**，**時効の完成猶予**とがある。

(1) 時効完成の猶予

一定の事由が生じた場合に，進行中の時効の完成が妨げられることを時効の完成猶予という。時効の完成猶予が生じる事由として，民法は，裁判上の請求等（147条），強制執行等（148条1項），仮差押え等（149条），催告（150条），協議を行う旨の合意（151条）などを規定している。

(2) 時効の更新

時効の更新とは，時効が一から新たな進行をはじめることである。2017年民法改正以前は「中断」と呼ばれていたが，改正民法では「更新」に改められた。更新事由としては，裁判上の請求（147条2項），強制執行等（148条2項），承認（152条1項）が規定されている。

━━━━ Ⅲ 取得時効 ━━━━

1 取得時効とは

取得時効とは，法律で定められた要件を満たしたうえで，他人の物の占有を一定期間継続することで本権（占有を正当化する権利）を取得することができる制度である。例えば，AがB所有の甲土地を自分の土地だと（過失なく）思い込んで，10年間その甲土地上に建物を建てて住んでいたとする。その後，本来の所有者Bから甲土地の返還請求があったとしても，Aは取得時効によって甲土地の所有権の取得をBに対して主張することができるのである。民法は，取得時効の成立要件を所有権と所有権以外の財産権に分けて規定している（162条・163条）。所有権以外の財産権には，地上権（265条），永小作権（270条），地役権（280条）などの用益物権や，不動産賃借権などが含まれる。実際には，土地の賃借権に関するものが多い。

表1　時効完成の障害

条文	時効障害事由	完成猶予期間	更新の時
147条	裁判上の請求，支払督促 和解，調停 破産手続参加，再生手続参加 更生手続参加	その事由の終了まで。ただし確定判決または確定判決と同一の効力を有するものによって権利が確定することなくその事由が終了した場合にあっては，その終了の時から6か月を経過するまで	確定判決または確定判決と同一の効力を有するものによって権利が確定したとき
148条	強制執行 担保権の実行 形式的競売 財産開示手続	その事由の終了まで。ただし申立ての取下げまたは法律の規定に従わないことによる取消しによってその事由が終了した場合にあっては，その終了の時から6か月を経過するまで	その事由が終了した時。ただし，申立ての取下げまたは法律の規定に従わないことによる取消しによってその事由が終了した場合は除く
149条	仮差押え，仮処分	その事由が終了した時から6か月を経過するまでの間	
150条	催告	催告の時から6か月を経過するまでの間	
151条	協議を行う旨の合意	その合意があった時から1年を経過した時，当事者が定めた1年未満の協議期間または，当事者の一方による協議続行の拒絶の時から6か月のいずれか早い時まで	
152条	承認		承認の時

2 取得時効の成立要件

　前述のように民法は所有権の取得時効（162条）と所有権以外の財産権の取得時効（163条）を分けて規定している。以下では，まず所有権の取得時効の要件について見ていくことにしよう。

　162条は1項において，20年間の占有を継続することにより所有権を取得できる要件として，①20年間の占有，②「所有の意思」をもった占有，③「平穏かつ公然」な占有，④「他人の物」の占有を挙げる。2項では，10年間の占有の継続で所有権を取得できる要件として，①10年間の占有と，上記の②③④に加えて，⑤占有開始時に占有者が善意かつ無過失であったことを挙げる。所有の意思とは，所有者と同じように物を排他的に支配しようとする意思のことである。所有の意思のある占有を自主占有（所有の意思のない占有は他主占有）という。所有の意思の有無は，占有者が内心でどう思ったかではなく，占有者がその物の占有を開始した原因（権原）たる事実によって外形的，客観的に決まる。例えば，Aが現在借りているマンションの部屋を「この部屋を所有しよう」という意思をもって占有を継続したとしても，その占有が賃貸借契約を権原としているのであれば，それは他主占有と判断されてしまうことになる。上記の①②の要件は186条1項で推定されるので，そうではないと主張する側が反証しなければならない。

　10年間の取得時効の場合には，20年の場合の要件に加えて，占有開始のときに善意かつ無過失であることが必要である。占有開始のときに善意・無過失であればよく，のちに悪意になったとしても取得時効は認められる。

　善意とは，占有をしている物が自分の所有物であることを知らないことであるが，ただ知らなかっただけでは足りず，無過失，すなわち，知らなかったことについて過失がないことが要求される。186条1項により，占有者の善意は推定されるが，無過失は推定されない。それゆえに，占有者は自らが無過失であることを証明しなければならない。

3　取得時効の効果

　取得時効の効果として，占有者は，所有権の取得時効にあっては所有権を，その他の権利の取得時効にあっては，それぞれの権利を取得する。取得時効の完成による権利取得は，原始取得であると解されている。原始取得とは，他人から権利を引き継がず，自分が他人とは無関係に独立して権利を取得することである。取得時効の効果が原始取得であることにより，例えば抵当権の設定された不動産について所有権の取得時効が完成すると，占有者は抵当権の負担のない完全な所有権を取得し，抵当権は消滅することになる。

　時効の効果は，その起算日にまでさかのぼって発生する（144条）。これを時効の遡及効という。取得時効の起算点は占有を開始した時であるから，その時にまでさかのぼって権利を原始取得することになる。その結果，時効期間中に生じた果実は，元物を時効取得した者に帰属し，時効期間中に時効による権利取得者がした目的物の処分行為（賃貸借など）は有効になる。また，時効期間中の権利侵害によって発生した損害賠償請求権（709条）は，時効による権利取得者に帰属することになる。

Ⅳ　消滅時効

1　消滅時効とは

　消滅時効とは，権利不行使の状態が一定期間継続したときに権利消滅の効果を認める制度をいう。例えば，AがBに対して金銭を貸し付けたが，その後，Aが貸金債権の請求を10年間行わないと，AのBに対する債権はBが消滅時効の成立を主張することによって消滅する（166条1項）。消滅時効の対象となる権利は，「債権」および「債権又は所有権以外の財産権」であり，後者は，地上権，永小作権，地役権などの物権である（同2項）。所有権は，消滅時効の対象とならない。また，所有権から派生する物権的請求権や，登記請求権も消滅時効にかからない。

2　消滅時効の要件

　消滅時効の要件は，債権者の権利不行使と時効期間の経過である。とりわけ，時効期間の経過とその起算点が重要である。

(1)　一般の債権

　債権に関する時効期間の経過と起算点について，161条1項は，①債権者が権利を行使できることを知った時（主観的起算点）から**5年間**行使しないとき（1号），②権利を行使することができる時（客観的起算点）から**10年間**行使しないとき（2号）という二重の基準を設けている。<u>権利を行使することができる時とは，当事者が権利を行使することに障害がないことを意味する</u>。例えば，4月1日までに引き渡すというように，いつ期限が到来するかがはっきりと分かっている場合（確定期限）には，その期限が到来した時である。通常，契約を締結する場合には，当事者が確定期限を知らないということはありえない。他方，到来することは確実だが，いつ到来するか期日の確定していない期限である，不確定期限付きの債権の場合には，債権者が履行期の到来を知らないことがありうる。①だけでは，債権者が履行期の到来を知らないと，いつまでも時効が進行しないことになる。そこで，①の基準に加えて②の基準が設けられているのである。

(2)　債権以外の財産権

　債権以外の財産権については，権利を行使することができる時から，**20年間**行使しないときは時効によって消滅する（166条2項）。

(3)　人の生命または身体の侵害による損害賠償請求権

　人の生命または身体の侵害による損害賠償請求権については，不法行為を根拠とするものであれ，債務不履行を根拠とするものであれ，債権者が権利を行使できることを知った時（主観的起算点）から5年間，②権利を行使することができる時（客観的起算点）から20年間となる。不法行為の場合には，

724条１項が消滅時効につき「不法行為による損害賠償の請求権は」,「被害者又はその法定代理人が損害及び加害者を知った時から３年間行使しないとき」と規定しているところ, ３年から５年に伸長され (724条の２), 債務不履行の場合は, 166条により権利を行使することができる時 (客観的起算点) から10年間と規定されているところ, 10年から20年に伸長されることになる (167条)。

表2　消滅時効の起算点期間の経過

債権	起算点		期間
一般の債権	主観的起算点 (166条１項１号)	債権者が権利を行使することができることを知った時	５年
	客観的起算点 (166条１項２号)	権利を行使することができる時	10年
不法行為債権	主観的起算点 (724条１号)	被害者等が損害および加害者を知ったとき	３年
	客観的起算点 (724条２号)	不法行為時	20年
生命身体侵害に基づく債務不履行責任および不法行為責任	主観的起算点 (724条の２)	被害者等が損害および加害者を知ったとき	５年
	客観的起算点 (167条)	権利を行使することができる時	20年

【本章のまとめ】

【条件と期限】

　条件→将来発生するかどうか不確実な事実にかかるもの

　　解除条件と**停止条件**がある

　期限→その発生が確実な事実にかかるもの

　　確定期限と**不確定期限**がある

【時効】

・援用

　時効は当事者が**援用**しなければ，裁判所がこれによって裁判をすることが

　できない（145条）。当事者とは，債務者，保証人，物上保証人，第三取得

　者など。また，時効の援用の効果は**相対効**である。

・時効完成の障害

　時効の更新と**時効完成の猶予**がある

・取得時効

　取得時効とは，法律で定められた要件を満たしたうえで，他人の物の占有

　を一定期間継続することにより本権を取得することができる制度。

　　善意→10年　悪意→20年

・消滅時効

　権利不行使の状態が一定期間継続したときに権利消滅の効果を認める制度。

　　一般の債権　債権者が権利を行使することができることを知ってから**5
　　　　　　　　年**

　　　　　　　権利を行使することができるときから**10年**

第 2 部　物権

第 8 章　物権とはどんな権利か

Ⅰ　物権とはどんな権利か

1　物権と債権

　ここでは，**物権**とはどのような権利であるのか，物権に関する基本原則にはどのようなものがあるのかを学んでいく。物権とは人が物に対して有する権利であるが，物に対する直接的，排他的な支配権であるという特徴を持つ。直接的支配権であるという性質から，物権を持つ者が物権の対象となる物を直接に利用することができ，また誰に対しても物権を有していることを主張できる（この点を物権の絶対性と呼ぶ）。また，物権の排他性に基づいて**一物一権主義**という原則が存在する。他方で**債権**とは，特定の人に対する相対的な請求権である。物権も債権も権利であることに違いはないが，債権は特定の人にのみ主張できる。この違いは特に物権の効力の1つである**優先的効力**の問題で浮き彫りとなる。詳しくは本章Ⅱ1を参照してほしい。

2 物とは何か

物とは何をいうのかについてはすでに**第4章**で扱ったので，ここでは簡単に振り返ることにしよう。<u>物とはいってしまえば人以外の存在である</u>。土地や建物，自動車，スマートフォンのようないわゆる無機物としての物のみならず，私たち自然人と同じく生命のある動物であっても人ではないので物に分類される。近年では動物保護の精神から，生命のある動物の扱いを無機物としての物とは分けるべきという考え方もあるが，少なくとも民法の条文では明確に区別されているわけではない。

民法は物を85条以下で定義している。それによれば物とは**有体物**を指し（85条），さらに**不動産**と**動産**（86条），**主物**と**従物**（87条），そして**元物**と**果実**（89条）という区別があることが分かる。いずれも物権の対象である物とは何かを理解する上で重要であるのみならず，物権の規定においてこれらの物の分類が大きく影響しているものもある。

3 一物一権主義

一物一権主義とは，<u>物権の排他性から生じる原則</u>である。物権の中でも代表的な権利である**所有権**（206条）を例とすると，<u>1個の物には1個の所有権しか成立しないということ，そして物権の客体は1個の独立したものでなければならないということ</u>を意味する。つまり1つの土地がある場合，この土地の上に成立する所有権は1つ，ということになる。また複数の所有権が1つの土地の上に成立することはないし，1つの土地の一部分についてだけ所有権が成立するということもない。工場などで機械的に大量生産された商品は新品の状態ならばどれも同じ種類，同じ品質，同じ性能を備えており，また価値も同じである。新品の鉛筆を1ダース買ったという場合，全く同じ鉛筆を12本所有していることになる。このときたとえ鉛筆12本が1ダースとして1つのケースに収められていても，12本の鉛筆の購入者は12本の鉛筆1本1本に対して1つずつの所有権を有しているのである。そのため12本の鉛筆をまとめて1つとカウントして，1個の所有権の対象とすることはできな

い。

　他方で特に担保物権の分野において，こうした一物一権主義の例外が認められている。先の例のように1つの物に1つの物権が成立することが原則であるが，複数の物がたくさん集合することで大きな価値を持つということもある。例えばTシャツ1枚が1,000円の価値を持っているとする。この1枚だけだと1,000円の価値しか持たないが，お店の倉庫に在庫として1万枚の同じTシャツがあるとしよう。そうするとTシャツの合計価値は1,000万円となり，十分な担保価値がある。そこでこうした複数の物を1つの集合体とみて，まとめて1つの担保物権の対象とすることもできるとされている。こうした集合体を**集合物**と呼ぶ。この概念はすでに述べたように担保物権の分野で重要な問題となるので，詳しくは**第11章**を参照してほしい。

II　物権法定主義

1　物権法定主義とは何か

　物権法定主義とは，民法その他の法律において物権として規定されている権利のみが，物に対する直接的排他的支配権である物権として認められる，という原則である（175条）。民法に規定されている物権を分類すると**図1**の通りである。

　図1に示した物権の種類のうち，本権，制限物権，用益物権，担保物権はいわば分類名であり，そうした名称の具体的物権が存在するわけではない（その意味では物権もそうである）。そのため民法において物権として認められている権利は**図1**のうちアンダーラインで示されている全10種の物権であり，具体的には占有権（180条以下），所有権（206条以下），地上権（265条以下），永小作権（270条以下），地役権（280条以下），入会権（263条と294条），留置権（295条以下），先取特権（303条以下），質権（342条以下），そして抵当権（369条以下）である。そのほか特別法においても物権として認められている権利がある。仮登記担保法における仮登記担保権（仮登記担保法1条）や，商法

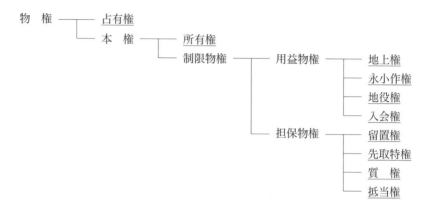

図1　物権の種類

における商事留置権（商法521条）などがそうである。

2　物権法定主義の根拠

　民法は自由主義を原則とし，私的自治や契約自由を認めている。なぜ物権については法律において物権として認められている権利以外はこれを認めないことになっているのであろうか。その理由はいくつか存在するが，主なものは封建的な物権的権利の否定である。民法典が登場する以前，各地方において慣例的，伝統的に様々な物権的権利が存在していた。そうした物権的権利は封建的な身分関係と結びついていることが多く，人々の自由な財産関係の構築の妨げとなっていた。自由主義を原則とする民法だからこそ，自由と相反する封建主義的な権利体系を否定するために物権法定主義が採用されたのである。

　ただし，河川から農業用水として水を引くための**水利権**や，温泉宿を経営するために，源泉から温泉を引く権利である**温泉権**（湯口権などともいう）のように，人々の生活や経済活動と密着した慣習的な物権的権利も存在している。物権法定主義の下で民法その他の法律に規定が無いからといって，水利権や温泉権のような物権的権利を一律に否定することは，かえって個人の生活基盤を揺るがすおそれもある。そこで一般に，175条の趣旨と明確に矛

盾するものでないといった一定の条件の下で，慣習的な物権的権利も物権に準ずる保護が与えられるべきと考えられている。

<hr>

Ⅲ　物権の効力

1　優先的効力

優先的効力とは，物権同士，あるいは物権と債権とが1つの物をめぐって同時に成立しようとする場合に，どちらの権利が優先されるのかという問題である。

(1)　物権間の優先的効力

> **例①**
>
> 　AとBがある土地の所有権を欲しがっている。このような場合，一物一権主義の観点からAとBの所有権が1つの土地の上に同時に成立することはない。それではAとBの所有権のどちらがどのようなルールに基づいて成立するのであろうか。

　物権同士が1つの物をめぐって同時に成立しようとする場合，原則として時間的に先に成立したほうが優先する。例えば206条の規定する所有権はある物を全面的に支配することのできる権利であるが，一物一権主義によると1つの物の上には1つの所有権のみが成立する。これは所有権が物に対する全面的支配権であるため，複数の所有権が存在することは全面的支配権が複数成立することになり矛盾が生じるからである。

　ただしこれにはいくつかの例外がある。まず，物権同士であっても矛盾せず共存可能な関係にある物権もある。265条の規定する**地上権**は，条文にある通り「他人の土地」を使用するための権利である。そうすると地上権はある者の所有権が存在している土地に重ねて別の者の地上権が成立することが

前提とされている。また担保物権の1つである**抵当権**は，債権が弁済されない場合に抵当権を実行して抵当不動産を処分して金銭に換価し，そこから優先弁済を受けるための権利である（369条）。抵当権は不動産を排他的に使用，収益するための権利ではないので，1つの不動産に複数成立しうる。ただし抵当権については登記の先後によって順位が付く点に注意を要する（詳しくは本書**第11章**参照）。これについては**図2**も参照してほしい。

① 所有権同士

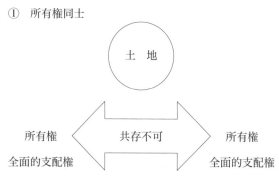

・所有権は物の全面的支配権であり共存できない

② 所有権と地上権

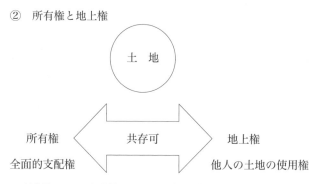

・所有権による土地使用は，地上権の存在のために限定されるにすぎない

図2　物権間の優先的効力と例外

さらなる例外として**対抗要件**の問題がある。物権を取得するなどして物権

変動が生じると，これを第三者に主張するには対抗要件を備える必要がある（177条および178条。詳しくは本書**第9章**）。XからYがX所有の土地を買い受けたが，不動産物権変動の対抗要件である登記（詳しくは本章**Ⅳ**）をしなかったとする。そうしたところXがこの土地をZにも売り払い，登記も移転したとする（いわゆる**二重譲渡**）。登記の移転を受けていないYは，177条の対抗要件を備えていないためZに対して所有権を主張できない。反対に登記を得たZは，時間的にはYの後に土地を取得したことになるが土地の所有者として確定するのである。

(2) 債権に対する優先的効力

> **例②**
>
> 　Xがその所有する土地甲についてYとの間で賃貸借契約を締結した。その後Xは甲をZに売却し，登記も移転した。Xから所有権を取得したZは，甲を自ら使用するとしてYに対して甲の明渡しを請求している。このような場合，甲の賃借人であるYとしては，Xと契約を結んで甲を使用する権利（賃借権）を得ていることを主張して明渡しを拒絶したいと考えるが，Yの主張は認められるであろうか。

　物権と債権は，物に対する直接的排他的な支配権と，特定の人に対する相対的な請求権という違いがある。この性質の違いのため，権利としては物権の方が強力であり物権と債権とが競合する場合には物権が優先されるのが原則である。これがはっきり示される場面が，**例②**における**売買は賃貸借を破る**，という場面である。**例②**においてYの持つ賃借権は債権であり，賃貸借契約の相手方であるXにのみ主張できる権利である。他方でZの持つ所有権はすでに見たように物権であり，しかも第三者（ここではY）への対抗要件も備えている。そうするとZはYに対して所有権を主張できる一方，YはZに対して賃借権を主張できない。

　そうするとこのような事態になった場合，賃借人に当たる者（Y）は常に

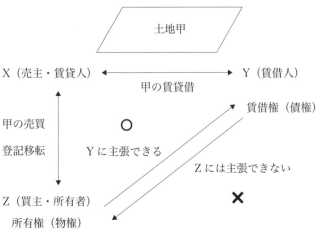

図3　売買は賃貸借を破る

新所有者に当たる者（Z）に土地を明け渡さなければならなくなる。そこで民法は賃借人を保護するため，賃借権を登記することで債権である賃借権を第三者にも対抗できることにした（605条）。しかし605条による登記について賃借人は**登記請求権**が無いものと理解されており，賃貸人は賃借人の登記の請求に応じる義務がなく，賃借人の保護に欠ける。これは特に土地や建物の賃借人がそこに居住して生活しているという場合は特にそうである。そこで借地借家法という特別法で，土地や建物の賃借人の賃借権の対抗要件を補充している（借地借家法10条・31条）。

2　物権的請求権

例③

　Xが土地を所有していたところ，いつの間にか全く知らないYが土地を不法占拠していた。このままではXは自分の土地を利用できないことになる。土地に対して物権を持つXは，Yに対してどのような請求ができるのだろうか。

物権は物に対する直接的排他的な支配権である。そのため物権保有者が物に対する支配を妨害される場合，これを排除するための**物権的請求権**が与えられる。**例③**のように自分の土地が不法占拠されている場合，XはYに対してその妨害をやめ，土地を明け渡すように請求できる。

物権的請求権についてはこれを直接に規定する民法の条文は無いが，占有権に関する規定に**占有の訴え**（197条以下）が存在するところ，こうした規定が存在することから物権一般についても物権的請求権があることが前提となっていると考えられている。物権的請求権には，物権的返還請求権，物権的妨害排除請求権，そして物権的妨害予防請求権があるとされている。

Ⅳ　登記とはどんなものか

1　登記とは何か

<u>登記</u>とは，不動産について物権変動があった場合に第三者に対して物権変動を対抗（主張）するための要件として177条において求められている公示手段である。法務局や地方法務局において管理されている**登記記録**というものがある。この登記記録には，当該地方に存在する土地や建物といった不動産に関するデータが収められている。このデータには土地の面積や建物の構造など不動産の客観的なデータ（**表題部**）のみならず，所有者や担保物権の有無など不動産に関する権利関係のデータ（**権利部**）も記録されている。<u>登記とは，不動産に関する物権変動があった場合にこの登記記録を更新してもらい，権利関係のデータに不動産について生じた物権変動と，これによって新たに生じた権利状態を記入してもらうことを意味する。</u>

2　本登記と仮登記

登記には**本登記**と**仮登記**がある。177条による対抗要件としての登記は本登記に該当する。登記を申請するためにはいろいろな書類などを整える必要があるが，これが整うまでに時間を要することもある。登記が遅れれば遅れ

るほど，物権変動があったにもかかわらずこれを対抗できないリスクが高まっていく。そこで不動産登記法では，仮登記という登記も認められている（不動産登記法105条以下）。仮登記の効力は**順位の保全効**である。仮登記のままでは177条の対抗要件とならないため，先に仮登記をしたとしても，後順位の本登記には劣後する。しかしのちに仮登記を本登記とした場合には，本登記の順位は仮登記の順位になる。抵当権を例として，債務者Aに対して債権者XとYがいるとしよう。XとYが各自の債権の担保とするためにA所有の土地に抵当権を設定し，登記をしようとした。登記の順序は第1位がXの抵当権仮登記であり，第2位がYの抵当権登記であった。このまま抵当権が実行されると，第2位ではあるが本登記を備えているYが優先される。他方，抵当権実行までにXが仮登記を本登記にすることができれば，Xの本登記は第1位として登記されるので，抵当権実行時にはXが優先されるのである。

【本章のまとめ】

【物権の原則】

・**物権**とは物に対する直接的排他的な支配権である。

　　物権法定主義（175条）＝民法その他の法律で物権と認められているもの

　　　　　　　　　　　　　　　　以外，物権として認めない

　　一物一権主義＝１つの物の上には１つの所有権のみが成立する

【物権の効力】

・物権の効力として優先的効力と物権的請求権がある

　→優先的効力：

　　物権同士……原則として成立の前後による

　　物権と債権……原則として物権が優先される

　→物権的請求権……物権の利用が妨害されている場合にそれを排除するた

　　めの権利

　＝物権的返還請求権，物権的妨害排除請求権，物権的妨害予防請求権があ

　　る

・登記……177条によって対抗要件として要求されている公示手段

　→法務局や地方法務局において**登記記録**というデータベースで管理

第9章　物権変動総説，
不動産・動産物権変動

Ⅰ　物権変動

1　物権変動の意義

　この章では，まず「物権変動」について学ぶ。**物権変動**とは，権利の側面からいえば，物権の発生・変更・消滅のことであり，権利主体の側面からいうと，物権の取得・変更・喪失ということができる。例えば，建物を新築すれば，新たな物権（所有権）が発生する。その建物をリフォームすれば，所有権の内容が変更する。また，金融機関から融資を受けるために建物に抵当権を設定すれば，所有権は負担付きとなる。他人に建物を売却したり，建物が火事で焼失したりすれば，所有権が消滅する。これらはすべて物権変動なのである。

2　物権変動の種類

(1)　物権の取得

```
        ┌ 移転的承継 ┌ 特定承継（売買，贈与）
        │           └ 包括承継（相続）
  承継取得            
  │     └ 設定的承継（抵当権設定）
  │
  └ 原始取得（取得時効，家の新築）
```

(2)　物権の変更

```
┌ 事実的変更（物権の客体の一部損傷，改造など）
│
└ 法律的変更（物権の存続期間の変更，優先順位の変更）
```

(3)　物権の喪失

```
┌ 絶対的喪失（放棄，混同，時効消滅〔所有権以外〕）
│
└ 相対的喪失（売主の所有物が買主に売却されたことによる売主の所有権喪失）
```

3　物権変動の原因

　上記物権変動の種類を見てもわかる通り，物権変動の原因は大変多い。しかし，特に重要なのは，売買，贈与，抵当権の設定など，契約による場合や，遺言，債務免除，所有権放棄など，単独行為による場合のように法律行為を原因とする物権変動である。すなわち，相続や取得時効と異なり，意思表示によって変動する場合である。

4　物権変動の時期

　民法176条は，物権変動は，「当事者の意思表示のみによって，その効力を生ずる」として，例えば，所有権を移転させる場合，意思表示以外の一切の形式は必要とされない旨を規定している。これを**意思主義**という。判例も売

買契約成立時（555条）に所有権が移転するという契約時説の立場を採っている（最判昭33・6・20民集12巻10号1585頁）。しかし，意思表示のみで所有権が移転するということになると，売買契約成立時に目的物の所有権が売主から買主に移転することになる。そうなると，自動販売機で飲み物を買ったり，店で洋服を買ったりするような売買契約が成立する時と目的物が引き渡される時や代金が支払われる時が同時となる現実売買ではそれほど問題はないかもしれないが，契約成立時と目的物の引渡しや代金の支払いの時期が異なる不動産の売買契約のような場合，代金の支払いがなされていない段階で，売主から買主に所有権が移転してしまうことになってしまう。これでは，売主の保護に欠けるし，また当事者の意識や取引実務の常識にも反するのではないだろうか。そのため，実際の契約実務においては，「所有権は代金完済時に移転する」など，所有権移転の時期が特約で定められている場合が多い。

Ⅱ　物権変動の公示と対抗要件

1　公示の原則

すでに述べた通り，物権は何ら形式を必要とせず，意思表示のみで変動するため，例えば，建物の売主のAさんが，出来るだけ有利な条件で売却したいと思い，購入を希望するBさんとCさんの2名と交渉を進め，高い価格で購入してくれるCさんとの契約を成立させてしまったとしても，そのことをAさんがBさんに伝えない限り，BさんにはCさんに所有権が移転してしまったことがわからない。このように，物権の移転は目に見えないため，物を購入しようとする者は，売主が所有権を有しているのかわからず，常に不安な状態に置かれる。なぜなら，上記の場合，たとえBさんが売買契約を結んでも，すでにCさんとの売買契約が成立してしまっているので，所有権を取得することができないということになるからである。

そこで，不動産に関する物権変動の場合，177条は登記（本書**第8章**）をしなければ，第三者にそのことを対抗する（自分が物権を取得したことを主張す

る）ことはできないと規定し，他方，動産に関する物権変動の場合，178条は目的物の引渡しをしなければ，第三者にそのことを対抗することはできないと規定している。

つまり，第三者は，物権変動の登記や引渡しといった公示がなされていない場合，その物権変動は生じていなかったものと信頼して良いとするのである。この原則を**公示の原則**という。

2　不動産物権変動

(1)　対抗要件

177条は，不動産の所有権取得などの物権変動を第三者に主張する（対抗する）ための要件は登記と定める。このことを，登記は不動産物権変動の**対抗要件**であると表現する。

したがって，売主Aが買主Bとの間で建物の売買契約を締結したが，その後，同じ建物について別の買主Cとの間でも売買契約を締結したとする。つまり，売主Aは，買主BとC双方との間で二重に売買契約を締結したことになる。これを二重譲渡という。この場合，AとB，AとCそれぞれの関係は売買契約当事者となるため，買主BもCも売主Aに対しては自分が所有権者であることを主張できる。しかし，買主Bにとって買主Cは，逆に買主Cにとって買主Bは二重譲受人であり，第三者となるため，自分が所有権者であることを対抗するためには登記が必要となる。すなわち，買主BとCは対抗関係に立つので，先に登記を済ませた方が勝つ（所有権取得が確定する）のである。

(2)　物権変動の範囲

民法の条文上は，登記がなければ対抗できない物権変動の範囲は限定されていないため，意思表示を要素とする契約に限らず，取得時効や相続を原因とするような物権変動であったとしても公示が必要であるということになるだろう。学説の中には，物権変動について意思主義を採っているのだから，登記がなければ対抗できない物権変動は，契約などの意思表示による物権変

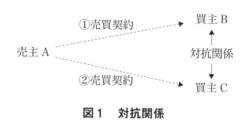

図1　対抗関係

動に限ると唱えるものもあるが，判例は，取得時効や相続を原因とする物権
変動であっても，登記なくして第三者に対抗できないと判断している（大判
明41・12・15民録14輯1301頁）。しかし，以下に説明するいくつかの例は，そ
れぞれの物権変動ごとに検討しなければならない問題を含んでいる。

i　取消しと登記

> **例①**
> 　17歳のAは，来年東京都内にある大学を受験する予定であった。
> 両親（親権者）は少しでも受験勉強の励みになればと，都内の分譲マ
> ンションを購入し贈与した。ところが，Aは受験勉強のストレスから
> 遊ぶ金が欲しくなり，親に内緒で知人Bにマンションを売却してし
> まった。それを知った両親は激怒し，すぐにBに対して売買契約の
> 取消しをAに行わせた。しかし，Bはこのマンションを第三者Cに
> 転売していた。

　Aは未成年者であるから，法定代理人である親権者は，同意なく行ったマ
ンションの売買契約を取り消すことができる（5条）。そして，すでに**第5
章**で説明している通り，取消しには遡及効があるので（121条），Bは最初か
らマンションの所有権を取得していなかったことになり，Cは保護されるこ
とはない。しかし，判例によれば，この結論は，BからCへの転売が，A
の取消しより先になされていた場合に限られるのである（錯誤や詐欺の場合
は，第三者保護規定があるので注意〔95条4項，96条3項〕）。もし，Aの取消し

　　　　　　　　　　　　　　　　　　　※①と②の先後で扱いが異なる。

図2　取消しと転売

より後にＣが登場したような場合は，177条を適用し，ＡとＣのどちらかが
先に登記をしたかによって，マンションの所有者が決まるとしている（大判
昭17・9・30民集21巻911頁）。すなわち，ＢからＡ（復帰的物権変動），Ｂから
Ｃ（移転的物権変動）の二重譲渡があった場合と同様に考えるのである。

ii　取得時効と登記　　　不動産の時効取得した所有権を第三者に対抗する場
合にも登記が必要なのだろうか。

例②

　Ａが所有する土地をＢは占有の始めから善意・無過失で自主占有
していた。もし，Ｂの時効が完成する10年（162条2項）より前にＣ
がＡから土地を譲り受けていた場合，あるいは，時効完成後にＤが
Ａから土地を譲り受けていた場合，ＢはＣやＤに時効取得した土地
の所有権を主張することができるのだろうか。

　まず，Ⅰ2(1)の物権取得の種類の図にもある通り，取得時効は原始取得で
あるので，ＡとＢは対抗関係にはならない。それでは，Ａから土地を譲り
受けたＣやＤとの関係はどうだろうか。判例によれば，時効完成前にＡか
ら土地を譲り受けたＣに対し，Ｂは登記なくして時効取得した土地の所有
権を主張できるとしている（大判大7・3・2民録24輯423頁）。Ｃは物権変動の
当事者であり，第三者ではないと見ているのである。これに対し，時効完成
後に土地を譲り受けたＤとの関係を判例は，ＡからＢ，ＡからＤへの二重
譲渡類似の関係と認め，Ｂは登記なくしてＤに時効取得した土地所有権を
対抗できないとしている（大判大14・7・8民集4巻412頁）。

iii　相続と登記

> **例③**
>
> 　AにはBとCとの2人の子どもがいる。Aが病気で亡くなり，遺言を残していなかったので，法定相続人である2人の子どもがAの遺産である土地を相続した。それぞれの相続分は2分の1である。その後，Cはお金が必要となり，Aの土地は自分が単独で相続した旨の偽造文書を作成し，単独相続登記を経て，Dに売却した場合，Bは自分の相続した土地の所有権の2分の1をDに対抗するためには登記が必要だろうか。

　まず，売主Aが亡くなる前にAと買主Dとの間で土地の売買契約をし，まだDに引渡しが済んでいなかった場合は，相続人のBとCはAの包括承継人であるため，亡Aと同じ買主の地位にある当事者であり，対抗関係とならない。さて，上記**例③**の場合，Aが亡くなった後に相続人のCが勝手に自分の持分を超えてDに売却してしまった場合でも，Bは相続で取得した2分の1の土地所有権は，登記なくしてDに対抗できる（最判昭38・2・22民集17巻1号235頁）。しかし，BとCが遺産分割協議を行い，土地はBが単独で相続することに決定した後，Cが同じように文書を偽造してDに土地を売却してしまった場合，Bは，遺産分割で取得したCの2分の1の持分をDに対抗するためには登記が必要となる（899条の2第1項）。

⑶　第三者の範囲

　177条は，登記がなければ対抗できない第三者の範囲を特に定めてはいない。したがって，かつては（〔旧〕不動産登記法：明治32年法律24号），当事者もしくはその包括承継人と「詐欺又は強迫によって登記の申請を妨げた第三者」（旧不動産登記法4条）および「他人のために登記を申請する義務を負う第三者」（旧不動産登記法5条）以外のすべての第三者には，登記がなければ対抗できないと考えられていた（無制限説）。

しかし，その後の判例（大判明41・12・15民録14輯1276頁）で，177条の第三者を，当事者もしくはその包括承継人以外の者で，不動産に関する物権変動の「登記の欠缺を主張する正当の利益を有する者」に制限する立場が採られた（制限説）。本判例では，177条の第三者として考えられる者として，同一の不動産に関して所有権や抵当権ほかの物権または賃借権などの債権を取得した者などが示されている。判例の基準に従えば以下の者は，177条の第三者に該当せず，競合権利者に登記がされていないこと（登記の欠缺）を主張することができない。

ⅰ　不動産登記法5条　　詐欺または強迫による登記妨害を行った第三者（不動産登記法5条1項）や，司法書士などの代理人のように他人のために登記を申請する義務を負う者（同2項）。

ⅱ　無権利者　　売買契約や相続など，法律上の原因がないため，何の権利も持っていない者である。例えば，賃貸借契約が解除されたにもかかわらず，明渡しに応じず，賃借建物に住み続けるような不法占有者などである。

ⅲ　背信的悪意者

> **例④**
>
> 　A所有の土地をBがラーメン屋を始めるために購入した。ラーメン屋を営むためには大変良い立地条件であったので，商売敵のCは，土地購入後，Bが登記をすることを怠っていたのを知り，CもAからその土地を購入した。そして，すぐに登記を行い，CはBに対して土地の権利者は自分であるとして，明渡しを求めた。

　177条は，第三者の善意・悪意を区別していない。したがって，CがすでにBが土地を購入していることを知っていたとしても，先に登記をしたCが優先する。判例は「自由競争」として許されると説明する（最判昭43・11・21民集22巻12号2765頁）。ところが，商売のためにより良い土地を取得しようとするためではなく，単にBを日頃から憎んでいたCがBの商売を妨害する目的で，必要もない土地を購入したような場合は，177条の第三者に

該当しないとするのが判例・学説である（最判昭43・8・2民集22巻8号1571頁）。このような単に物権変動があった事実を知っているだけの単純悪意者と異なり，信義則に反するような第三者を**背信的悪意者**といい，Bは登記が無くてもこのようなCに対抗できることになる。

3 動産物権変動

(1) 対抗要件

土地とその定着物以外の物はすべて動産（86条2項）であり，私たちが行う物の取引は不動産と比べて圧倒的に動産の方が多い。動産についても，不動産と同様に，物権変動は意思主義を採用しているので，動産の売買契約がなされると所有権が移転する。また，公示の原則も不動産の場合と同様であるが，コンビニで購入した弁当や雑誌の所有権の取得をいちいち登記で公示するようなことは考えにくい。そこで，民法は，動産の公示方法を引渡しとし，同時に対抗要件としても定めている（178条）。ただし，船舶や航空機，または自動車などは登記・登録の公示手段が設けられているため，178条は適用されない。

(2) 物権変動の範囲

178条が適用される動産物権は，所有権と質権のみとされる（通説）。したがって，動産物権として，ほかに先取特権，占有権，および留置権があるが，178条は適用されないことから，物権変動の範囲は非常に狭いと言えるだろう。また，178条が適用される動産の物権変動は「譲渡」のみであり，相続や取得時効は対象とならない（通説）。ただし，売買契約の取消に伴う復帰的物権変動については，「譲渡」の範疇である。

(3) 引渡し

i 現実の引渡し（182条1項） 例えば，自転車の売主が自転車の占有を買主に移転させることである。買主に商品を手渡したり，宅配荷物が配達されたりするといった動産の物理的支配が移転される場合で，私たちが引渡しと

いう言葉から受けるイメージ通りのものである。

ii　簡易の引渡し（182条2項）　　友人から借りている自転車が気に入ったため，売ってもらうことにした場合，現実の引渡しをするには，一旦友人に自転車を返してから改めて引渡しを受ける必要が出てくる。簡易の引渡しとは，このように物理的支配の移転をせず，当事者の意思表示のみで引渡しがなされたとするものである。

iii　占有改定（183条）

> **例⑤**
>
> 　自転車販売店Aから自転車を購入したBは，通勤途中で購入したので，仕事帰りに購入した自転車を引き取ることにして，販売店に預かってもらった。ところが，昼過ぎに，自転車を購入しに来たCが，Bに自転車を販売した店員が不在であったために，店頭に置かれていたBに売却済の自転車を販売品だと思って購入し，家に乗って帰ってしまった。

　例⑤のようにB（「本人」）がA（「代理人」）から自転車を購入したが，すぐに現実の引渡しを受けず，Aに預けておく場合である。このような場合でも，Aが占有している自転車を，以後，Bのために占有すべき意思を表示することによって，AからBへの引渡しが認められる。これを占有改定という。したがって，昼過ぎにCがAからBが預けていた自転車の現実の引渡しを受けているが，すでに午前中にAがBに占有改定をしているので，BがCに自転車の所有権を対抗できるということになる。しかし，実は例⑤の場合，対抗問題としては，Bが優先する結論になるが，後に説明する即時取得制度によってCが自転車の所有権を取得する場合がある。

iv　指図による占有移転（184条）　　Aが倉庫会社Cに保管してもらっている自転車のBへの引渡しは，AがCに対し，以後，自転車をBのために占有するように指図し，Bがこれを承諾することで認められる。もし，現実の引渡しが唯一の引渡し方法であると，AがいったんCから保管していた自転

車を取り戻した上で，Bに引き渡さねばならないことになる。

==

Ⅲ　即時取得

1　即時取得とは

　動産に対する権利は引渡し（占有）によって公示されるが，不動産の登記名義人＝所有権者とは限らないのと同様に，動産の引渡しを受けて占有している者が必ずしも所有権者であるとは限らないのである。例えば，ある商店AがCから預かっている商品を勝手に販売し，それをBが購入した（引渡しを受けた）ような場合である。しかし，だからと言って，商品を販売する者が確実に陳列している商品の所有者であるか否かを調査することは現実的ではないだろう。しかし，他方で動産取引は，<u>高度な流通性と迅速性</u>が求められるとされる。そこで，民法は**公信の原則**を動産取引に認め，<u>動産を占有している者が，実際はその動産に所有権その他の処分権を有していなくても，占有を信頼して取引した者が完全な権利を取得できるとする</u>**即時取得**制度を設け，取引の安全を図った。ちなみに，不動産には公信の原則は認められないため，不実登記（真実の権利関係と登記の記載内容が異なる登記）を信頼して取引をしたとしても，原則として第三者は保護されないのである（登記に**公信力**が無い）。

2　即時取得の要件

　即時取得は，以下の要件を満たすことで認められる。

(1)　目的物が動産であること

　即時取得の対象は動産に限られ，不動産には認められない。また，動産であったとしても登記や登録が可能な航空機や自動車などには認められない（通説・判例）。

(2) 有効な取引行為

即時取得は，取引の安全を保護する制度であるので，動産を占有している者と有効な取引がなされていることが必要となる。父が亡くなり，唯一の相続人である一人息子が父の部屋にあった生前に父が親友から借りていたカメラを承継取得したとしても，取引行為によらない権利取得なので即時取得できない。また，取引行為が取り消されたり，無効になったりした場合も即時取得は成立しない。

(3) 前主から占有を取得すること

> **例⑥**
> 　BはAから借りている自転車をCに売ってしまい，占有改定をした。したがって，自転車の所有権はCに移転はしているが，占有はBが継続していた。その後，Bはこの自転車をAに返してしまった場合，Cは即時取得を主張してAに返還を求めることができるのだろうか。

　192条は，「占有を始めた」としているだけで，その取得態様が必ずしも明確ではないが，現実の引渡しのほか，簡易の引渡しや指図による占有移転により占有を開始した場合は，「占有を始めた」といえるとされている。しかし，**例⑥**のように，占有改定によって占有を開始した場合，「占有を始めた」とされ，Cの即時取得は認められるのだろうか。判例は，「一般外観上従来の占有状態に変更を生ずるがごとき占有を取得することを要」するとして，占有改定による即時取得を否定している（最判昭35・2・11民集14巻2号168頁）。

(4) 善意・平穏・公然・無過失の占有取得であること

　善意・平穏・公然については，占有の効力として推定される（186条1項）ので，あまり問題となることはないだろう。また，無過失については，188

条によって，占有者は占有物の上に行使する権利を適法に有するものと推定される。

3　即時取得の効果

即時取得が成立すると，無権利者から動産を購入した者は無権利者との取引にもかかわらず，動産の所有権を即時に取得することになる。買主は所有権を原始取得するのであるから，無権利者の売主に権利が生じ，それが買主に移転するわけではない。

4　盗品・遺失物の例外

即時取得は，BがAから盗んだり，Aが落としたりしたのを拾って占有している動産にも適用される。しかし，盗難の被害者や遺失物の遺失主は盗まれた時または遺失の時から2年間は目的物を占有者から取り戻すことができる（193条）。

【本章のまとめ】

【物権変動とは】

・**物権変動**とは，物権の発生・変更・消滅のことである。

・**意思主義**とは，所有権の移転は，意思表示以外の一切の形式は必要とされ
ないという考え方である。

・**公示の原則**とは，物権変動の登記や引渡しといった公示がなされていない
場合，その物権変動は生じていなかったものと信頼して良いという考え方。

・**公信の原則**とは，権利の外観を信頼して取引した者を保護するという考え
方。

【対抗要件】

・不動産の物権変動の対抗要件は**登記**であり，動産の物権変動の対抗要件は
引渡しである。

・引渡しには，①現実の引渡し，②簡易の引渡し，③占有改定，④指図によ
る占有移転，がある。

【即時取得】

・**即時取得**制度とは，動産を占有している者が，実際はその動産に所有権そ
の他の処分権を有していなくても，占有を信頼して取引した者に完全な権
利を取得させるものである。

第10章　所有権と占有権

━━━━━━━━━　**Ⅰ　所有権**　━━━━━━━━━

1　所有権とは

　所有権とは，物を全面的に支配することができる権利のことである。例えば，ある時計について所有権を有している場合，その時計を自由に処分する（売る，贈与する，貸す，破棄するなど）ことができ，自由に使うことができ，あるいは使わないこともできる。また，所有している者が物を奪われたり，所有を妨害された場合には，その物を取り返す権利（返還請求権）や，妨害を排除する権利（妨害排除請求権）を有している（これらを**物権的請求権**という）。

　ただし，そのような所有権にともなう自由に対しては，民法1条1項が公共の福祉による制限を加え，また，民法206条は「法令の制限内」との限定を加えている。つまり，いかに所有権の絶対が民法の原則だといっても，他人に迷惑をかけたり，法令に違反するようなかたちで物を使用・処分することはできないのである。このような所有権に対する法令の制限の中で，最も種類が多いのが，土地に対する所有権の場合である。自分の土地の上に建物を建てるときには，建築基準法をはじめとする様々な法令により，制限を受

けることになる。また，同時に，隣の土地との関係も配慮しなければならない。民法は，このような隣の土地との関係，すなわち相隣関係を調整するために，多くの規定を置いている（209条〜238条）。

　日常生活において「〜をもっている」というとき，多くの場合，「〜を所有している」ということを意図していることが多い。では，「所有している」とは何を意味しているのであろうか。例えば，ある時計を所有しているというとき，もちろんその時計を腕にはめている場合もあれば，家に置いている場合もあるし，あるいは修理に出している場合もあるだろう。いずれの場合にも，その時計を所有していることに変わりはない。すなわち，<u>「所有している」という言葉は，物理的にある物を支配している状態のことではなく，その物を支配する権原を有していることを示している</u>のである。

2　相隣関係

　土地は連続したものであるため，ある土地の利用は，別の土地に影響を及ぼすことがある。そうした中で，土地の所有者同士が円満に生活をしていくためには，隣接する土地の利用を調節する必要がある。そのために民法は209条以下で詳細な相隣関係の規定を置いている。しかし，これらの相隣関係の規定は100年以上前の民法制定当時の社会関係を前提として制定されたものであり，現代的な意義を失っているものも多い。その中にあって，現代でも重要なのは，**隣地通行権**である。**図1**の甲地のように，他の土地に囲まれていて公道に通じていない土地を**袋地**，乙地・丙地のように囲っている土地を**囲繞地**というが，甲地の所有者Aは公道に出るために，囲繞地である乙地，丙地を通行する権利を有している。これが隣地通行権（210条）である。210条所定の通行の場所および方法については，通行を認めなければならない者にとって損害が最も少ないものを選ばなければならない（211条）。また，通行権を有する者は償金を支払わなければならない（212条）。ただし，分割によって公道に通じない土地が生じたときは，その土地の所有者は，公道に至るため，他の分割者の所有地のみを通行することができ，この場合には償金を支払う必要はない（213条）。

図1　袋地・囲繞地

3　所有権の取得

　所有権の取得というと，物を誰かから買ったりもらったりすることを思い浮かべるかもしれない。そのような場合は，他人の所有権を承継することにより所有権を取得するので**承継取得**という。他方で，物を他人の所有権とは関係なく，法律が定めた要件を充たすことにより取得する場合がある。これを**原始取得**という。民法は239条以下に「所有権の取得」の規定を置いているがこれらは，原始取得に関する規定である。

(1)　無主物先占

　公園で虫を捕まえたときのように，所有者のいない動産は所有の意思をもってこれを占有した者がその所有権を取得する（239条1項）。不動産の場合には，国の所有物になる（239条2項）。

(2)　遺失物取得

　遺失物とは盗品以外の物で，占有者の意思によらずにその所持を離れた物である。遺失物については，遺失物法の規定に従って公告をなしたあと，3か月以内に所有者が判明しないときは，その物の所有権を取得できる。

(3)　埋蔵物の発見

　埋蔵物とは，土地その他の物の中に外部からは容易に目撃できないような

状態に置かれ，所有者が誰であるか判明しない物のことである。埋蔵物については，遺失物法の規定に従って公告をなしたあと，6か月以内に所有者が判明しないときは，その物の所有権を取得できる。

(4) 添付

添付とは，所有権が異なる2個以上の物が結合して1つの物になったり，他人の物を加工して新たな物が生じることであり，**付合**，**混和**，**加工**の総称である。

i 付合

> **例①**
> 最近はやりの DIY をするために，A は自分が所有している椅子に B が所有しているペンキで色を塗った。ペンキは誰のものになるのだろうか。

付合とは所有者の異なる複数の物が結合して1つの物として認められることである。付合は動産の付合と不動産の付合に分かれる。動産の付合の場合は，複数の物が1つとなり分離することが不可能となった場合や，分離は可能であるが分離をするために多大な費用を要する場合に，付合前の物に主従の関係があるときには，その合成物の所有権は主たる動産の所有者に帰属することになる（243条）。付合前の動産に主従の区別ができないときには，各動産の所有者が付合当時の各動産の価格の割合で，合成物を共有することになる（244条）。ちなみにどちらが主でどちらが従に当たるかは取引通念に照らして判断されることになる。上記の**例①**では，椅子が主，ペンキが従であろうからペンキは椅子に付合され A の所有物となる。

> **例②**
> B は A 所有の甲土地を借りる賃貸借契約を締結した。B は甲土地上に農作物を植えた。農作物は誰のものになるだろうか。

不動産の付合とは，不動産にその所有者以外の物が所有する別の物が結合して，その物が不動産の一部になることをいう。ここでの別の物とは動産であることが一般的である。Ａの所有する不動産にＢの所有する動産が従として付合したとき，付合物はＡの所有物となる（242条本文）。ただし，Ａの所有する甲土地を賃借しているＢが甲土地上に農作物を植えた場合のように，Ｂが「権原」（この場合，Ｂには賃借権という「権原」がある）によって動産を付合させたときは，結合させた部分について，その「権原」に基づくＢの権利が留保される（242条ただし書）。つまり，上記の例では，Ｂが植えた農作物は甲土地に付合しないのでＢは，農作物に対する所有権を失わないことになる。

ii　混和　　Ａ所有の液体とＢ所有の液体が混ざり合った場合のように，所有者が異なる物が混ざり合いどれが誰の物か識別ができなくなった状態を混和といい，動産の付合に関する規定が準用される（245条）。

iii　加工　　Ａ所有の材木にＢが勝手に彫刻を施し，新たな芸術作品を創作した場合のように，他人の所有する動産（材料）に工作を加えて新たなものを作り出すことを加工という。このような場合には，材料の所有者であるＡが加工によって出来上がった新たな物の所有権を取得する。

4　共有

(1)　共同所有

共有とは，共同所有の中の一形態である。共同所有には，**共有**，**合有**，**総有**があり，それらの総称が共同所有ということになる。近代民法では，個人主義が基調とされており，本来は，財産は各権利主体により単独で所有されることが望ましい。そのため，共同所有は，その例外的な制度として位置づけられている。ちなみに，民法においては「共有」という言葉がたびたび用いられているが，249条以下に規定されている「共有」とはその性質が異なるものがある。実はそれらが，合有，総有に当たる。

⑵　共有

　例えば，A・B・Cの３人がお金を出し合って甲別荘を購入したとする。この場合，A・B・Cは甲別荘を共有しているということになる。共有の特徴は，各人の**持分**が明確であるという点にある（合有や総有はそうではない）。持分とは，各所有者が共有物に対して有している全面的支配の割合のことである。ところで，１つの物の上には，同一内容の物権は１個しか存在しないという一物一権主義という物権の性質があることはすでに学んだが，共有の場合，１つの物に所有権が複数存在するというのではなく，複数人が共有持分権を持ち合っている状態であるので，一物一権主義に反しているわけではない。持分の割合については，各共有者が協議により決定するが，持分の割合が不明なときは，等分であると推定される（250条）。<u>各共有者は，自分の持分を他の共有者の同意を得ることなく，自由に譲渡したり，抵当権を設定するなどの処分が可能である</u>。また，後に説明するが，共同所有を解消する共有物の分割も自由に行うことができる。

⑶　共有物の使用収益・管理

　各共有者は，共有物を持分に応じて使用することができる（249条）。上記の例では，A・B・Cが甲別荘を持分に応じて使う日数を分けて使用することになるだろう。

　また，共有者は共有物の**保存行為・管理行為・変更行為**をすることができる。共有物の修繕などに当たる保存行為については，<u>各共有者が単独で行うことができる</u>（252条ただし書）。共有物について第三者と賃貸借契約を締結・解除したり，賃料の変更などの<u>管理行為については，共有者の持分の過半数により決められる</u>。上記の例でA・B・Cの持分が等分だとすると，各人の持分割合は１／３なので，３人のうち２名が賛成すればよいということになる。これに対して，共有物を売却したり，農地を宅地に変えるなどの<u>変更行為については，共有者全員の合意が必要となる</u>。

⑷　共有物の分割

　共有物の分割とは，共有関係を解消し，各自が単独所有に移行することであるが，この共有物の分割は各自が自由に行うことができる（256条1項本文）。

　つまり，いつでも各自が共有関係から離脱することができる。すでに述べたように共有の状態は，民法の原則からすれば例外的な状態であり，取引の安全の点からも望ましい状態とはいえない。それゆえに，自由に共有物の分割ができるいうことは，そのような共有の状態をできるだけ早く解消したいという立法者の意思が表れているといえるだろう。ただし，5年を超えない範囲で分割を行わないという特約を共有者間で結ぶことができる（256条1項ただし書）。

　分割の方法としては，現物分割が原則ではあるが，共有者以外の者に売却してその代金を分割する方法，一部の共有者が共有物を取得し，他の共有者にはその持分の代価を支払う方法（価格賠償）もある。共有者間で協議が調えばどの方法を選択しても自由であるが，協議が調わない場合には，裁判所に分割を請求することができる（258条1項）。

⑸　合有・総有

　合有・総有は共同所有の一形態ではあるが，共有とはその性質が異なるものである。668条は「組合財産は，総組合員の共有に属する」と規定しているが，ここでの共有は合有であると解されている。組合員は自分の財産を自由に処分することはできず，また，組合の清算前は分割請求もできない（676条）。このように，持分権の処分・分割請求の自由が制限されているのが合有の特徴である。また，総有は，法人格のない団体に財産が帰属する場合の共同所有の形態である。団体の構成員は財産についての持分や分割請求権を有しない。これが総有の特徴である。

━━━ Ⅱ　占有権 ━━━

1　占有とは

　すでに述べた通り，所有権とは観念的なものであるが，その所有権の証明は難しく，「悪魔の証明」ともいわれている。例えば，手元にある時計を本当に自分の物かどうか証明しろと言われても，それは困難だろう。所有権をはじめとする，ある物を使用・収益する権原は，多くの場合，その物を物理的に支配している人が有している場合が多い。そこで，民法は，物を物理的に支配している事実状態（これを「占有」という）を法的に保護し，物を事実的支配状態に置いている人に対して，所有権をはじめとする権原を推定することにした。このように，<u>物を事実上支配している者に認められる権利を**占有権**</u>と呼ぶ。これは，物を拾った人や盗んだ人であっても認められる。

　占有には，<u>所有の意思のある**自主占有**</u>と，<u>所有の意思のない**他主占有**</u>とがある。<u>所有の意思があるかどうかは，内心でどう思っていたかではなく外形的客観的に決まる</u>。例えば，賃貸借契約でマンションの部屋を賃借している者がいくら「これは自分の物だ」と思っても他主占有とされる。占有が自主占有であるか他主占有であるかは，取得時効の成立において重要になる。

2　占有の成立

> **例③**
> 　AはBのポケットにこっそりと物をすべりこませた。この場合，その物に対してBの占有は認められるだろうか。

　<u>占有が成立するためには，**所持**と**自己のためにする意思**が必要である</u>。所持とは，物を事実上支配している状態のことであり，自己のためにする意思とは，自分の利益のために所持する意思のことである。上記の例では，Bにはその物に対する所持は認められるものの，Bには自己のためにする意思が

ないために，占有は認められない。

　また，占有は他人に所持させることによっても成立する。例えば，Ａが所有している甲建物をＢに賃貸し，Ｂが居住している場合，Ａは建物を現実に占有しているわけではないが，Ｂ（占有代理人）を通じて占有していることになる。このように，占有は代理人によって行うことができ（181条），これを**代理占有（間接占有）**という。他方で，Ｂは建物を現実に占有している。このように，占有者が物を直接所持することを**自己占有（直接占有）**という。

3　占有の移転

　占有を移転することを引渡しという。引渡しの種類には，**現実の引渡し・簡易の引渡し**（182条）・**占有改定**（183条）・**指図による占有移転**（184条）がある。Ａが自分の物をＢに譲渡する場面を使って，この４つを説明しよう。

　現実の引渡しとは，物の物理的占有を，現実に相手に移転する方法である。簡易の引渡しとは，例えば，ＡがＢに貸している物をＢに譲渡するとき，Ｂが借りている物をＡに返し，それから改めてＡからＢに現実の引渡しを行うという，本来のプロセスを簡略化し，当事者の意思表示のみにより，ＡからＢに引渡しを行う方法である。占有改定とは，例えば，Ａが自分の物をＢに譲渡するが，その物をＢから借りて引き続き占有しようとするとき，ＡからＢに占有を移転したうえで，Ａが改めてＢからそれを借り受けるという本来のプロセスを簡略化し，Ａが以後Ｂのために（Ｂの物として）占有をする意思を表示することにより，ＡからＢに引渡しを行う方法である。指図による占有移転とは，例えば，ＡがＣに貸している物をＢに譲渡する場合，ＡがＣに対し，以後はＢのために（Ｂのものとして）占有すべき旨を命じることにより，ＡからＢに引渡しを行う方法である。

　また，通説・判例によれば占有は相続により承継される。これは，被相続人の下で進行していた取得時効が被相続人の死亡によりご破算になるという不都合を回避するために，政策的に認められているといってもよい。例えば，被相続人Ａの下で善意占有（自分に所有権があると信じていた占有）が６年間継続されてきた場合，相続人ＢがＡの善意占有を承継することになり，残

り4年間占有を継続すれば取得時効が完成することになる（詳しくは本書**第7章**参照）。

4　占有の効力

(1)　権利適法の推定

> **例④**
> 　Aは自分で購入したペンを使用していたところ，Bが「それは私のペンだ。君の物だと言うのなら，それを証明してくれ」と言ってきた。どのように自分の所有物であると証明すればよいのだろうか。

例④のような場合，自分の所有権を証明するのは容易ではない。そこで188条は，「占有者が占有物について行使する権利は，適法に有するものと推定する」と規定している。すなわち，**例④**ではAの所有権が推定されるので，BがそのペンがAの所有物ではないことを証明しなければならないことになる。

(2)　占有の訴え

図書館で借りた本を誰かに目の前で奪われたとしよう。その場合に，その奪った者に対して当然「それを返せ」と言うだろう。しかし，その本に所有権を有しているわけではないので，その法的根拠は何だろうか。このように，占有を他人によって侵害された場合に，占有者は**占有の訴え**によって侵害者から自分の占有を守ることができる。占有の訴えには，占有を奪われた占有者がその物の返還を求める**占有回収の訴え**（200条），占有を妨害された占有者がその妨害の停止を求める**占有保持の訴え**（198条），占有を妨害されるおそれのある占有者がその妨害の予防措置を求める**占有保全の訴え**（199条）がある。

　占有の訴えの原告は占有者であればよく，泥棒であってもよい。

(3) 果実の収取

　所有物から生じた果実は，所有者に帰属する（89条）が，189条は「善意の占有者は，占有物から生ずる果実を取得する」と規定する。物を占有するのが善意占有者である場合，その物から生じる果実は，所有者ではなく占有者が取得することになる。善意占有者とは，所有権や賃借権など適法な権原があるものと信じて占有を行う者である。他方で，悪意占有者（所有権や賃借権など適法な権原がないことを知りながら占有をしている者）は，果実を返還し，かつ，すでに消費した果実，過失によって損傷した果実，および収取を怠った果実の代価を返還する義務を負う（190条1項）。

【本章のまとめ】

【所有権】

　所有権とは，物を全面的に支配することができる権利

　所有権の取得　**原始取得**と**承継取得**がある

　　　　　　　　　　　↓

　無主物先占，遺失物拾得，埋蔵物拾得，付合

【共有】

　共有とは，共同所有のなかの1つ

　共同所有　共有・合有・総有←持分処分の自由などに違い

【占有】

　占有権とは，物を事実上支配している者に認められる権利

　占有＝所持＋自己のためにする意思

　占有の移転方法　**現実の引渡し・簡易の引渡し**（182条）・**占有改定**（183条）・**指図による占有移転**（184条）

第11章　制限物権

Ⅰ　用益物権
Ⅱ　担保物権

——　Ⅰ　用益物権　——

1　用益物権とは

> **例①**
>
> 　AはBが所有している甲土地を利用したいと思っている（例えば，家を建てたい，樹木を植えたい，駐車場として利用したい，耕作をしたいという目的で）。Aが甲土地を適法に利用する方法にはどのようなものがあるだろうか。

　例①において，AがBの土地を利用する方法としては，例えばAとBが甲土地について賃貸借契約（601条）を締結し，賃借権に基づき使用・収益するという方法がある。この賃借権は債権に基づくものである。賃借権は債権であるから，賃貸人（債務者）の行為（履行）があって初めて権利が実現される。

　賃借権以外にも，民法は物権として，**用益物権**を認めている。用益物権とは，他人の所有する土地を，一定の範囲で使用・収益することを内容とする

権利である。用役物権は物権であるから，所有権ほどではないが，民法で認められた範囲で物を直接・排他的に支配できる。用益物権には，**地上権**，**永小作権**，**地役権**，**入会権**の４種類のものがあり，これらはすべて土地の使用・収益に関する物権である。**例①**では，Ａの利用目的によっては，その用益物権では実現できないといったことがある。

2　地上権

　地上権とは，他人の土地において工作物または竹木を所有するため，その土地を使用することを内容とする権利である（265条）。工作物または竹木を所有するために限られているので，青空駐車場とするための地上権の設定はできない（賃借権であれば問題ない）。工作物の例としては建物，トンネル，道路などの建造物が挙げられる。

　地上権は，地上権設定契約によって発生する。例えば，土地を購入する資金はないＡがＢの土地を利用して，自分の建物を建てそこに住みたいとしよう。そのような場合，Ａは土地を購入するのではなく，Ｂから地上権の設定を受けることによって，建物を建てることができる。また，**法定地上権**といって，388条の要件を満たすことによって，法律上当然に地上権が発生する場合がある（本章Ⅱ5(8)参照）。

　地上権の対抗要件は登記である（177条）。例えば，土地所有者が変わっても，地上権者が登記を備えていれば，新しい所有者（177条の第三者）にも地上権を主張できる。なお，建物の所有を目的とする地上権の場合には，借地借家法10条が適用され，地上権の対象となっている土地の上に地上権者が登記されている建物を所有するときは，これにより第三者に地上権を主張できる。

　地上権は永久のものと契約で定めることもできる（大判明36・11・16民録9輯1244頁）。

　地上権者は，地上権を自由に他人に譲渡することができる。地上権設定者（土地の所有者）の承諾などを受ける必要はない。これに対し，土地賃貸借権の場合，賃借人は，賃貸人の承諾を得なければ，その賃借権を譲り渡すこと

ができない（612条）。これは大きな違いである。

　地下または空間は，工作物を所有するため，上下の範囲を定めて地上権の目的とすることができる。このような地上権を**区分地上権**という。区分地上権においては，設定行為で，地上権の行使のためにその土地の使用に制限を加えることができる（269条の2第1項）。

3　永小作権

　永小作権とは，永小作人が小作料を支払って，他人の土地において耕作または牧畜をすることを内容とする権利である（270条）。

　例えば，地主と永小作人となる者が永小作権設定契約を締結することにより永小作権が成立し，永小作人は小作料を支払う義務を負う反面，耕作または牧畜をするために地主の土地を使う権利を有する。

　永小作権の対抗要件は登記である（177条）。永小作権の存続期間は，20年以上50年以下である。永小作権設定契約等で50年より長い期間を定めたときであっても，その期間は，50年になる（278条）。

4　地役権

> **例②**
> 　袋地（他の土地に囲まれているため公道に通じない土地）（甲土地）の隣地（乙土地）が囲繞地（袋地を取り囲んでいる土地）である場合に，甲土地の所有者Aと乙土地の所有者Bが地役権設定契約を結び，Aが乙土地を通行できるようにする場合がある。

　地役権とは，地役権者が，設定行為で定めた目的に従い，他人の土地を自己の土地の便益に供する権利をいう（280条）。

　例②のような地役権を**通行地役権**という。地役権者の土地（例では甲土地）を**要役地**，地役権が設定された土地（例では乙土地）を**承役地**と呼ぶ。

　ここでは，通行地役権の例を挙げたが，「土地の便益」の内容として，引

水や日照のための地役権も存在する。

地役権は，要役地の所有権とともに移転する。つまり，要役地の所有者が
AからCに変われば，地役権者もAからCに変わる。ただし，設定行為に
別段の定めがあるときは，この限りでない。地役権は，要役地から分離して
譲り渡すことはできない（281条）。

5　入会権

入会権とは，村落の住民が山林や河川などを共同で管理し，収益する権利
をいう。民法には，263条と294条に規定がある。そのルールは，地域の慣習
に委ねられている。

Ⅱ　担保物権

1　担保物権とは

(1)　担保物権

民法第2編の「物権」のうちの第7章**留置権**，第8章**先取特権**，第9章**質
権**，第10章**抵当権**は担保物権について規定している。担保とは，債権の履行
を確保するための仕組みのことをいう。担保物権とは，債権の履行を確保す
るために認められる物権をいう。民法に規定のある担保物権を**典型担保**とい
う。これに対して民法に規定はない担保物権を**非典型担保**という。

(2)　債権者平等の原則とその例外

例えば，AがBに対し，金銭債権を有しており，Aが裁判に訴え出て，
勝訴判決を得たにもかかわらず，Bがそれでも履行をしない場合のように，
判決などの債務名義を得た債権者の申立てに基づいて，債務者に対する請求
権を，裁判所が強制的に実現することを**強制執行**という。強制執行の対象と
なる債務者の財産を**責任財産（一般財産）**という。

債務者の財産がそのすべての債権者の債権額に満たないことを無資力状態

というが，債務者が無資力である場合，各債権者は債務者の責任財産に対して債権額に応じて平等の権利を有するにすぎない。このことを**債権者平等の原則**という。強制執行手続により，債務者の財産が金銭に換えられた場合は，債権者平等の原則に基づき，各債権者はそれぞれの債権額に比例して分配を受ける。言い換えれば，ある債権者だけが，他の債権者に優先して債権の回収を行うことは原則としてできない。

このように，債権者平等の原則によれば，債権者には自己の債権を全額回収することができないリスクがつきまとう。

債権者が債権の回収可能性を高めたいのであれば，事前に策を講じておく必要がある。民法は，保証人となる者と保証契約を結ぶ，あるいは**約定担保物権**の設定を受けるといった手立てを用意している（保証については，本書**第14章Ⅴ**を参照）。約定担保物権とは，契約によって認められる担保物権のことをいう。**質権，抵当権**がこれに該当する。

また，債権者が事前にそのような策を講じていなくても，法は一定の場合に債権者に優先的保護を与えている（**法定担保物権**）。法定担保物権とは法律によって当然に認められる担保物権のことをいう。**留置権，先取特権**がこれに該当する。

担保権の実行手続においては，強制執行手続とは異なり，判決などの債務名義は不要である。例えば，抵当権を実行する場合は，抵当権が登記されている登記簿謄本などの提出がなされれば裁判所により手続が開始される。

(3) 人的担保と物的担保

担保には，**人的担保**と**物的担保**がある。人的担保とは，債務者以外の第三者によって債務者の債務の弁済を確保することをいう。債務者を増やす（責任財産を増やす）ことにより，債権の回収可能性を高めるための手段である。**保証**がその例である。

他方，物的担保とは，自己や第三者の特定の物や権利によって債務の弁済を確保することをいう。民法典には，留置権，先取特権，抵当権，質権の物的担保がある。留置権を除き担保権者には優先弁済的効力がある。優先弁済

的効力とは，担保物権者が，担保目的物を換価して（金銭に換えて），債権者平等の原則の適用を免れ，他の債権者に先立って弁済を受けることができるということである。

⑷ 付従性，随伴性，不可分性

担保物権に共通する性質として以下のものがある。

i 付従性　担保物権とは，債権の履行を確保するものであるから，確保すべき債権があることが前提となる。担保物権によって担保される債権のことを**被担保債権**というが，被担保債権がなければ，担保物権も存在しえない。被担保債権の確保が目的であり，担保物権はその手段にすぎないから，目的が無ければ手段だけが存続する意味はないということである。例えば，被担保債権が弁済により消滅した場合は，担保物権も消滅する。このような担保物権の性質を**付従性**という。

ii 随伴性　被担保債権が別の者へと移転すれば，担保物権も移転する。例えば，被担保債権が債権譲渡され，新債権者に移転すれば，担保物権も新債権者へ移転する。このような担保物権の性質を**随伴性**という。

iii 不可分性　被担保債権の全部が弁済されるまで，担保物権は消滅しないという性質を**不可分性**という（296条等）。例えば，一部の弁済があったからといって，その分だけ担保物権も消滅するということはないということである。

⑸ 担保物権をめぐる関係者

担保物権について学ぶ際に押さえておくべき関係者についてここで整理する。

担保物権が関わる場合は債権の履行の確保が問題となっているのだから，当然，担保物権に係る被担保債権の債権者と債務者が関係する。債権者は担保権者（留置権者，先取特権者，質権者，抵当権者）として登場する。担保を提供する者は債務者とは限らない。確かに，債務者本人が担保を差し出す者であることが多いが，**物上保証人**といって，他人の債務を担保するために，

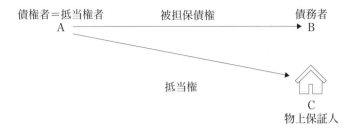

図1　担保物権の関係図（抵当権の場合）

自己の財産を担保に提供する者もいる（例：会社の借金のために経営者が自宅を借金のカタに差し出す）。なお，担保の目的となっている物の権利（所有権，用益物権）を取得した者を**第三取得者**という（例：抵当権のついた不動産を購入した者）。

2　留置権

> **例③**
> 　Aは時計屋Bに時計の修理を依頼し，修理後，Aは時計の返還を求めた。

留置権とは，他人の物の占有者が，その物に関して生じた債権を有するときに，その債権の弁済を受けるまで，その物を留置することができる権利のことをいう（295条）。

例③の場合，Bは留置権を主張して，「Aが修理代金債務（被担保債権）を弁済するまでは時計を返還しない」と拒むことができる。

留置権は，公平の趣旨から認められる担保物権である。留置権は，目的物の引渡しを拒絶することによって，「債務を弁済しなければ目的物を引き渡してもらえない」と債務者に心理的な圧迫を加えて，債務の弁済を促す効力を有する。このような効力のことを**留置的効力**という（留置的効力は留置権，質権には備わっているが，先取特権，抵当権には無い）。

他方で，留置権には他の担保物権のような優先弁済的効力はない（ただし，留置権者がいつまでも目的物を保管しなければならないのは酷であることから，民事執行法195条により競売申立権が認められている。留置権者が受け取った競売の換価金を債務者へ引き渡す債務と被担保債権とを相殺することにより，留置権者は事実上，優先弁済が受けられる）。

　留置権は，引渡しを拒絶できる権利である点で，同時履行の抗弁権（本書**第17章**参照）と共通している。しかし，留置権は物権であるため，第三者に対しても主張することができるのに対して，同時履行の抗弁権は双務契約の効力として認められる権利であるため，契約の相手方にしか主張できない点でその性格を異にしている。

　留置権は，意思表示によらず，民法の要件を満たすことによって成立する法定担保物権である。留置権が成立するための要件は295条に規定されている。まず，①留置権者が他人の物を占有していることが必要である。**例③**の場合でいうと，時計屋Bが時計を占有していることである。なお，「他人の物」とは，被担保債権の債務者（例でいうと修理代金債務の債務者A）の物でなくてもよい。例えばAが実は時計をCから借りていたのだとして，その場合債務者はAで時計の所有者はCであるが，そのような場合でも留置権は成立する。

　②「その物に関して生じた債権を有する」こと（＝債権と目的物との牽連性）が必要である（295条1項本文）。**例③**の場合でいうと，Bが時計の修理代金債権とは無関係な債権をAに対して有していたとしても，その時計と無関係な債権の履行を促すために時計の留置を認める訳にはいかない。そこで，このような牽連性の要件が要求されている。

　③被担保債権が弁済期にあることが必要である（295条1項ただし書）。被担保債権が弁済期にないのに（まだ払わなくてもよいのに），留置権によって債務の履行を強制するのはおかしいからである。

　④占有が不法行為によって始まった場合でないことが必要である（295条2項）。例えば，建物を不法占拠して，その建物を修理した者に留置権を認めるのは不公平だからである。

3 先取特権

(1) 先取特権とは

先取特権とは，法律が定める特殊の債権を有する者が，債務者の財産から優先弁済を受けることができる担保物権をいう (303条)。

(2) 先取特権の種類

先取特権には，一般先取特権，動産の先取特権，不動産の先取特権がある。

i　一般先取特権 (306条〜)　　一般先取特権は，①共益の費用，②雇用関係，③葬式の費用，④日用品の供給を原因とする債権を有する者に，債務者の総財産 (一般財産) について，法律上当然に優先弁済権を与える担保物権である。

雇用関係の一般先取特権について考えてみよう。例えば，会社が倒産した場合に，債権者平等の原則により，会社の各債権者に対し債権額に応じた弁済を行うとなると，企業間取引などによって生じた債権に対して，会社の従業員の給料債権については，ごくわずかな分配となり，給料で生活している従業員にとって酷な結果となる。民法は，雇用関係から生じた債権について先取特権を認めているので，債務者 (会社) の総財産から従業員は給与債権について優先弁済を受けられる (306条2号・308条)。

ii　動産の先取特権 (311条〜)　　動産の先取特権は，①不動産の賃貸借，②旅館の宿泊，③旅客または荷物の運輸，④動産の保存，⑤動産の売買，⑥種苗または肥料の供給，⑦農業の労務，⑧工業の労務の各原因によって生じた債権を有する者に，債務者の特定の動産について，法律上当然に優先弁済権を与える担保物権である。

例えば，動産売買の先取特権については，動産の売主は，動産の代価およびその利息に関し，その動産について先取特権を取得する (321条)。動産の売買により動産が買主に引き渡されたが，代金が未払いである場合に，売主は代金債権を被担保債権として動産売買の先取特権を行使することによって，その動産から優先弁済を受けることができる。

iii　不動産の先取特権（325条～）　　不動産の先取特権は，①不動産の保存，②不動産の工事，③不動産の売買の各原因によって生じた債権を有する者に債務者のその不動産について，法律上当然に優先弁済権を与える担保物権である。

(3)　動産を目的とする先取特権の追求力の制限

先取特権は，債務者がその目的である動産をその第三取得者に引き渡した後は，その動産について行使することができない（333条）。通常は動産には公示の手段がないため，動産を目的とする先取特権については，第三取得者に引き渡した後の先取特権の効力（**追求力**）が否定されている。

(4)　物上代位

先取特権は，その目的物の売却，賃貸，滅失または損傷によって債務者が受けるべき金銭その他の物に対しても，行使することができる（304条1項本文，**物上代位**）。先取特権者は，その払渡しまたは引渡しの前に差押えをしなければならない（304条1項ただし書）。

例えば，「目的物の売却」の例としては，AがBに動産を売却したが，その代金をBはまだ支払っておらず，Bはこの動産をさらにCに転売したが，Cもその代金を支払っていないとする。このような場合に，Aは，CがBに代金を払う前にBのCに対する代金債権を差し押さえ，Cから優先弁済を受けることができる。このようなAに与えられる優先権のことを，（先取特権に基づく）物上代位（権）という。

4　質権

(1)　質権とは

> **例④**
>
> 　Aは質権設定契約を質屋Bと締結してBに時計を預け，Bから100万円を借りた。

質権者は，その債権の担保として債務者または第三者から受け取った物を占有し，かつ，その物について他の債権者に先立って自己の債権の弁済を受ける権利を有する（342条）。このような担保物権を**質権**という。

例④では，BはAから100万円の弁済を受けるまでその時計を留置でき，Aから弁済がないときは，Bは質権に基づき他の債権者に先立ってその時計から弁済を受けることができる。

(2) 質権の特徴

質権が設定された場合，債務者は，質物の返還を受けるためには弁済をしなければならないといけないという心理的強制を受け，弁済を促される（**留置的効力**）。ここから分かるように，質権は，質権者が目的物を留置するという点で，非占有担保である抵当権とはその性質を大きく異にする。

弁済がない場合，質権者は質物から優先弁済を受けることができる（**優先弁済的効力**）。

(3) 質権の種類

質権には，①動産質，②不動産質，③権利質の3つの種類がある。以下，動産質権を中心に述べる。

i 動産質 質権設定契約は，債権者と質権設定者（債務者または物上保証人）との契約により行われる。

質権設定契約が有効となり質権が成立するためには，質権設定の合意だけでは足りず，目的物である動産を債権者に現実に引き渡す必要がある（344条，**要物契約**）。

動産質権者は，継続して質物を占有しなければ，質権を第三者に対抗することができない（352条）。占有を失えば第三者に対して「自分が質権者だ」と主張できなくなる。

質権者は，被担保債権全額の弁済を受けるまで質物を留置できる（350条・296条）。

動産質権者は，質物から他の債権者に**優先して弁済**を受けることができる

（342条）。質権についても，物上代位が認められる（350条・304条）。

　質権設定契約または弁済期前の契約で，質権者が弁済として質物の所有権を取得するとの特約（**流質契約**）をすることはできない（349条）。ただし，質屋営業法によって認められた質屋の質権については流質契約が認められる。

ii　不動産質　　不動産質権の成立要件については動産質権と同様である。不動産質では，登記が対抗要件であるので（177条・361条），占有を失っても，質権の登記があれば，第三者に対抗できる。不動産質の存続期間は10年を超えることはできない（360条）。不動産質とする債権者のメリットが少ないため，実際にはほとんど行われていない。

iii　債権質　　動産，不動産以外の財産権を質権の目的とすることができる。これを**権利質**という。権利質の対象としては，債権，株式，無体財産権などが挙げられるが，株式質については会社法に，無体財産権については特別法に規定がある。実務では，住宅ローン貸付の際に，金融機関が貸付金の借主の保険会社に対する火災保険金請求権に債権質を設定しておくといったことが行われている。

5　抵当権

(1)　抵当権とは

> **例⑤**
> 　Aが甲不動産を購入する際に，金融機関Bから購入資金をローンで借り入れ，甲には，Bの債権を担保するために抵当権が設定された。

　抵当権者は，債務者または第三者が占有を移転しないで債務の担保に供した不動産について，他の債権者に先立って自己の債権の弁済を受ける権利を有する（369条1項）。

　例⑤について考えてみよう。Bは貸付をするのであれば，貸金を確実に返してもらいたいので，Aから甲につき抵当権の設定を受けておく（**抵当権設定契約**）。Aはローンの返済を続けている間は，甲に住んでいてよい（「占有

を移転しないで」)。もし，Aが貸付金を返済できない場合は，Bは抵当権に基づいて甲を競売に出して（抵当権の実行），その代金から優先弁済を受けることができる。

なお，ここでの言い回しとして，抵当権を設定する者（抵当権設定者）とは，債務者または第三者のことを指す（抵当権設定者とは債権者のことではないので注意）。債権者は抵当権の設定を受ける側である。第三者とは，他人の債務のために自己の財産を担保に提供する者，すなわち，**物上保証人**のことである。

(2) 抵当権の本質的特徴

抵当権は，抵当目的物の占有（使用・収益）を抵当権設定者（債務者または物上保証人）に許すものである。このことから，抵当権は**非占有担保**であるといわれる。また，抵当権者は，債務者が弁済しない場合には，競売により目的物を換価し，その代金から優先弁済を受けることができる。このことから抵当権は目的物の交換価値を把握する権利であるといわれる。

(3) 抵当権の目的

抵当権の目的は不動産である（369条1項）。同一の被担保債権のために複数の不動産の上に抵当権を設定することもできる（この場合を**共同抵当**という）。

地上権および永小作権も，抵当権の目的とすることができる（369条2項）。なお，特別法上はその他の抵当も存在する。

(4) 抵当権の設定

抵当権は約定担保物権であり，**抵当権設定契約**により成立する。抵当権設定契約の当事者は債権者と抵当権設定者（債務者または物上保証人）である。諾成・無方式の契約である。抵当権の対抗要件は登記である（177条）。抵当権設定者の不動産に複数の債権者の抵当権が設定される場合がある。このように同一の不動産について数個の抵当権が設定されたときは，抵当権の順位

は登記の前後による（373条）。登記の1番先の者が1番抵当，次の者が2番抵当となる。その序列に従い，**先順位抵当権，後順位抵当権**という言い方もある。なお，第1順位の抵当権が弁済などにより消滅すれば，第2順位の抵当権は第1順位に昇進する。これを**順位上昇の原則**という。

　債権がまだ成立していなくても，債権の成立が確実な場合には，抵当権を有効に成立させることができると考えられている（**付従性の緩和**）。

(5) 抵当権の被担保債権の範囲

　抵当権者は，利息その他の定期金を請求する権利を有するときは，その満期となった**最後の2年分**についてのみ，その抵当権を行使することができる（375条1項本文）。遅延損害金についても同様である（375条2項本文）。どうして，「最後の2年分」という制限があるのだろうか。例えば，債務者が履行せずにどんどん利息が膨らんだとする。そのような利息について1番抵当権者が無制限に抵当権を行使できるとすれば，余剰の部分を期待していた後順位抵当権者や一般債権者の期待が害される。そのためこのような制限が設けられている。

(6) 抵当権の効力の及ぶ範囲

　抵当権の効力は，抵当地の上に存する建物を除き，その目的である不動産（抵当不動産）に付加して一体となっている物（**付加一体物**）に及ぶ（370条本文）。

　例えば，建物ついては壁紙，土地については立木のように，抵当不動産の**付合物**については，「付加一体物」にあたると考えられるから，370条によって抵当権の効力が及ぶ。

　それでは，不動産の**従物**についてはどうだろうか。例えば，土地の従物としては，庭石や石灯籠が挙げられる。また，建物の従物としては，畳，ふすまが挙げられる。これらにも抵当権の効力が及ぶのだろうか。従物については，経済的要請（抵当権の及ぶ範囲が広い方が大きな融資が可能となる）から，抵当権の及ぶ範囲に含めようという解釈が一般的である。その根拠条文につ

いては争いがあり，87条2項（「従物は，主物の処分に従う」）によって及ぶとする説，370条によって及ぶとする説がある。

抵当権の効力は抵当不動産から生じた果実（天然果実，法定果実）に及ぶだろうか。抵当権は抵当権設定者に抵当目的物の使用・収益を許す非占有担保であるから，原則として否定されるが，民法は，<u>被担保債権の債務不履行があったときは，その後に生じた抵当不動産の果実に抵当権の効力が及ぶとしている</u>（371条）。

(7) 物上代位

> **例⑥**
>
> 　抵当目的物である建物が放火され，抵当権設定者（債務者）は放火犯に対し不法行為に基づく損害賠償請求権（709条）を取得した。抵当目的物である建物は滅失してしまったが，建物の代わりに債務者が損害賠償請求権を取得したので，抵当権者としてはこれを使って弁済に充てたい。

本章Ⅱ3(4)では先取特権に基づく物上代位について見たが，抵当権に基づく物上代位に関しては，先取特権の規定が準用されている（372条・304条）。304条を抵当権の場合として読み替えると，次のようになる。<u>抵当権は，その目的物の売却，賃貸，滅失または損傷によって債務者が受けるべき金銭その他の物に対しても，行使することができる。ただし，抵当権者は，その払渡しまたは引渡しの前に差押えをしなければならない</u>（なお，先取特権の規定である304条には「債務者が受けるべき」とあるが，約定担保物権においては物上保証人や第三取得者も「受けるべき」者に該当しうるので，「債務者」を「抵当目的物の所有者」とさらに読み替えるべきことになる）。

例えば，「滅失」の例としては，**例⑥**の場合のように，抵当権者は，損害賠償請求権に物上代位権を行使して，優先弁済を受けることができる（つまり，放火犯は抵当権者に損害賠償金を払うことになる）。

次に「賃貸」の例として，賃料債権に対する物上代位について検討しよう。例えば，債務者Bは，債権者Aのために甲建物に抵当権を設定した。Bは甲建物をCに賃貸して，賃料を得ている。この場合，Aは，BのCに対する賃料債権に対して物上代位権を行使し，優先弁済を受けることができる（ちなみに学説では，賃料債権に対する物上代位は，抵当権設定者による目的物の使用収益を許す抵当権の本質に反するとして，このような物上代位を認めないとする考え方が有力である）。

(8) 法定地上権

　土地およびその上に存する建物が同一の所有者に属する場合において，その土地または建物につき抵当権が設定され，その実行により所有者を異にするに至ったときは，その建物について，地上権が設定されたものとみなす（388条前段）。

　このように，一定の場合において，法律上当然に発生する地上権を**法定地上権**という。どうしてこのような制度が必要なのだろうか。

　例えば，Aが土地と建物を所有しており，建物だけに抵当権を設定したが，それが競売されてBが競落し，Bが建物の新所有者となったとする。つまり，土地と建物の所有者が別人となったとする。他人の土地の上に建物が存立するには占有するだけの権原が必要なはずであるが，もし，建物所有者に土地の占有権原がないとすれば，その建物は土地の上に存立しえず，建物を撤去し，土地を明け渡さなければならない。Bがまさにその状態に陥っている。しかし，まだ使える建物を撤去するというのは社会経済上不利益であり，抵当権設定当事者の意思にも反するであろう。そこで，民法は，このような場合の建物の存立のために，法律上当然に地上権が発生するとしたのである。そのための要件は388条前段に規定されている。なお，同条の「土地又は建物につき抵当権が設定され」の要件は，土地と建物双方に抵当権が設定された場合でもよいと解されている。

⑼ 根抵当権

根抵当権とは，一定の範囲に属する，不特定の債権を極度額の限度で担保する抵当権をいう（398条の2第1項）。

通常の抵当権（普通抵当権）の場合は，特定の被担保債権が弁済されれば，付従性により抵当権も消滅する。しかし，例えば，ある商品の製造卸売業者と販売店の間で継続的に商品を供給する契約から生ずる債権について考えてみると，代金債権は供給ごとに発生し，弁済すれば債権が消滅し，また同類の債権が発生するといったことを繰り返す。そのような債権を被担保債権として普通抵当権を設定する場合，弁済があれば付従性により抵当権は消滅してしまい，新たな商品の供給の際に生じた債権のためにまた抵当権を設定し……ということを繰り返し行うのは煩雑であり，非現実的である。そこで，一定の範囲に属する不特定の債権を極度額（担保する限度額）の範囲で担保するという方法が考案された。これが根抵当権である。根抵当権は明治時代から判例で認められていたが，1971年の民法改正によって明文化された。

6　非典型担保

非典型担保とは，民法典に定められていない担保である。例えば次のものがある。

所有権留保とは，買主が代金を完済するまで，引き渡された売買の目的物の所有権を売主のもとに留保することをいう。自動車の割賦販売において用いられることが多い。買主の債務不履行が生じた場合には，売主は所有権に基づいて返還を求める。

譲渡担保とは，債務者が債権者に担保目的物を譲渡したことにして，債務者が使用し続け，債務が履行されたときは再び債務者の所有とする担保方法をいう。例えば，印刷屋の印刷機を譲渡したことにして，融資を受けるという方法である。機械などの動産の場合には，抵当権は使うことはできず，民法上予定されている約定担保は質権になる。しかし，質の場合は占有を質権者（債権者）に移さなければならい。債権者に持っていかれたら債務者は事業を行えない。そこで譲渡担保が行われる。また，不動産の場合も，競売手

続等を回避できるメリットから譲渡担保が活用される。

　仮登記担保とは，例えば，弁済できない場合には，不動産を譲渡するというように，仮登記を利用して，代物弁済予約をするという方法で行われる担保方法である。仮登記担保法が適用される。

【**本章のまとめ**】

【用益物権】

・**用益物権**とは，他人の所有する土地を，一定の範囲で使用・収益することを内容とする権利であり，**地上権**，**永小作権**，**地役権**，**入会権**の４種類のものがある。

【担保物権】

・**債権者平等の原則**とは，債務者が無資力である場合に，各債権者は債務者の責任財産に対して債権額に応じて平等の分配を受ける原則のことをいう。

・債権者が，債権の回収の可能性を高める方法として，保証契約を結んでおく，あるいは**約定担保物権**（**抵当権**，**質権**）の設定を受けるといった方法がある。

・法律によって当然に認められる担保物権のことを**法定担保物権**という。法定担保物権には**留置権**，**先取特権**がある。

・担保物権によって担保される債権のことを**被担保債権**という。

・他人の債務のために担保を提供する者を**物上保証人**という。

・非典型担保とは，民法典に定められていない担保のことであり，**所有権留保**，**譲渡担保**，**仮登記担保**などがある。

第3部　債権

第12章　債権とはどんな権利か

Ⅰ　債権とはどんな権利か

1　債権とは何か

　債権とは，特定の人に対して特定の行為を請求できる権利である。ある物を直接に支配する権利である物権とは異なって，特定の人に対する相対的な請求権という特徴を持つ。債権に対応した行為（**給付**や**履行**ともいう）をする義務を**債務**といい，債務を負っている者を**債務者**という。債権を持つ**債権者**は債務者に対して特定の給付をするように要求できる。債権と債務は対応する関係にあるため，債権が成立するとその債権の相手方に債務が生じることになる。

　債権は相対的な請求権であるため，債務者でなければどんなに債務者と緊密な関係にあろうとも，債務を負うことは無いし履行の請求をされることも無い。

図 1　債権債務の相対性

2　債権の発生原因

債権の発生原因は，**契約，事務管理，不当利得，不法行為**である。債権は
これに対応する債務を伴う。債権が発生すれば同時に債務も発生するため，
当事者は債権と債務の関係で拘束される。したがってこれら 4 つの債権の発
生原因は**債権債務関係**の発生原因でもある。契約によって生じる債権債務関
係を**約 定 債権債務関係**と呼び，事務管理，不当利得，不法行為によって生
じる債権債務関係を**法定債権債務関係**と呼ぶ。

3　有価証券

債権は観念的な権利であるため実体を持たない。それでも問題がない場合
も多いが，やはりどのような内容の債権であるのか，誰に履行をするのかな
どが明確であると便利である。財産的価値を有する私権を表す証券を**有価証
券**という。

民法で規定されている有価証券には**指図債権**（手形や小切手など。520条の
2 以下），**記名式所持人払証券**（記名式所持人払小切手など。520条の13以下），
その他の記名証券（裏書禁止手形など。520条の19），**無記名証券**（商品券や乗
車券など。520条の20）がある。

=== **Ⅱ　債権の目的** ===

債権の内容は債権の発生原因によって定まる。契約では**契約自由の原則**の

ため，どのような債権債務を発生させるのかは当事者の合意によって自由に決めることができる（**内容の自由**。521条2項）。しかし全くの無制限というわけではない。それでは次のような場合はどうであろうか。

1　金銭に見積もることのできない債権

> **例①**
> 　Xは先祖を供養するため，代々親交のある寺社Yとの間で先祖のために定期的に読経をしてもらうという契約を結んだ。

　例①では，XとYとの間で契約が結ばれてはいるものの，債権の目的は読経をしてもらうことであり，必ずしも経済的な価値のあるものではない。そうするとこのような債権が履行されようとされまいと，Xに金銭的な損害が直ちに生じるというわけではないので法的保護の必要も無さそうに思える。しかし民法は399条において，金銭に見積もることのできない債権でも成立することを規定する。したがって債権の目的が金銭的価値のあるものであろうとなかろうと，債権は成立する。

2　不法な内容を目的とする債権

> **例②**
> 　XとYは，Yがある犯罪行為をする代わりにXが報酬を支払うという契約を締結した。Yは犯罪行為をしたもののXが報酬を支払おうとしない。そこでYはXに対して報酬を支払うように請求しようとしている。

　例②では，Yが犯罪行為をすることに対して報酬を支払うことを内容とする契約が結ばれている。このような契約は，**第5章**ですでに見たように**公序良俗**に反しているために無効である。そうするとXとYとの間で債権債務もそもそも発生しておらず，YはXに報酬の支払いを請求できない。債権

の目的は適法である必要がある。

3　確定していない債権

> **例③**
> 　ある輸入雑貨販売店をこれから開こうとしている X に対し，その友人 Y が「お店が開いたら，何かを買いに行く」と述べ，X もぜひ買いに来てほしいと返事をした。しかし X の開業後，Y は忙しいことなどを理由に店にやってこない。X は Y に対して店で何かを買うように請求しようと考えている。

　例③では，X と Y との間で「何かを買う」という内容のやり取りがあった。しかし仮に 2 人の間で契約が成立しており，X の Y に対する債権が存在しているとしても，その内容は何かを買う，ということであり何をどれだけ買うのかは全く確定していない。確定していない以上，X が Y に対して何を請求できるのかも確定していないので，このような債権は保護に値しない。債権の内容は確定している必要がある。ただし債権の成立時点では確定していないが，後日確定することができるような場合は別である。

4　履行することができない債権

> **例④**
> 　X と不動産業者 Y との間で，ある別荘の売買契約が成立した。しかし契約成立の前に別荘のある地域で山火事が起こり，別荘も焼け落ちてしまっていた。

　例④では，Y による別荘の引渡しは不可能な状態にある。これを**履行不能**という。そして**例④**のように契約の成立前にすでに履行不能が生じていたという場合を**原始的不能**という。履行をすることが原始的に不能な目的を内容とする債権は，成立したとしてもそもそも履行できないため，成立させる必

要が無いようにも思える。しかし民法は，原始的に不能な内容を目的とする債権でも有効に成立することを前提としている（412条の2第2項を参照）。ただしこの場合に債権が成立するとしても，履行が不能であることは変わりないので債権者は債務者に対して履行の請求をすることはできず（412条の2第1項），後は**債務不履行**の問題となる（415条。詳しくは本書**第13章**）。

Ⅲ　特定物債権と種類債権

1　特定物債権とは

特定物債権とは，特定物を目的とする債権である。**特定物**とは，当事者がその個性や性質に着目して，特にその物を債権の目的とした場合の物を指す。一般的には唯一の性質を持つ物を意味し，土地や建物，中古の物品などがそうである。いわばその物と同じ種類，同じ性質，同じ価値を備えている物が他に無いという物である。

特定物債権の債務者は，特定物の引渡しまで**善良な管理者の注意**をもって物を保管する義務を負う（400条）。善良な管理者の注意とは，債務者の属する職業集団などに一般に要求される注意のことで，債務者個人が有している能力としての注意ではない。債務者個人がどれだけ能力を有していようとも，善良な管理者の注意で要求されるのは債務者の属する職業等に一般に要求される注意となる。特定物はたいていの場合には代替物が存在しないので，何らかの原因で滅失するなどして引渡しができなくなると，履行も不能になる。

2　種類債権とは

種類債権とは，債権の目的が種類のみで指定された物である場合の債権を指す（401条）。同じ品質や性質を備えるものが複数あるという場合，こうした物を**種類物**という。工場などで機械的に大量生産された製品などが種類物の例である。

種類債権の債務者は，契約内容などから品質が明らかでない場合には，指

定された種類の中から中程度の品質を持つ物を引き渡す義務を負う（401条1項）。種類債権において重要であるのは**特定**である。これは種類債権の債務者の負う**調達義務**と関係する。種類物はその性質上，同じ品質，性質の物が他にも存在する。そうすると，債務者が引き渡そうとしていたある種類物が何らかの理由で滅失するなどして失われてしまっても，債権の目的となりうる種類物はなお存在する。そしてその限りでは債務者は債務の目的に適う種類物をどこかから調達して履行する義務を負い続ける。これが債務者の調達義務であるが，場合によっては債務者に何度もの調達を強いることにもなりかねない。そこで民法は種類物の特定が生じた場合には，債務者は調達義務を免れ，それ以降は特定したその種類物のみが債権の目的となるとした（401条2項）。特定が生じる要件は，債務者が給付をするのに必要な行為を完了するか，債権者の同意を得て給付すべき物を指定した場合である。

Ⅳ　金銭債権

1　金銭債権とは

　金銭債権とは，金銭を目的とする債権である。売買契約における代金の支払いや，賃貸借契約における賃料の支払いがその例である。金銭債権の弁済（支払い）は特定の通貨での支払いが指定されていない限りで各種の通貨ですることができるが（402条1項），弁済期にすでに強制通用の効力を失っている場合にはこの限りでない（同2項）。外国の通貨で支払うとされた場合でも，為替に従って日本通貨で弁済をすることもできる（403条）。

2　利息債権と利息制限

　金銭の貸し借りを目的とする契約である金銭消費貸借契約（詳しくは本書**第19章**）においては，無利息とすることもできるがたいていは利息付となる。利息付で金銭が貸借される場合，借主は金銭を返還する際に，借りた額（**元本**）に加えて利率に従って計算される**利息**も支払う必要もある。利息の支払

いを目的とする債権が**利息債権**である。

例：元本100万円，利率年10%，返済期が1年後の金銭消費貸借契約の場合
　1年後，借主が返還するのは…

$$\underbrace{100万円}_{元　本}+\underbrace{10万円（元本100万円×利率年10\%）}_{利　息}=110万円$$

　利率によって利息が定まるが，利率は当事者の合意によって設定される（合意によって定められた利率を**約定利率**という）。また民法には**法定利率**も規定されており，利息を生ずべき債権について別段の意思表示がない場合，これによる（404条。法定利率は年3％だが変動の可能性がある）。

　利息に関しては**利息制限**も問題となる。あまりに高い約定利率を設定することにより，借主が元本をはるかに超える支払債務を負ってしまい，重い負担に苦しむという社会問題が起こったことがある。利率は当事者の合意によって定めることができるとはいえ，借主となろうとする者の困窮状態や思慮不足に付け込んで，高額の利息をせしめることで暴利をむさぼろうとする悪徳業者に利息による利益を帰属させるべきではない。あまりに高い利率の設定された金銭消費貸借をいわゆる**暴利行為**として90条に反して無効とすることも可能であるが，利息制限の問題については利息制限法や貸金業法，出資法といった特別法で対応されている。

─────────── **V　選択債権** ───────────

　選択債権とは，債権の目的が数個の給付の中から債務者の選択によって定まる債権をいう（406条）。倉庫の中にある商品AとBのどちらかを売買契約の目的とする，という場合がそうである。**選択権**は原則として債務者が有するが，合意によって債務者以外の者（第三者も含む。409条）に与えることもできる。選択権の行使は相手方への意思表示によるが，相手方の承諾なしには撤回できない（407条）。選択権を持つ当事者が債権の弁済期において，

相手方から催告を受けても選択権を行使しない場合，相手方に選択権が移転する（408条）。

　選択権を有する者の過失によって，選択の対象となる給付の中に不能のものが生じた場合，残存する給付に選択権が特定する（410条）。先の商品AあるいはBを引き渡すという例において，債務者である売主の過失でAが滅失した場合，債権の目的はBとなる。選択権を行使した場合，その効力は遡及するが第三者の権利は保護される（411条）。

【本章のまとめ】

【債権とは】

・**債権**とは，特定の人に特定の行為（給付）をするように請求する権利
　→**相対的権利**であるため，債務者以外の者には行使できない

【債権の目的】

　→債権の目的は，①金銭的価値で見積もることのできない債権でもよい，
　②適法である必要がある，③確定している必要がある，そして④目的が原始的に不能であっても債権自体は成立する

・**特定物債権**……**特定物**を目的とする債権で，この債権の債務者は特定物の引渡しまで**善良な管理者の注意**でもって物を保管する義務を負う

・**種類債権**……**種類物**を目的とする債権で，給付するべき品質が明らかでない場合，債務者は中程度の品質の種類物を引き渡す義務を負う
　→**特定**が生じると（401条2項），それ以降債務者は**調達義務**を免れる

・**金銭債権**……金銭を目的とする債権であるが，**利息債権**が重要
　→金銭消費貸借などにおいて利息を支払うことを目的とする債権が利息債権
　→高い利率の設定による高額の利息支払いが社会問題化したことから，利息制限法などの特別法で**利息制限**が定められている

・**選択債権**……数個の給付の中から選択によって目的が定まる債権（406条）
　→**選択権**は債務者にあるが，第三者とすることもできる

第13章　債権の効力

━━━ Ⅰ　債権の効力 ━━━

1　債権の効力とは

　本章では，「債権の効力」について学ぶ。債権とは，債権の発生原因（例えば契約，事務管理，不当利得，不法行為等）に基づいて，ある人（債権者）が特定の他人（債務者）に対して特定の行為を要求することができる請求権をいう。物権の効力がすべての他人に対して効力を有する**絶対的効力**であるのに対して，債権の効力は原則として債務者のみに対して効力を有する**相対的効力**である。債権の効力には，裁判を通じて履行を求める**訴求力**，裁判の確定判決を債務名義（民事執行法22条）として，強制執行手続により権利の実現を求める**執行力**，債権の内容を実現するために裁判所に債務者の財産に対する強制執行として差押えや換価を求める**掴取力**，債権の内容を本来の給付の形のままで強制的に実現する**貫徹力**，債務者から債務の履行として給付されたものを受領する**受領力**，債務者から受けた給付を自己のものとして保持する**給付保持力**がある。債権の効力は，当事者の合意によって制限すること

ができる（私的自治の原則，契約自由の原則）。

2　自然債務

　特殊な債務として**自然債務**というものがある。自然債務とは，民法上明文の規定はないものの，キャバレーの女給（現代でいうところのホステス）の歓心を買うために独立開業資金の提供を申し出た客にその履行を求めた事案である，いわゆるカフェー丸玉女給事件（大判昭10・4・25新聞3835号5頁）において大審院が示した概念である。大審院は，自然債務は債権としては有効であり，債務者が任意に債務を履行しない限り債権者がその履行を強制することができないけれども，給付保持力はある債務であると解している（ただし大審院は「特殊の債務関係」と判示しており，「自然債務」とは述べていない）。

━━━━━━━━━━━━━ **II　履行の強制** ━━━━━━━━━━━━━

> **例①**
>
> 　Aは自己が所有する美術品を売却したいと考えて購入希望者を探していたが，中々希望者が現れなかった。しばらくしてようやく購入希望者Bが現れたので，売買契約を締結し目的物をBに引き渡したが，Bは代金を支払うことができないことを理由に目的物の値下げを要求してきた。Aは契約の解除もやむを得ないと考えつつも，できれば目的物をBに売却した上で契約違反により生じた損害賠償も請求したいと考えている。このような場合，Aはどのような法的手段をとることができるだろうか。

1　履行の強制とは

　債務者がその債務を任意に履行しない場合，債権者は債務の履行が可能である限り（後述する債務不履行の3つの類型のうち履行遅滞または不完全履行の

場合）において，履行請求権に基づいて，裁判所に対してその債務の内容を強制的に実現することを求めることができる。この履行請求権は，債務の履行が不能であるときは履行を請求することができない（412条の2第1項）と規定されていることから，その反対解釈として履行が可能であるときは履行請求権があると解することができる。この債権者が裁判所に対して債務の履行を求めることができることを**履行の強制**という。

　債権者は，履行の強制を裁判所に求めた場合であっても，債務者に対して損害賠償の請求を行うことができる（414条2項）。例えば，売買契約においてようやく目的物に買主が現れて目的物を売却することができた売主が，414条1項に基づいて履行の強制を裁判所に請求し，買主が売買代金の支払いができない場合に，契約の解除を求めた上で，414条2項により併せて損害賠償を請求するという場合が考えられる。

　履行の強制は，414条1項本文の規定する民事執行法その他強制執行の手続に関する法令の規定に従って行う。その具体的な方法として直接強制，代替執行，間接強制がある。

2　直接強制

　直接強制は，民事執行法43条以下の規定により，債権者からの申立てを受けて執行機関（民事執行法2条が規定する裁判所または執行官あるいは同167条の2が規定する少額訴訟債権の場合の裁判所書記官）が債務者の財産に対して直接に実力行使をする形で実施される。

3　代替執行

　代替執行は，直接強制の方法によることが問題となる場合で，債務者以外の第三者がその債務の内容を実現できる場合に執られる履行の強制方法であり，作為または不作為を目的とする債務に対して行われ，執行機関が第三者にその債務の内容を実現させあるいはその債務者の行為の除去または将来のための適当な処分を行い，その費用を債務者に支払わせる方法により実施される（民事執行法171条1項）。

4　間接強制

間接強制は，作為または不作為の債務について代替執行ができないものに対して行う履行の強制方法であり，相当と認める一定額の金銭の支払いを命じることにより，債務者に心理的かつ経済的負担を与えることで，債務者が自主的にその履行を履行するように仕向ける方法である（民事執行法172条1項）。

Ⅲ　債務不履行

それでは，次の事例をもとにして債務不履行の諸問題を考えてみよう。

> **例②**
>
> 　食品の製造・販売を営むAが，Bと原料の売買契約を締結したところ，Bの従業員の受注ミスにより，契約で定められた期限に原料を納入できなかった。それによりAはパンを製造することができなくなったため，急遽他の業者から原料を入手し，事前に注文を受けていたAの顧客Cに製造したパンを納入したが，その一部を納入することができなかった。やむなくCは急遽Dから不足分を購入し，Aにその代金の支払いの減額とDへの支払代金を請求した。このような場合，AはBに対してどのような対応をすることができるのだろうか。

1　債務不履行

債務者が，その負っている債務を「**債務の本旨**」に従って履行しない場合または債務の履行が不能である場合，債権者はその生じた損害を債務者に対して賠償するよう求めることができる。これを**債務不履行**という（415条1項）。債権者が債務者に対して債務不履行を理由に損害賠償を請求するため

には，①債務の本旨に従った履行がないこと（**本旨不履行**）または履行不能であること，②損害の発生，③債務不履行と損害の発生の間に因果関係があること，④債務者に責めに帰すべき事由（これを帰責事由という）があることの各要件を満たしていることが必要である。①ないし③を客観的要件，④を主観的要件という。この債務不履行による損害賠償は，契約の締結時より前にすでに債務の履行が不能である「**原始的不能**」の場合も含まれる（412条の2第2項。これに対して契約締結後に履行が不能となった場合を「**後発的不能**」という）。

2　債務不履行の類型

前述の①の要件については，その債務不履行がどのような態様により不履行となっているかが問題となる。「債務の本旨に従った履行がないこと」とは，債務者が本来の債務の内容通りの履行をしていないことをいうが，ここで債務の本旨に従った履行がないことには，履行不能の他に履行遅滞及び不完全履行という3つの態様がある。

(1)　履行遅滞

履行遅滞とは，債務者がその負っている債務の履行が可能であるにもかかわらず，到来した履行期（弁済期ともいう）を過ぎても履行をしない場合で，かつその履行をしないことについて正当事由（例えば抗弁権が存在する場合等）が存在しないことをいう。履行期および履行遅滞は412条に規定があり，**確定期限**，**不確定期限**，**期限の定めがない場合**の3つの場合のどれに該当するかにより，いつから履行遅滞となるかが定まる。

(2)　履行不能

履行不能とは，債務の発生原因および取引上の社会通念（例えば一般常識）に照らして客観的に履行ができないと判断される場合をいう。典型例としては，特定物の売買において目的物が滅失してしまった場合が挙げられる。この履行不能に当たるか否かは，契約内容や取引上の社会通念によって判断さ

れる。履行不能の場合，債権者の履行請求権は消滅し（412条の2第1項），債務者に対して**債務の履行に代わる損害賠償の請求**（415条2項1号）および契約の解除（542条1項1号）をすることができる。

(3) 不完全履行

不完全履行とは，債務者によって形式的に債務の履行がなされてはいるが，その履行内容が不十分または不完全であるため債務の本旨に従った履行となっていない場合をいう。例えば，製造物責任が問題となるような，売買契約において買主に不完全な製品が給付されているような場合や食中毒の事例の場合などが挙げられる。不完全履行に該当するかの判断は，なお債務の完全な履行が可能であるかどうかによって決する。

3　債務不履行の効果

(1) 損害賠償

債務不履行の効果として，債務者は損害賠償責任を負う（415条1項）。損害賠償は，原則として金銭賠償によってその額を定める（417条）。損害賠償には，**①履行とともにする損害賠償**（415条1項）と**②履行に代わる損害賠償**（415条2項）がある。①は履行遅滞または不完全履行の場合，②は履行不能の場合の損害賠償であり，**填補賠償**（本来の履行に代えて金銭賠償によりその損害を填補する方法）ともいわれる。

(2) 損害の種類

債務不履行により生じる損害には，**財産的損害**と**非財産的損害**がある。財産的損害はさらに①積極的損害と②消極的損害とに分かれ，①は債務者の債務不履行によって現実に債権者に発生した損害（例えば債務不履行に対応することで支出することになった費用等）をいい，②は債務不履行がなければ債権者が得られたであろう利益が得られなかった損害（例えば債務不履行となった契約により給付されるはずであった目的物を転売することで得られるはずであった利益等）をいう。

これに対して，非財産的損害とは**精神的損害**ともいわれ，その精神面に生じた損害（債務不履行により精神的ショックを受けた場合や不快な思いをした場合等）をいう。

(3) 損害賠償の範囲

債務不履行による損害賠償は，債務不履行と因果関係がある損害の範囲について認められる。しかし，因果関係がある損害すべてについて賠償を認めることは，あたかもドミノ倒しのように債務不履行の連鎖を発生させ，債務者の予測の範囲を超えて損害が拡大する可能性があるため問題がある。

契約締結

A ← B ← C ← D……

債務不履行に基づく損害賠償請求

図1　債務不履行の連鎖

そこで，416条は，債務者が賠償するべき損害賠償の範囲を**通常損害**と**特別損害**とに区別している。通常損害とは，債務不履行が発生したときに通常生ずべき損害（416条1項）をいい，特別損害とは通常は生じるべき損害ではなかった場合であっても，当事者がその損害の発生をあらかじめ予見（予想）すべきであった損害（416条2項）をいう。判例は，この予見は債務者を基準とし，予見すべき時期は履行期までと解する。

===== **IV　責任財産の保全** =====

1　責任財産の保全

責任財産とは，債務者の総財産のうち担保権等の優先弁済権がある債権の対象を除いた部分（強制執行の引当てになる債務者の財産）をいう。債権は，**債権者平等の原則**に従い，総債権額に占める各債権者の債権額の比率に応じ

て平等に弁済されることになる（この処理は破産手続における配当の場合と同様である）。

一般債権者は，債務者の責任財産から弁済を受けることになるが，何らかの原因により債務者の責任財産が減少した場合，債権者は債権回収をすることができなくなる。そのため，債権者には自己の債権回収の目的のために債務者の責任財産を保全（確保・維持すること）するための権利が与えられている。以下において具体的な責任財産の保全の制度を学ぶことにしよう。

2　債権者代位権

(1)　債権者代位権の意義

責任財産の保全のために債権者に与えられている権利として，債権者代位権（423条）がある。例えば，債務者がどうせ債権者に取られてしまうからという理由で自己の債権を行使をしないで放置しているが，当該債権の消滅時効の成立が迫っているような場合を想定してみよう。

債権者は，債務者に対して自己の債権の行使を要求することができるが，債権の行使は債権者の自由であるために債務者がその要求に応じる保証はなく，そのままでは債権自体が消滅時効により行使できなくなり，債務者の責任財産が減少する恐れがある。このような場合に，債権者は，債務者の責任財産を保全するために債権者代位権を行使して，債務者に代わって第三債務者に対する債権を行使することが認められている。

(2)　債権者代位権の要件

債権者代位権は，債権はその権利者が行使するという原則の例外であり，その行使のタイミングを債権者が決定することから考えても，極めて強力な権利である。そのため，債権者代位権の行使は，厳格な要件を満たしたときにのみ認められることになる。債権者代位権の要件は，**債務者に関する要件**，**被保全債権に関する要件**，そして**被代位権利に関する要件**に分かれる。

i　債務者に関する要件　第1の要件として，債権者が自己の財産を保全するためという**保全の必要性**の要件がある。この要件は，債務者の責任財産

が減少することにより自己の債権の満足を得ることができなくなるということが必要であり，債務者が他に弁済をすることができる財産を有していないこと（債務者が無資力である場合）と解されている（最判昭40・10・12民集19巻7号1777頁）。また，債務者が自ら権利を行使しているときは，債権者は代位権を行使することはできない。

ⅱ　被保全債権に関する要件　第2の要件として，被保全債権が存在することが必要である。この要件について判例は，被保全債権の成立時期は問題とならないが，被保全債権額は確定されていなければならないと解している。第3の要件として，被保全債権の期限の到来が必要である（423条2項）が，例外として**保存行為**（保存対象の現状を維持する行為）については期限の到来の要件は不要である（423条2項ただし書）。第4の要件として，強制執行により実現不可能な債権を被代位権利として行使することはできないという，強制執行による実現可能性があることが必要である（423条3項）。

ⅲ　被代位権利に関する要件　被代位権利の種類については原則として制限はないが，一身専属上の権利（その権利の行使が債権者の自由意思に委ねられているものをいい，身分法上の権利が問題となることが多い）および差押禁止債権（これは憲法が保障する生存権に関するものに多い〔例えば民事執行法152条1項2号が規定する給与債権の4分の3（ただし上限は33万円）や生活保護法に基づく生活保護の受給権がある〕）は被代位権利とすることができない（423条1項ただし書）。また債務者が被代位権利を自ら行使している場合，債権者代位権を行使することができないと解されている。もっとも，債務者が被代位権利の行使を誠実に行っていないような場合，債権者は補助参加（民事訴訟法42条）により，馴れ合い訴訟が行われているような場合は独立当事者参加（民事訴訟法47条）によりそれぞれ対応することも可能であるし，詐害行為取消権を行使することもできると解される。

(3)　債権者代位権の行使方法

　債権者は，自己の名において債権者代位権を行使することができる。行使は裁判外の行使と裁判上の行使のどちらの方法によることも可能である。第

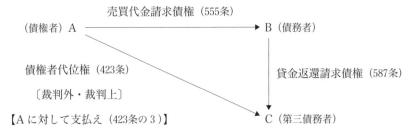

図2　債権者代位権の行使方法

三債務者が債務者に対して抗弁権を有していたような場合，代位債権者に対してその抗弁を主張することができる（423条の4）。

　ここで，債権者代位権を行使したAに対して支払われた金銭または引き渡された目的物は，どのように扱われるのだろうか。本来，その金銭等は不当利得に該当し債務者に引き渡すべきものであるし，債権者平等の原則から考えると，Aは総債権者のために債権者代位権を行使したことになるため，その金銭等は債権者で分配されるようにも思える。しかし，現実にはそのような苦労をして他の債権者のために債権者代位権を行使する債権者は極めて稀であり，それでは債権者代位権の行使の意義が減少してしまうことにもなりかねない。そこで現実には，AはBのAに対する引渡請求権とAのBに対する債権とで相殺を行うことにより，事実上の優先弁済を受けることができる。この関係で，裁判により債権者代位権を行使する場合は，債務者に対して訴訟告知（民事訴訟法53条）をすることが義務づけられている（423条の6）。これにより債務者が訴訟に参加しない場合であっても訴訟に参加したものとみなされ，参加的効力を受ける（民事訴訟法53条4項）。

⑷　債権者代位権の転用

　前述したように，債権者代位権は責任財産の保全が目的であり，被保全債権は金銭債権を念頭に置いている。しかし，判例は一定の要件のもとでそれとは異なる場面での債権者代位権の行使を認めており，これを「**債権者代位権の転用**」という。

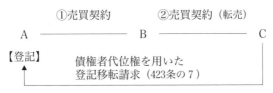

図3 債権者代位権の転用例

　これまで債権者代位権の転用事例として判例が債権者代位権の行使を認めていた登記移転請求の事例については，423条の7の規定によりAに対して登記または登録請求権を保全する目的で債権者代位権を行使することができるようになった。この他の転用事例として，賃借権に基づく妨害排除請求の事例や共有不動産について売買を行ったが，共有者の1人の相続人が売買を否定して登記に応じず，売買の相手方が無資力ではなかったために債権者代位権の要件を満たさない事例などがある。

3　詐害行為取消権（債権者取消権）

⑴　詐害行為取消権の意義

　責任財産の保全のために債権者に与えられているもう1つの権利が，詐害行為取消権である。詐害行為取消権は，債務者が積極的にその財産を減少させる行為に出ている場合に対応する権利である。**図4**の場合において，Bがこれまで懇意にしてくれた特定の債権者に贈与（549条）や過大な代物弁済（424条の4）等の財産減少行為をする場合，債権者は，裁判所に詐害行為取消権を行使して，当該財産減少行為の取消しを請求することができる。

⑵　詐害行為取消権の要件

　詐害行為取消権の要件は，①債務者の詐害行為前に被保全債権が成立していること（424条1項本文・3項），②強制執行により実現可能であること（同4項），③債務者が債権者を害する行為をしたこと（同1項本文），④債務者の行為が財産権を目的とするものであること（同2項），⑤債務者が債権者を害する意思（詐害意思）を有していたこと（同1項本文），⑥受益者が悪意

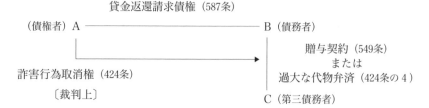

図 4　詐害行為取消権

であること（同1項ただし書）である。

　①の要件は，詐害行為前に被保全債権が存在していればよく，その履行期は問題とならない。②の要件は，強制執行の準備としての財産の保全が目的であることから導かれる。③の要件は，「債権者を害する」と「行為」の解釈が問題となるが，「債権者を害する」とは債権者が債権の十分な満足を得られなくなることと解され，いわゆる無資力要件であると解される。また「行為」とは法律行為はもちろん弁済のような債務の消滅行為でもよいと解される。④の要件は，詐害行為取消権は財産権が対象であり，家族法上の行為は原則として詐害行為取消権の対象とはならないと解される。⑤の要件は，債務者が悪意で行為を行ったことを原則とし，判例は，例外的に債務者の害意を必要とすると解している。⑥の要件は，取引の安全の観点から，詐害行為によって利益を受けた受益者の悪意が必要と解される。

(3)　詐害行為取消権の類型

　詐害行為取消権の対象となる行為として，①相当の対価を得てした財産処分行為（424条の2），②特定の債権者に対する担保の供与等（424条の3），③過大な代物弁済（424条の4），④転得者に対する詐害行為取消請求（424条の5）がある。①は，債務者が財産隠匿の意思で不動産を売却して金銭に変えるような財産の種類の変更を行うことが必要と解されている。正当な取引のすべてを債権者の意思で詐害行為の対象とすることは取引の安全の観点から妥当ではないためである。②は，債務者が支払不能のときに債務者と受益

者が通謀して他の債権者を詐害する意図で担保の供与等をすることが必要である。行為およびその時期が債務者の義務に属しない行為であるときは，支払不能前30日に当該行為が行われることが必要となる。③は，代物弁済として過大な財産を提供した場合，超過した部分について詐害行為取消権の対象となる。④は，受益者から転得者に至るまでの中間者も含め，すべての者が債権者を害することについて悪意であることを必要とする。

(4) 詐害行為取消権の行使とその効果

　詐害行為取消権は，裁判所に訴訟を提起して行使する。このとき債権者代位権の時と同様に，債務者に訴訟告知を行う義務を負う（424条の7第2項）。債権者は，被保全債権の範囲で現物の返還または価額償還を請求することができる（424条の8）。動産や金銭の支払いを請求する場合，自己に対して引渡しをするよう請求することができ（424条の9第1項・2項），債権者代位権の時と同様に，債権者は事実上の優先弁済を受けることができる。詐害行為取消訴訟の判決の効力は，債務者およびすべての債権者に及ぶ（425条）。取消しが認められた場合，受益者は債務者に対して取り消された行為に対応する反対給付の返還を求めることができる（425条の2）。受益者が取消請求に応じて債権者に目的物の引き渡しや金銭の支払いをした場合，それにより消滅していた受益者の債権は原状に復される（425条の3）。転得者に対する詐害行為の取消しが認められた場合，転得者は受益者が債務者に対して行使できた返還請求権の内容を，受益者に対して給付をした範囲で請求することができる（425条の4）。この取消しの請求は，債権者が取消しの原因を知った時から2年または行為の時から10年の期間制限に服する（426条）。

【本章のまとめ】

【債権の効力】

・**債権**とは，ある人（債権者）が特定の他人（債務者）に対して特定の行為を要求することができる請求権であり，**相対的効力**を有する。

　　債権の効力：**訴求力**，**執行力**，**掴取力**，**貫徹力**，**受領力**，**給付保持力**の6つがある。

【履行の強制】

・**履行の強制**とは，履行請求権に基づいて裁判所にその履行を請求することをいう。損害が生じている場合，同時に損害賠償を請求することも可能である。

・履行の強制方法には，**直接強制**，**代替執行**，**間接強制**の3つがある。

【債務不履行】

・**債務不履行**とは，正当な理由がなく債務者がその債務の本旨に従った履行をしない場合をいう。

　　債務不履行の類型：**履行遅滞**，**履行不能**，**不完全履行**の3つがある。

・債権者は債務不履行によって生じた損害を賠償するよう債務者に請求することができる。

　　損害賠償の範囲：債務者が賠償するべき損害の範囲には**通常損害**と**特別損害**の2つがある。

【責任財産の保全のための制度】

・債権者は，債務者の責任財産を保全するために債権者代位権と詐害行為取消権の2つを有する。

　　債権者代位権（423条）：債務者がその責任財産を消極的に減少させている場合，債権者は債務者が第三債務者に対して有する債権を債務者に代わって行使することができる。

　　詐害行為取消権（424条）：債務者がその責任財産を積極的に減少させている場合，債権者はその行為の取消しを裁判所に請求することができる。

第14章　多数当事者の債権債務関係

Ⅰ　多数当事者の債権債務関係

例①

ア．債権者が1人で（A），債務者が複数いる場合に（B・C），Aは債務者Bだけに対し全部の履行の請求ができるだろうか。

イ．債権者が複数いて（A・B），債務者が1人である場合に（C），CはAだけに対して全部の履行ができるだろうか。

ウ．債権者が複数いて（A・B），債務者が1人である場合に（C），AがCの債務を免除すると，Bにどのような影響を与えるだろうか。

エ．債務者が複数の場合に（B・C），債権者Aに対してBが弁済すると，BはCに対し，何らかの請求ができるのだろうか。

例①はどれも債権者または債務者が複数人いる場合である。債権者または債務者が複数人いる場合，すなわち，**多数当事者の債権債務関係**においては，1対1の債権債務関係では問題とならないような事柄（例えば，**例①**の各問

い）についてルールを定めておくことが必要となる（なお，ア．やイ．の問題を**対外的効力**の問題，ウ．の問題を**影響関係**の問題，エ．の問題を**内部関係**の問題という）。

　民法は，第3編第1章第3節「多数当事者の債権及び債務」という表題の下に，**分割債権・分割債務**（427条），**不可分債権・不可分債務**（428条・430条），**連帯債権・連帯債務**（432条・436条），**保証**（446条）について規定している。例①の答えが何かについては，ア．〜エ．が上記のどの多数当事者の債権債務関係なのかによって異なる。

　なお，多数当事者の債権債務関係において，分割債権など「○○債権」という場合は，債権者が複数いる場合のことであると覚えておこう。同様に，分割債務など「○○債務」という場合は，債務者が複数いる場合のことである。これを理解（イメージ）せずに，ただ文の字面だけを追っているだけだと分からなくなってしまうだろう。

Ⅱ　分割債権・分割債務

> **例②**
> 　次のア．，イ．の金銭の支払いに関する当事者の法律関係はどのようなものであろうか。
> ア．AはDに対して100万円の債権を有していたが死亡して，共同相続人B・C（Aの子）がAの100万円の債権のすべてを共同相続した。
> イ．E所有のクルーザーを，F・Gが共同して1,000万円で購入した。

　427条は，数人の債権者または債務者がある場合において，別段の意思表示がないときは，各債権者または各債務者は，それぞれ等しい割合で権利を有し，または義務を負うと規定する。この原則を**分割主義の原則**という。債権者・債務者が複数いる場合に，権利・義務が分割可能（可分）なときは分

割されるということである。

　この分割主義の原則によれば，例②のア．場合，B・CはそれぞれDに対して50万円の債権を有することになる。イ．の場合，別段の意思表示がない限り，F・GはそれぞれEに対して500万円の債務を負うことになる。ア．の場合のように，同一の可分給付を目的とする債権について，複数の債権者がある場合を**分割債権**という。イ．の場合のように，同一の可分給付を目的とする債権について，複数の債務者がある場合を**分割債務**という。分割された債権・債務は独立したものなので，分割債権の場合，債権者の1人に生じた事由は他の債権者に影響を及ぼさず，分割債務の場合も，債務者の1人に生じた事由は他の債務者に影響を及ぼさない（**相対的効力**）。

Ⅲ　不可分債権・不可分債務

1　不可分債権

> **例③**
> 　AとBはCから絵画を共同で購入した。Cは絵画をA・Bのどちらかに引き渡せばそれで債務を履行したことになるのだろうか。

　例③の絵画の引渡債権のように，性質上不可分な給付を目的とする債権について，複数の債権者がある場合を**不可分債権**という。

　不可分債権の各債権者は，単独で債務者に全部の履行を請求することができる。他方で，債務者はすべての不可分債権者のために，1人の不可分債権者に対して履行をすることができる（428条・432条）。

2　不可分債務

　BとCが共有する絵画をAに売却したとする。この場合のBとCがAに対して負う絵画の引渡債務のように，同一の性質上不可分な給付を目的とす

る債務について，複数の債務者がある場合を**不可分債務**という。<u>不可分債務</u>
<u>者は各自が独立して全部の給付義務を負っているため，債権者は，不可分債</u>
<u>務者の１人に対し，全部の履行を請求することができる</u>（430条・436条）。

━━━━━━━━━ **Ⅳ 連帯債務** ━━━━━━━━━

1 連帯債務とは

　連帯債務とはどのような債務であろうか。例えば，AからB・C・Dが共
同事業をするため900万円を借り，その返済につき連帯債務とした場合，A
はB・C・Dから300万円ずつ返還を求めることもできるが，Bに対しての
み900万円を請求することもできる。Bが300万円をAに返済した場合は，
C・DもAに対する債務を300万円免れ，残債務は600万円となる。Bが全額
を返済した場合は，C・DのAに対する債務もすべて消滅する。

　このように，<u>同一の性質上可分な給付を目的とする債務について，複数の</u>
<u>債務者が連帯して債務を負う場合を**連帯債務**という</u>（436条）。<u>連帯債務者は</u>
<u>各自が独立して全部の給付義務を負っているため，債権者は連帯債務者の１</u>
<u>人に対し，全部の履行を請求することができる</u>。連帯債務者の１人が債権者
に給付をすれば，他の連帯債務者も債務を免れる。

　連帯債務は上記の例のように**契約**によっても生じるが，**法令の規定**によっ
ても生じる。例えば，共同不法行為（719条），日常家事に関する連帯債務
（761条），商法511条１項の場合がそれである。

2 連帯債務者の１人について生じた事由

(1) 相対的効力の原則

> **例④**
> 　次の各場合に，連帯債務者の１人に生じた事由は他の連帯債務者に
> その効力が及ぶだろうか。

> ア．債権者が連帯債務者の1人に請求した場合。
>
> イ．債権者が連帯債務者の1人の債務を免除した場合。
>
> ウ．連帯債務者の1人が債務を承認し，時効が更新された場合（152
> 条1項）。

　441条本文は，連帯債務者の1人について生じた事由は，他の連帯債務者に対してその効力を生じないとし，相対的効力を原則としている。すなわち，次の(2)で述べる絶対的効力事由とされているもの以外はすべて相対的効力にとどまる。**例④**のア．の請求，イ．の債務の免除，ウ．の債務の承認は**相対的効力事由**であり，他の連帯債務者に影響を与えない事由とされている。

(2)　絶対的効力事由

　絶対的効力事由，すなわち，連帯債務者の1人について生じた事由が，他の連帯債務者に対しても影響を与える事由は次の場合である。

i　弁済および弁済に準じる事由　　**弁済**など債権者に満足を与える事由は絶対的効力事由である。明文は無いが，債権者が弁済を受けた場合は，連帯債務はすべて消滅することから，絶対的効力を生じるのは当然である。

ii　連帯債務者の1人との間の更改　　連帯債務者の1人と債権者との間に**更改**があったときは，債権は，すべての連帯債務者の利益のために消滅する（438条）。更改とは，当事者が従前の債務に代えて，新たな債務を発生させる契約のことである。更改によって従前の債務は消滅する（513条）。

iii　連帯債務者の1人による相殺　　連帯債務者の1人が債権者に対して債権（反対債権）を有する場合において，その連帯債務者が**相殺を援用したとき**は，債権はすべての連帯債務者の利益のために消滅する（439条1項）。例えば，BとCがAに対して1,000万円の連帯債務を負っている場合に，BがAに対して有していた500万円の反対債権で相殺した場合，Cのためにも債務が500万円消滅する。

iv　連帯債務者の1人との間の混同　　連帯債務者の1人と債権者との間に**混同**があったときは，その連帯債務者は，弁済をしたものとみなされる（440

条)。

3 連帯債務者間の求償権

例えば，Aに対して，B・Cが1,000万円の連帯債務を負っている場合（B・Cの負担部分は各50％とする），Bが300万円を弁済したときは，BはCに150万円を請求できる。このように，民法は，弁済した連帯債務者の他の連帯債務者に対する**求償権**を認めた。連帯債務者の1人が弁済をしたときは，その連帯債務者は，弁済額が自己の負担部分を超えるかどうかにかかわらず負担部分に応じた額の求償権を有する（442条1項）。求償できる額は，弁済があった日以後の法定利息等も含む（同2項）。

━━━━━━━━━━ **Ⅴ 保証債務** ━━━━━━━━━━

1 保証債務とは

保証人になってはいけない，自分が借金をしたのと同じことだという話はどこかで言われたことがあるかもしれない。以下では，保証や連帯保証，そして，あまり馴染みが無いかもしれないが，共同保証，根保証などについて検討していこう。

保証債務とは，主たる債務者がその債務を履行しないときに，主たる債務者に代わって第三者（**保証人**）がその債務の履行をする責任を負う債務のことをいう（446条1項）。

保証は，抵当権，質権のように特定の物や権利から優先弁済を受ける物的担保に対して，**人的担保**と呼ばれる（なお，不可分債務，連帯債務も人的担保としての機能を有する）。

保証は，主たる債務者の他に保証人も債務者に加えることにより，債権者の債権の引当てとなる**一般財産（責任財産）**を増やし，債権の回収可能性を高める機能を果たしている。

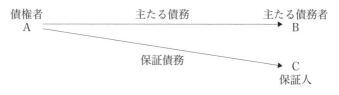

図1　保証債務の関係図

2　保証債務の性質

⑴　独立債務性

　保証債務は，主たる債務とは別個の債務である。保証人がある場合，債権者は主たる債務と保証債務の2つの債権を有することになる。

⑵　付従性

　保証債務は，主たる債務を担保する目的を有するため，主たる債務に対して従たる性質を有する。連帯債務では各債務は同列の関係にあるが，保証債務は主たる債務に付き従う性質がある。これを保証債務の**付従性**という。付従性には3つの内容がある。

i　成立における付従性　主たる債務が成立しない場合は，保証契約も成立しない。例えば，主たる債務が無効・取消しによって成立しない場合には，保証債務も成立しない。

ii　消滅における付従性（存続における付従性）　主たる債務が消滅すれば保証債務も消滅する。例えば，主たる債務が弁済により消滅した場合には，保証債務も消滅する。

iii　内容における付従性　保証債務の内容は主たる債務より重いものにはなってはならない。

⑶　随伴性

　主たる債務が移転すればそれに伴って保証債務も移転する。このような保証債務の性質を保証債務の**随伴性**という。例えば，主たる債務が債権譲渡や

弁済による代位により新たな債権者に移転すると，保証債務もそれに伴って移転する。

⑷　補充性

主たる債務者が自己の債務を履行しないときに初めて保証人が責任を負うという性質を保証債務の**補充性**という。補充性の具体的現れとして**催告の抗弁権**（452条）と**検索の抗弁権**（453条）とがある（本章**V 4**参照）。なお，連帯保証には補充性はない（454条）。

3　保証契約の成立と保証債務の範囲

⑴　保証契約の成立

保証債務は保証契約によって成立する。保証契約の当事者は債権者と保証人である。主たる債務者に頼まれて保証人となる場合が多いが，保証契約の締結には主たる債務者の関与は要件とされていない。主たる債務者の意思に反して保証契約を締結することも可能である（462条参照）。

保証人となろうとする者に慎重に行動するよう促すため，民法は保証契約を要式契約とし，**書面**または**電磁的記録**によって行われることを保証契約の成立要件とした（446条2項・3項）。なお，後述するように，事業債務の個人保証については，保証契約の前に**公正証書**による保証意思の表示（これは保証契約の意思表示とは別の意思表示である）が無ければ保証契約は無効である（465条の6第1項）。

⑵　保証債務の範囲

保証債務は，主たる債務に関する**利息**，**違約金**，**損害賠償**その他主たる債務に従たるすべてのものを含む（447条1項）。

4　催告の抗弁権と検索の抗弁権

⑴　催告の抗弁権

債権者が保証人に請求してきた場合には，保証人は，「まず主たる債務者

に催告せよ」と債権者に対して主張することができる（452条）。これを**催告の抗弁権**という。

⑵　検索の抗弁権

　債権者が主たる債務者に催告をした後であっても，保証人は，主たる債務者に弁済をする資力があり，かつ，執行が容易であることを証明して，「まず主たる債務者の財産に執行をせよ」と債権者に対して主張できる（453条）。これを**検索の抗弁権**という。なお，連帯保証人には催告の抗弁権・検索の抗弁権がない（454条）。

5　保証人の求償権

　保証人が主たる債務者に代わって債権者に保証債務を履行した場合，保証人は保証債務という自己の債務を履行したのであるが，主たる債務者との関係では，他人の債務を履行したことを意味するため，保証人は主たる債務者に対して**求償権**を取得する。民法は，**委託を受けた保証人**であるか**委託を受けない保証人**であるかによって求償のルールを異にしている（459条以下参照）。

　なお，弁済をした保証人が求償権を有する場合，保証人は，求償権の範囲内で債権者が有していた一切の権利（債権者の有していた債権，物的担保，人的担保など）を行使することができる（**弁済による代位**。499条以下）。

6　連帯保証と共同保証

⑴　連帯保証

　連帯保証とは，保証人が主たる債務者と連帯して債務を負う場合をいう。連帯保証には補充性が無く，連帯保証人は**催告の抗弁権・検索の抗弁権**を有しない（454条）。保証の原則形態は補充性のある単純保証であり，民法上，連帯保証となるためには**連帯保証の特約**（口頭でも合意可能）がなされることが必要である。

⑵　共同保証

> **例⑤**
>
> 　Aに対するBの債務（100万円）につき，C・Dが保証人となった場合に，C・Dの保証債務額はそれぞれいくらになるか。

　共同保証とは，同一の主たる債務について保証人が数人いる場合をいう。保証人が数人いる場合，保証債務は分割債務となる（456条）。**例⑤**では，C・Dの保証債務はそれぞれ50万円（100万円÷2）となる。このように保証人の負担が軽減する利益を**分別の利益**という。しかし，①連帯保証の場合，②保証連帯の場合（保証人相互で分別の利益を放棄する特約がある場合），③主たる債務が不可分な場合には，保証人に分別の利益はない。

7　根保証

⑴　根保証とは

　一定の範囲に属する不特定の債務を主たる債務とする保証を**根保証**という。例えば，継続的な売買代金債務を包括的に保証する場合，銀行取引等から生ずる不特定多数の貸金債務を包括的に保証する場合，あるいは不動産賃貸借契約に際して，賃借人の賃貸人に対する債務を保証する場合などで用いられる。

　根保証においては，根保証人が保証債務を負う期間が長期に及び，想定外の多額の保証債務の履行を求められる危険があるため，特に個人根保証人の保護の要請が高い。

⑵　個人根保証契約

i　極度額　　一定の範囲に属する不特定の債務を主たる債務とする保証契約（根保証契約）であって保証人が法人でないもの（**個人根保証契約**）の保証人は，①主たる債務の元本，②主たる債務に関する利息，③違約金，④損害賠償その他その債務に従たるすべてのもの，⑤その保証債務について約定さ

れた違約金または損害賠償の額について**極度額**（保証する限度額のこと）を限度として履行をする責任を負う（465条の2第1項）。極度額を定めなければ個人根保証契約は**無効**となる（465条の2第2項）。

　個人根保証では極度額がない**包括根保証**は禁止されている（法人根保証では包括根保証も可能）。極度額の定めは，**書面**または**電磁的記録**でなされなければならない（465条の2第3項，466条2項・3項）。

ⅱ　元本確定　　根保証期間があまりにも長期にわたることを避けるため，**元本確定期日**と**元本確定事由**が定められている。**元本確定**とは，保証すべき主たる債務の元本が特定され，以後はそれが増えなくなることをいう。元本の確定は，①元本の確定期日の到来（465条の3）と②元本確定事由の発生（465条の4）によって生じる。

8　事業に係る債務についての保証契約の特則

(1)　保証意思宣明公正証書
民法は事業債務に係る個人保証人の保護を図っている。

　①事業のために負担した貸金等債務を主たる債務とする保証契約，または②主たる債務の範囲に事業のために負担する貸金等債務が含まれる根保証契約は，保証契約の締結の日前1か月以内に作成された**公正証書**（**保証意思宣明公正証書**とも呼ばれる）により，個人保証人になろうとする者が保証債務を履行する意思を表示しなければ原則として**無効**である（465条の6第1項）。会社の債務について取締役が保証人になる場合など，一定の場合では，保証意思宣明公正証書が不要なときもある（465条の9）。

(2)　契約締結時の情報提供義務
　個人保証人の保護のため，一定の場合に，主たる債務者に対し，財産および収支の状況などの情報を個人保証人に提供する義務が課されている（465条の10第1項）。主たる債務者がこれらの情報を提供しないなど一定の場合に，個人保証人は保証契約を取り消すことができる（同2項）。

【本章のまとめ】

【連帯債務】

・**連帯債務**とは，同一の性質上可分な給付を目的とする債務について，複数の債務者が連帯して債務を負う場合をいう。

　連帯債務では，**弁済**，**更改**，**相殺**，**混同**が絶対的効力事由である。

【保証債務】

・**保証債務**とは，主たる債務者がその債務を履行しないときに，主たる債務者に代わって第三者（保証人）がその債務の履行をする責任を負う債務のことをいう。

　保証債務は，<u>主たる債務とは別個の債務</u>であり，**付従性**，**随伴性**，**補充性**（催告の抗弁権，検索の抗弁権）という性質を有する。

　連帯保証には補充性（催告の抗弁権，検索の抗弁権）がない。

　共同保証人には原則として**分別の利益**がある。連帯保証人には分別の利益がない。

第15章　債権譲渡・債務引受

Ⅰ　債権譲渡とは

Ⅱ　債権譲渡の対抗要件

Ⅲ　債務引受とは

Ⅰ　債権譲渡とは

1　債権譲渡

　本章では，「債権譲渡」と「債務引受」について学ぶ。債権は財産権の 1 つであるため，債権者は他の財産と同様にその処分（売却等）を行うことができる。はじめに債権譲渡からその内容を学ぶことにしよう。

　債権譲渡とは，譲渡人（債権者）と譲受人（新たに債権者となる者）が債権譲渡契約を締結し，債権をその同一性を維持したまま譲受人に移転することをいう（466条）。債権譲渡の目的には様々なものがあるが，代表的なものとして債務の弁済，資金調達，債権回収等の目的が考えられる。債権を移転する原因となる行為には，売買契約，贈与契約，代物弁済，遺贈等がある。

　債権者は，原則として自由に債権譲渡をすることができるが，例外として債権譲渡が禁止される場合がある。債権譲渡が禁止される例外として，①債権の性質がこれを許さないとき（466条 1 項ただし書），②法律の規定がある場合（881条等），③当事者に譲渡制限特約がある場合（466条 2 項）がある。①は，債権譲渡により債権者が変更された結果，給付の内容が変更されてし

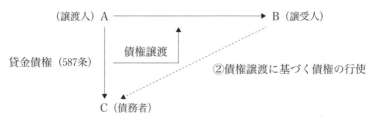

①債権譲渡契約（466条）（債権譲渡の原因：売買契約〔555条〕等）

（譲渡人）A ──────────→ B（譲受人）

債権譲渡

貸金債権（587条）

②債権譲渡に基づく債権の行使

C（債務者）

図1　債権譲渡の例

まう場合であり，行為債務（例えばアーティストに作品〔音楽，デザイン，美術作品等〕を制作してもらう内容やテレビの出演契約や講演をしてもらう契約）等の人的関係を基礎とする内容の債権に多い。②は，憲法25条の生存権に係る債権のような，譲渡人の生活に必要な債権であることが多い（前述の扶養請求権の他に社会保険給付〔健康保険法61条〕，労働者災害補償請求権〔労働基準法83条2項〕等）。③は，原則として当事者が譲渡制限特約を締結しても債権譲渡は有効であるが，債務者が債権譲渡を承諾していない場合，弁済の相手方は譲渡人に固定されることになる（**債務者の支払先固定の利益**）。また債務者は，悪意または重過失がある譲受人その他の第三者に対してその債務の履行を拒むことができるとともに，譲渡人に対する弁済その他の債務を消滅させる事由を対抗することができる（466条3項）。

2　債権譲渡禁止特約の効力とその範囲

　債権譲渡禁止特約がある債権が，債務者の承諾なく譲渡された場合，債務者が譲渡人に対する債務の弁済義務を負わず，また，悪意または重過失がある譲受人その他の第三者に対して履行を拒むことができるとすると，どのように債務を履行すべきかが問題となる。この場合，譲受人その他の第三者は，債務者に対して相当の期間を定めて譲渡人に履行するよう催告を行い，その期間内に履行がない場合，債務者は譲受人その他の第三者への履行を拒むことができない（466条4項）。

譲渡禁止特約がある債権が譲渡された場合，債務者は，債権の全額に相当する金銭を債務の履行地の供託所に供託（本書**第16章**参照）することができ（466条の2第1項），供託をした債務者は，遅滞なく譲渡人および譲受人に供託の通知をしなければならない（同条2項）。供託がされた場合，譲受人は供託金の還付請求をすることができる（同条3項）。

　譲渡禁止特約がある債権が差押えを受けた場合，その差押債権者に対して466条3項は適用されない（466条の4第1項）。この場合，債権譲渡が悪意または重過失がある譲受人その他の第三者に対して行われ，差押債権者が当該債権を差し押さえた場合，債務者は差押債権者に対する弁済を拒むことや譲渡人に対する弁済その他の債務を消滅させる事由をもって対抗することができる（同条2項）。

　預貯金債権については，債権譲渡禁止特約があることが通常であるところ，銀行等の債務者は悪意または重過失の譲受人その他の第三者に対して譲渡禁止特約を対抗することができる（466条の5第1項）が，同規定は，預貯金債権を差し押さえた差押債権者に対しては適用されない（同条2項）。

3　将来債権の譲渡

　将来債権とは，その時点ではまだ発生していないが，将来発生することが予定され，ある程度の確実性をもって内容が確定される債権をいう。この将来債権の譲渡をめぐっては，特に医師の診療報酬債権の譲渡をめぐって争われることが多く，旧民法の時から議論されていたが，466条の6第1項は，債権譲渡は，その意思表示の時に債権が現に発生していることを要しないと規定し，将来債権の譲渡が明文で認められた。判例は，将来債権を譲渡するには，譲渡する債権が特定されなければならないと解する。

　将来債権が譲渡された場合に，譲受人が債務者対抗要件（467条。債務者対抗要件については後述する）を具備する時までに譲渡人と債務者との間で譲渡制限の意思表示がなされると，譲受人その他の第三者は，譲渡制限特約について悪意であったと擬制され，債務者は債務の履行を拒むことや譲渡人に対する弁済等による債務の消滅を対抗することができる（466条の6第3項）。

将来債権が預貯金債権であった場合でかつ466条の6第3項が適用された結果として悪意が擬制された場合は，債権譲渡が無効となる（466条の5第1項）。

Ⅱ　債権譲渡の対抗要件

　民法上，債権譲渡について2つの対抗要件に関する規定が置かれている（467条1項・2項）。それは**債務者対抗要件**と**第三者対抗要件**である。債権譲渡の対抗要件については，同条2項が定める第三者対抗要件が重要である。この第三者対抗要件については，特に初学者がその内容を誤解している場合が見受けられるため，注意が必要である。以下において債権譲渡の対抗要件を学ぶことにしよう。

1　債務者対抗要件

　債権の譲受人が債権譲渡の効力を債務者に対して対抗（主張）するためには，①譲渡人が債務者に対して通知をするかまたは②債務者が債権譲渡を承諾しなければならない（467条1項）。467条1項は「債務者その他の第三者に対抗することができない」と規定しているため，①または②の要件を満たした場合に，それだけで第三者に対しても対抗要件を具備すると誤って理解してしまう可能性があるが，第三者に対して対抗要件を具備するためには2項が規定する第三者対抗要件を満たす必要がある。①の通知とは，債権譲渡がなされたという事実の通知（観念の通知）を意味する。実務上，この通知は内容証明郵便を用いてなされることが一般的である。

2　第三者対抗要件

例①
　債権者Aが債務者Bに対する債権についてCとの間で債権譲渡契約を締結した。ところが，Aがその後Dに対して同債権を二重に譲

渡した場合，当該債権譲渡はどのように扱われるのであろうか。また
この場合，Bは誰に債務を履行すればよいのであろうか。

　第三者対抗要件が問題となる場合の典型例は，譲渡人が債権を二重に譲渡
したような場合である。債権譲渡が売買を原因として行われた場合，二重に
締結された売買契約は，当事者間ではどちらも有効である。この時，債務者
は誰に弁済すれば債務を消滅させることができるかの判断ができない上，誤
った債権者に弁済を行うことにより二重払いを強いられる危険性がある。こ
の問題を回避するために第三者対抗要件が必要となる。売買契約の場合であ
れば，不動産は177条，動産は178条がそれぞれ規定する対抗要件を具備する
ことによりその所有権者が決定されるが，債権譲渡の場合は債権譲渡の対抗
要件を満たした第三者が正当な譲受人として権利を取得することになる。

　第三者対抗要件は，前述したように467条1項の要件を満たしたことを前
提に，**確定日付のある証書**を用いた上で①譲渡人が債務者に対して通知を行
うかまたは②債務者が承諾をするかのどちらかを満たさなければ具備されな
い。確定日付のある証書の例としては，公証人が作成する公正証書や内容証
明郵便等がある（民法施行法5条1項・2項）。法人が行う債権譲渡の場合は，
「動産及び債権の譲渡の対抗要件に関する民法の特例等に関する法律」によ
り，動産または債権譲渡登記ファイルに登記をすることで対抗要件を具備す
ることができる。

　債権が二重に譲渡された場合，債務者は誰に弁済をすればよいのかという
問題が生じることになる。この場合，対抗要件を具備している譲受人がいる
場合は，当該譲受人に弁済しなければならない。どちらの譲受人も対抗要件
を具備していない場合については，債務者はどちらの譲受人からの履行の請
求も拒絶できるという見解と，どちらかの譲受人に弁済を行えば免責される
という見解が対立している。反対にどちらの譲受人も対抗要件を具備した場
合，判例は，確定日付のある証書による通知が先に債務者に到達した方が優
先されると解する（**到達時説**。これに対して確定日付の先後で優劣を決めると解
する**確定日付説**がある）。確定日付のある証書による通知が同時に到達または

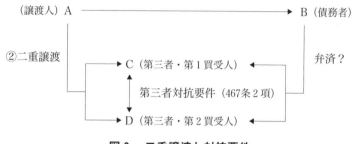

①売買代金請求債権（555条）

（譲渡人）A ——————————————————→ B（債務者）

②二重譲渡　　　　　　　　C（第三者・第1買受人）　　　　弁済？

第三者対抗要件（467条2項）

D（第三者・第2買受人）

図2　二重譲渡と対抗要件

到達の先後が不明である場合の扱いについて，判例は，どちらの譲受人も弁済の請求をすることができ，債務者は請求に応じて弁済を拒絶することができないと解する。

3　債権譲渡における債務者の抗弁

> **例②**
>
> 　売主Aが買主Bと売買契約を締結したところ，双方が未履行であるうちにAが当該債権を自己の債権者Cに対して譲渡し，Bに対して確定日付のある証書で通知を行った。CがBに対して債権の弁済を請求してきた場合，Bは当該請求に応じてCに弁済をしなければならないか。

　債務者が，譲受人が対抗要件を具備する時までに債権譲渡が行われた債権に関して，譲渡人に錯誤や詐欺・強迫等に基づく取消権や同時履行の抗弁権等の抗弁を主張できる場合，債務者は，譲受人に対してもその事由を対抗して弁済を拒絶することができる（468条1項）。この時，債権譲渡が行われた債権の債務者が，債権者に対して反対債権を有していた場合で，債務者が譲受人に対して相殺の抗弁を主張することができるかという問題についても，債務者は相殺の抗弁を対抗することができ（469条1項），債務者が譲受人の

対抗要件具備時より後に譲渡人に対する債権を取得した場合であっても，①譲受人の対抗要件具備時以前に当該債権発生の原因がある場合または②譲受人の取得した債権の発生原因である契約に基づいて生じた債権である場合は，債務者は相殺をもって対抗することができる（469条2項）が，債務者が譲受人の対抗要件具備後に他人の債権を取得した場合は，対抗することができない（同ただし書）。もっとも，債務者が468条1項により抗弁を主張できる場合であっても，譲受人が善意の第三者の保護規定に該当する場合，当該譲受人は善意の第三者として保護される余地は残る。

Ⅲ 債務引受とは

1 債務引受の意義と債務引受の類型

　債務引受とは，債務者の債務と同一の内容の債務を引受人に負担させることをいう。前述した債権譲渡は債権者が交代することになるのに対して，債務引受は債務者が交代または追加されることになる。この債務引受には，債務者が引受人と連帯して債務者が債権者に対して負担する債務と同一の内容の債務を負担する**併存的債務引受**（470条1項）と債務者の債務と同一の内容の債務を引受人が負担し，債務者が自己の債務を免れる**免責的債務引受**（472条1項）の2つの類型がある。さらには，引受人が債務者に対して債務を負っている場合に，引受人が第三者弁済（474条1項）を行い債権者に弁済をすることで債務者に対する求償権を取得し，当該求償権と債務者に対する債務とを相殺する目的で行われる**履行引受**という債務引受に類似した概念がある。この履行引受は，債務者と引受人との契約によって行われる。

　改正前の旧民法では債務引受に関する明文規定が置かれていなかったが，旧398条の7第2項は債務引受を前提とした規定と理解され，実務上，賃貸借契約における敷金の承継の場面や企業の事業譲渡の場面等様々な状況において重要な役割を果たしていたことから，学説・判例共に債務引受を認めることに異論は無い状況であった。

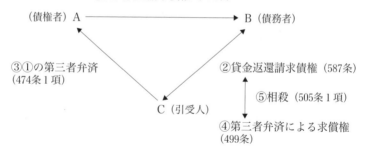

①売買代金請求債権（555条）

（債権者）A ⟶ B（債務者）

③①の第三者弁済
（474条1項）

②貸金返還請求債権（587条）

⑤相殺（505条1項）

C（引受人）

④第三者弁済による求償権
（499条）

図3　履行引受の例

2　債務引受および履行引受の要件・効果

(1)　債務引受の要件

　債務引受は，併存的債務引受（470条2項・同条3項前段）および免責的債務引受（472条2項・同条3項前段）の両者ともに契約によって行われる。この時，債権者，債務者，引受人の3者による契約である必要はなく，債権者と引受人間での契約（470条2項・472条2項）または債務者と引受人との間の契約（470条3項前段・472条3項前段）でも成立する。特に併存的債務引受の場合で，債務者と引受人間の契約で行う場合，**第三者のためにする契約**（537条1項。詳細は本書**第17章Ⅲ**参照）の規律が適用される（470条4項）ため，債権者が引受人に対して承諾（受益の意思表示〔537条3項〕）をすることによって効力が生じる（470条3項）。また債務引受と類似の概念である履行引受も同様に契約によって行われることは共通している。

(2)　併存的債務引受の効果

　併存的債務引受は，既存の債務者に加えて新たな債務者が追加される効果を有する。そして併存的債務引受は，保証と類似した機能を有しており，保証の場合は債務者の意思に反して保証契約を締結することができることから，判例は，併存的債務引受の場合も債務者の意思に反して行うことができると

解している。この関係として，併存的債務引受を利用した時に保証人保護規定をどのように扱うべきか議論がある。保証人の保護を図る必要がある場合，明文規定はないが併存的債務引受を利用した場合であっても保証人保護規定の類推適用が検討される必要はあろう。

　併存的債務引受が成立した場合，債務者と引受人の債務は連帯債務となり（470条1項），連帯債務に関する規律が適用される（436条以下。連帯債務に関しては本書**第14章Ⅳ**参照）。債務者が債権者に対して抗弁を主張することができる場合，引受人は，債務を引き受けた時に債務者が債権者に対して有する抗弁を主張することができる（471条1項）。しかし，引受人は，債務者の有する取消権や解除権の行使をすることはできない。もっとも，併存的債務引受は，連帯債務の規律が適用されることから，債務者の負担部分の限度で債権者に対して債務の履行を拒絶することができ（439条2項），同様に解除権や相殺権の行使がされた場合，債務者はその債務を免れるべき限度で債権者に対して債務の履行を拒絶することができる（471条2項）。

(3)　免責的債務引受の効果

　他方，免責的債務引受が行われると，債務者と引受人が交代する形で債務者の交代が行われるという効果が生じる。この関係で，併存的債務引受の場合と比較して，免責的債務引受が行われた結果，債権者が無資力の債務者に対して債権を有することになると債権者に重大な不利益が発生することから，併存的債務引受の時と同様に，免責的債務引受が効果を有するためには債権者の関与を必要とする（472条2項・3項）。従来の判例は，債務者の意思に反した免責的債務引受を否定していたが，472条2項は債務者の意思に反しないことを要件としていない。

　免責的債務引受が行われ，引受人が債権者に弁済を行った場合であっても，引受人は債務者に対して求償権を取得しない（472条の3）ことが原則であるが，債務者と引受人間の特約により求償することは可能であると解される。他方，債権者は，あらかじめまたは免責的債務引受の成立と同時に，単独の意思表示により，免責的債務引受によって債務者が免れる債務の担保として

設定された担保権を，引受人が負担する債務に移すことが認められている（472条の4第1項・2項）。この時，引受人以外の者が担保権を設定している場合は，担保設定者に重大な影響が生じる可能性があることから，その者の承諾を必要とする（同1項ただし書）。旧法下において判例は，免責的債務引受が行われた場合，第三者である担保権設定者の同意がなければ，担保権は引受人の債務を担保しないと解していた。この規律は，同様に保証の場合にも準用され，免責的債務引受により債務を免れる債務者に保証人がいる場合，債務者の主たる債務に関して締結された保証契約を引受人が負担する債務の保証契約とすることが認められ，この場合も保証人の保証契約に重大な影響が生じることから，保証人の承諾を必要とする（同3項）。

免責的債務引受の場合に，債務者が債権者に対して有している抗弁を引受人が主張することができるかについては，併存的債務引受と同様に，引受人は抗弁を主張することができる（472条の2第1項）。併存的債務引受と異なる点としては，免責的債務引受は債務者の債務が免責される効果があるため，引受人は相殺権を主張することができないだけではなく，債務者の有する相殺権を理由に履行の拒絶をすることができない（472条の2第2項）。これに対して取消権および解除権については，併存的債務引受の時と同様の扱いとなる（472条の2第2項）。

⑷ 履行引受

履行引受は，明文規定が置かれていないものの旧法下からその概念が論じられている。履行引受は債務者と引受人との間の契約で行う。履行引受が行われた場合，引受人は契約上第三者弁済を行う義務を負うことになる。引受人がこの義務を履行しない場合，債務者との関係では債務不履行となるが，債権者との関係では債務が存在するわけではないため債務不履行にはならず，また債権者は，引受人に履行引受に基づいて債務の履行を請求することはできない。履行引受について債権者が知っていたときは，債務の弁済としての受領を拒絶することができない（474条3項ただし書）。

【本章のまとめ】

【債権譲渡とは】

・**債権譲渡**とは，譲渡人（債権者）と譲受人（新たに債権者となる者）が債権譲渡契約を締結し，債権をその同一性を維持したまま譲受人に移転することをいう。

【債権譲渡の対抗要件】

・**債権譲渡の対抗要件**とは，債権譲渡の効力を主張するために必要な要件をいう。

債務者対抗要件（467条1項）：譲渡人が債務者に通知または債務者の承諾

第三者対抗要件（467条2項）：確定日付のある通知または債務者の承諾

・**債務引受**とは，債務者の債務と同一の内容の債務を引受人に負担させることをいう。

【債務引受の類型】

併存的債務引受：既存の債務者に加えて新たな債務者が追加される効果を有し，併存的債務引受は保証と類似した機能を有する。

免責的債務引受：債務者と引受人が交代する形で債務者の交代が行われ，債務者は免責される。

第16章　債権の消滅

Ⅰ　弁済

1　弁済の意義

　本章では，債権の消滅原因について学ぶ。債権の消滅原因には様々なものがあるが，ここでは債権の消滅原因として弁済（473条）を中心に，代物弁済（482条），供託（494条），相殺（505条），更改（513条），免除（519条），混同（520条）を取り扱う。この他の債権の消滅原因としては，**第 7 章Ⅳ**で学んだ消滅時効がある。

　弁済とは，債務者が債権者に対してその負っている債務を履行することで債務を消滅させる行為をいう（473条）。

例①

　売主 A が買主 B との間で C 社製のノートパソコンを10万円で売買し，翌月10日に代金と引き換えに目的物を引き渡すとの内容の契約を締結した。この時，A および B は契約の相手方に対してどのような

> 債務を履行すれば債務（債権）を消滅させることができるだろうか。

　例①の場合，契約内容に従って互いに相手方に対して債務を履行すること（この場合，代金の支払いと目的物の引渡し＝給付をすること）が，民法が規定する弁済に当たる。言い換えれば，債権の内容を実現するために，債務の本旨に従った履行をすることをいう。そのため，契約で定めた内容通りにAはBにC社製のノートパソコンを引き渡すこと，BはAに対して商品の受領と引き換えに10万円を支払うことが債務の本旨に従った履行になり，契約当事者がそのような履行を行えば，弁済の効力が発生して債務が消滅する。ところで，この時Aはテレワーク需要の高まりを受けて，契約で定めたC社製のノートパソコンを品切れにより仕入れることができなかったため，急遽C社製のタブレットをBに提供したという場合，Aの行為はどのような法的効果を生じさせるのか考えてみよう。なぜAがそのような行為をしたのかについての理由として，①売買契約に基づく債務の履行として行った，②Bが旧来の知人であり，誕生日のプレゼントとして提供した，③契約で定めたC社製のノートパソコンが納入されるまでの間，Bに対して無料で貸与するつもりで提供した等が考えられる。まず①の場合，Aの行為は弁済に該当するかどうかを検討する必要があり，後述する代物弁済の成立を検討する必要がある。②の場合は，プレゼントである旨の意思表示がなされBがそれを受領する意思を表示したのであれば，贈与契約（549条）に該当することになる。③の場合はBが合意していれば使用貸借契約（593条）の成立が考えられる。このように，一見すると弁済がなされているように見える場合であっても，実際にその行為が弁済に該当するとは限らないことになる。

2　弁済の当事者

　弁済を行うのは，原則として債務者本人である。しかし，弁済を行うのは必ずしも債務者本人であるとは限らない。474条1項は，債務の弁済は第三者もすることができると規定しており，債務者以外の第三者による弁済が認められている。それでは，第三者弁済はどのような場合でも許されるのかに

ついて，次の事例をもとに検討することにしよう。

> **例②**
>
> 　Aが誕生日に大ファンである有名アーティストBに曲を演奏して
> もらう内容の契約を締結した。ところが，当日Bは会場に来場せず，
> 代わりに同じ事務所に所属する別のアーティストであるCが来場し，
> Bは所用で来場できなくなったので，自分がBの代わりに演奏をす
> ると申し出た場合，このCの行為は弁済に該当するのだろうか。

　例②の契約は，Bの個性に着目してその契約が締結されている。このよう
な契約においては，債務者本人が債務を履行することがその契約の目的であ
るため，契約を締結した意味自体がないことにもなりかねず，B以外の第三
者が弁済を行うことを無制限に認めると債務の本旨に従った履行ではないに
もかかわらず，債務が弁済により消滅することになり妥当ではない。特に**例
②**の事例においては，Aは契約に至るまでに色々な思いを馳せて貯金をし，
ようやく念願をかなえたのかもしれない。そのようなAの努力や準備を無
駄にすることが許されるのだろうか。そこで民法は，第三者弁済については，
その債務の性質が第三者の弁済を許さないとき，または当事者が第三者の弁
済を禁止し，もしくは制限する旨の意思表示をしたときは第三者弁済に関す
る474条1項〜3項は適用しない（474条4項）と規定する。この債務の性質
がこれを許さないときとは，債務の内容が債務者の個性に着目してなされる
行為である場合（**行為債務**）に多い。

> **例③**
>
> 　AがBとの間で300万円の金銭消費貸借契約を締結し，融資を受け
> た。その後，Aが債務の弁済に困窮しているのを見たAの父親Cが，
> Aに自分が債務の弁済をする旨の提案をしたところ，Aはその提案を
> 断り，自分で弁済する旨の意思を表示した。しかし，CはBに利息
> を支払うよりは自分が弁済して利息の支払いの必要がなくなる方がよ
> いと考えて，Bに対してAの債務を弁済した。この場合，Cの弁済

　旧法下では，債務者が反対の意思を表示している時に第三者が弁済するためには，弁済により債務を消滅させることについて「**法律上の利害関係**」を有していなければならないと解されていた。この問題について474条2項は，**正当な利益を有する者**は債務者の意思に反して弁済をすることができると規定し，これまで法律上の利害関係を有する第三者の範囲として含まれなかった保証人や連帯債務者も含まれることになった（もっとも，保証人等は第三者弁済をするまでもなく，保証人等の債務者としての地位で弁済をすることが通常である）。この「正当な利益を有する者」の解釈は，旧法下の利害関係の解釈と同様に弁済により債務を消滅させることについて法律上の利益を有する者と解される。この正当な利益を有する第三者は，債務者が反対の意思を表示した場合でも弁済をすることができ，それにより債務は消滅する。

　他方で債務者が反対の意思を表示しない場合でも，債権者の意思により第三者の弁済を拒絶することができるが，第三者が債務者の委託を受けて弁済することを債権者が知っていた場合は拒絶することができない（474条3項）。

図1　第三者弁済の可否

3　弁済の受領権者

　弁済を受領する権限を有する者は，債権者および法令の規定または当事者の意思表示によって弁済を受領する権限を付与された第三者である（478条かっこ書）。これらに規定される者には，例えば債権者の代理人，財産管理

図2　第三債務者と弁済の受領権限

人，破産管財人，差押債権者等がいる。債権者であってもその債権が裁判所により差押えまたは仮差押えを受けた場合，弁済の受領権限は失われ，**第三債務者**（差押債権者から見て差押え等を受けた債権の債務者）は受領権限を失った債権者に対して弁済をすることは認められない。それにもかかわらず第三債務者が弁済を行った場合，差押債権者は受けた損害の限度でさらに弁済をするよう第三債務者に対して請求することができる（481条）。判例は，第三債務者が債権の差押え前に金融機関に振込入金の依頼をしていた事例において，債務者がすでに依頼した振込入金を止めることが可能な限りにおいて弁済禁止の効力は有効であると解している。第三債務者が差押債権者に対してさらに弁済を行った場合，当該弁済については債権者に対して求償権を行使することができる（481条2項）。

　債務者が，弁済の受領権限を有しない者に対して弁済をした場合，当該弁済は原則として効力を奏せず，債権者からの請求に応じてさらに弁済を行う義務を負う。しかし，債務者が受領権者としての外観を有する者に対して善意かつ無過失で弁済を行った場合，債務者を保護するために弁済が有効とされる（478条）。この受領権者としての外観を有する者は**表見受領権者**といい，その例として表見相続人，代理人と称する者，他人の通帳と印章を窃取して持参した者，債権譲渡が無効，取消し，解除になった場合の譲受人，債権の二重譲渡の場合の劣後譲受人等が挙げられる。

4　弁済の提供

　債務者が弁済により債務を消滅させるためには，債務者の行為に加えて債権者の協力が必要となる。債権者が協力をしないことが原因で債務者が弁済できず，それにより債務者が不利益を被ることを防止するために，**債務者は弁済の提供の時**からその債務の不履行による責任を免れることができる（492条）。債務者が弁済をして債務を消滅させようとしているのに，債権者が原因でそれができない場合，債務者にその責任を負わせるだけの非がないと考えられるからである。債務の不履行による責任を免れるという意味は，契約の解除権や損害賠償請求権は発生せず，同時履行の抗弁権の行使等ができなくなることを意味する。この弁済の提供方法として①現実の提供（493条本文）と②口頭の提供（同条ただし書）がある。①が弁済の提供方法の原則であり，債務者は債務の本旨に従って現実に弁済の提供をしなければならない。現実の提供の判断は，債権者が弁済を受領していれば債務が消滅したであろう程度まで債務者が可能な限りの履行の提供をすることが必要であり，少なくとも信義則上債務の本旨に従った履行の提供がなされたと評価できる程度に履行の提供がなされることが必要である。②は弁済の提供方法の例外であり，債権者があらかじめ受領を拒んでいる場合または債務の履行について債権者の協力を必要とする場合は，債務者が弁済の準備をしたことを通知してその受領の催告をすれば履行の提供がされたことになる。口頭の提供により弁済の提供がなされたと認められるためには，債務者がその準備を完了することが必要であるが，①債権者が受領を拒絶している場合は，合理的な期間内に給付ができる程度に準備をすればよく，②債権者の協力を必要とする場合は，債権者が協力をすれば直ちに履行が可能である程度に準備をすることが必要である。

5　弁済の充当

　債務者が同一債権者に対して同種の複数債務を負う場合において，債務者の行った弁済が債務のすべてを消滅させるのに足りない場合，弁済の充当は

まず当事者の合意に基づいて充当される（**合意充当**。490条）。当事者間に合意がない場合は，費用，利息，元本の順に充当される（489条1項）。費用，利息，元本がそれぞれ複数ある場合，当事者の一方の指定によりどの債務の費用，利息，元本に充当されるかが決定され，この時は受領者よりも弁済者の指定が優先される（488条1項）。債務者が指定をしない場合，弁済の受領者がその受領時に指定をすることができるが，弁済者が直ちに異議を述べた場合は**法定充当**となる（同条2項）。法定充当は債務者の利益を優先させた充当内容となっており，①債務について弁済期にあるものとないものがある場合は弁済期が到来している債務（488条4項1号），②債務がすべて弁済期にあるときまたはすべてないときは債務者の弁済の利益が多い債務（同2号），③弁済の利益が同じである場合は弁済期が先に到来したまたは到来すべき債務（同3号），④すべての債務が相等しく前述の②および③で決定できない場合は債務の額に応じて充当されることになる（同4号）。

6　弁済による代位

　第三者が債務者に代わって弁済した場合，弁済者は債務者に対して求償権を取得すると共に，債権者が債務者に対して有していた諸権利が，求償権の範囲で移転する（499条，501条1項・2項）。これを**弁済による代位**という。弁済による代位には，**法定代位**と**任意代位**の2つがある。法定代位は，弁済をすることに正当な利益を有する者が弁済をした場合に当然に認められる代位であり，任意代位は，弁済をすることに正当な利益を有しない第三者が弁済をした場合の代位である（499条）。両者の違いは，任意代位の場合は弁済による代位をする際に債務者または第三者に対して対抗要件を具備することが必要であるという点である（500条・467条）。これは法定代位の場合は代位者が限定されているのに対して，任意代位の場合は代位者が誰であるかが不明である場合があることがその理由とされている。

　弁済者がすべての債務ではなくその一部の弁済をした場合，債権者の同意を得た上で，一部弁済の価額に応じて，債権者とともにその権利を行使することができる（**一部弁済による代位**。502条1項）。この場合，債権者は単独で

その権利を行使することができる（同条2項）。そして債権者は、例えば抵当権が実行された場合の買受代金のように、債権の担保の目的となっている財産の売却代金その他の権利行使によって得られる金銭については、代位者が行使する権利に優先する（同条3項）。ただし、債務不履行に基づく契約の解除については、債権者のみが解除権を行使することができる（同条4項）。この場合、債権者は代位者に対して弁済をした価額および利息を償還しなければならない。

7 代物弁済

債務者が、債権者との間で本来の給付に代えて他の給付を行うことで債務を消滅させる旨の契約を締結し、その契約で定めた他の給付を行うことで債務者の債務を消滅させることを**代物弁済**という（482条）。他の給付の内容は債権者と債務者の合意で決めることができ、代物弁済契約を締結した時であっても、債務者は本来の給付を行うことができる。例えば、弁護士が依頼を受けて法律事務を行ったが、依頼者にお金がないので報酬の代わりに絵画等の美術品を渡すので勘弁してほしいと言われ、やむなくその申出を受けるような場合が考えられる。もちろんこの場合にもその申出を拒否して報酬の支払いを求め、訴訟を提起することも可能である。

II 供託

供託とは、弁済者が債権者のために弁済の目的物を債務の履行地の供託所に供託をすることにより、債権を消滅させることをいう（494条1項・495条1項）。例えば契約更新に伴い賃貸目的物の賃料の増額をめぐって契約当事者で争いが生じた場合で、かつ賃貸人が増額した金額でなければ賃料を受領しないことを明言しているような場合、少なくとも債務者は争いが解決して賃料が決定されるまでの間は従来通りの賃料を支払うことにしたいと考えているが、そのまま賃貸人が賃料を受領しないことを理由に賃料を支払わず紛争が長期化すると賃借人は債務不履行責任を負い、賃貸借契約を解除される

可能性がある。このような場合，債務者は当該賃料を供託することによって債務不履行責任を免れることができる。

供託をするための要件は，債務者が弁済の提供をしたが債権者が受領を拒んだとき（494条1項1号），債権者が弁済を受領することができないとき（同2号）または弁済者が債権者を確知することができないとき（同2項）である。このとき，債務者は債務の本旨に従った供託をすることが必要である。弁済者が供託をした場合，遅滞なく債権者に供託の通知をしなければならない（495条3項）。供託される目的物について制限はなく，金銭以外であっても供託可能である。金銭以外を供託する場合で目的物が供託に適しない物（例えば温度や湿度管理等が必要で供託所での管理が難しい物等）である場合，供託者は裁判所の許可を得た上で目的物を競売し，その代金を供託することもできる（497条1号〜4号）。

供託がなされた場合，債権者は供託物の還付請求権を取得する（498条1項）。供託の原因が双務契約によって生じた債務であるような場合，債権者はその反対給付をしなければ供託物を受け取ることができない（498条2項）。他方で，弁済者は，債権者が供託物を受け取らない間または供託を有効とする判決が未確定の間は，供託物の取戻しを請求することができ，弁済者が供託物を取り戻した場合は供託しなかったものとみなされる（496条1項）。

━━━━━ Ⅲ　相殺 ━━━━━

1　相殺の意義

相殺とは，債権者と債務者が互いに同種の債務を負担する場合に，当事者の一方から相手方に対する意思表示によって，その対立する債権債務を対等額で消滅させることをいう（505条1項・506条1項）。相殺の意思表示をした当事者が相手方に対して有している債権を**自働債権**，相手方当事者が相殺の意思表示をした者に対して有している債権（自働債権から見て債務者が有する債権）を**受働債権**という。相殺の機能には，決済を簡易化するための機能

（**清算手続簡易化機能**），破産者等の無資力の者に対する弁済としての**公平保持機能**，相殺を行うことで対立する債権が対等額で消滅し，第三者との関係であたかも担保権を行使して優先弁済を受けたのと同様の効果が生じるという**担保的機能**がある。

相殺は，相殺の要件を満たしている（これを**相殺適状**という）限り，一方当事者から相手方に対して行う意思表示によって効力が生じるが，契約によって相殺をすることもできる。この時には民法が規定する相殺制限に関する規定（509条〜511条）は適用されないが，公序良俗（90条）に違反する内容の相殺は認められない。

2　相殺の要件

相殺適状の要件は，①債権が対立していること，②双方の債権が同種の目的を有すること，③双方の債権が弁済期にあること，④債務の性質上相殺を許さないものではないことの4つである（505条1項）。相殺の要件をすべて満たし相殺可能な状態にあることを**相殺適状**という。さらに，相殺適状であっても，実際に相殺をするためには当事者間の合意によりまたは法律の規定により相殺が禁止されていないことが必要である（505条2項・509条〜511条）。①は，債権譲渡により譲受人が相殺を主張することもできる（468条1項・469条1項。詳細は本書**第15章Ⅱ3**参照）。また相殺の対象となる債権が消滅時効の援用により消滅する場合であっても，消滅時効の完成前に相殺適状になっていれば，その当事者間では相殺をすることができる（508条。この場合，対象となる債権が債権譲渡された場合は相殺できない）。②は，同種の目的の債権でないとどのように相殺により債権を消滅させるのかの判断が困難であることがその理由である。例えば，相殺しようとする債権が物の引渡しと金銭の支払いであるときが考えられる。③は，相殺を行うと**期限の利益**（136条1項）等の債務者の利益を奪うことになるためである。④は，互いに労務の提供をする債務を負う場合のような行為債務に多い。これ以外には相手方が自働債権に対する抗弁権を有する場合で，相殺が認められると相手方に不利益が生じる場合などが挙げられる。

法律の規定により相殺が禁止されている場合には，①受働債権が不法行為等により生じた場合（509条），②差押禁止債権を受働債権とする場合（510条），③差押えを受けた債権を受働債権とする場合（511条）がある。①は資力に乏しい被害者の救済のために医療機関の診療が受けられるようにというという理由や不法行為の被害者が相手に対する復讐を行い，互いに不法行為による損害賠償請求権を有して相殺することを防止することにある。そのため損害賠償請求権が債権譲渡された場合のように，被害者救済の必要がない場合は相殺をすることが可能である。509条1号は悪意（積極的に他人を害する意思）による不法行為に基づく損害賠償債務を，同2号は人の生命または身体の侵害による損害賠償債務を受働債権とする相殺を禁止する。②は生活保護の受給権のように法律の制定の目的から考えて，相殺が行われては意味がない場合である，③は差押えを受けたことで債務者に対する債権の価値が下落し，廉価で入手した当該債権を額面金額で相殺をすることが，債務者や他の債権者との関係で不公平であると考えられるためである（511条1項）。もっとも，差押え後に取得した債権が差押え前の原因に基づいて生じた債権である場合，第三債務者は相殺を差押債権者に対抗することができる（511条2項）。例として保証人が保証債務の弁済により求償権を自働債権として相殺する場面などがある。ただし，第三債務者が差押え後に他人の債権を取得した場合は，元々相殺の期待がなかったと考えられるため，相殺することができない（同ただし書）。

3　相殺の効果

　相殺が行われると，対象債権について相殺の範囲で消滅し，遡及効が生じる（506条2項）。相殺適状後に債権が消滅した場合，相殺をすることはできない。判例は，相殺適状となっている債権について債権譲渡等が行われた場合，譲渡等がされた債権の債務者と新債権者の双方が相殺の主張をした場合は，先に相殺の主張をした者の相殺が有効となると解している。また，相殺適状後に解除権が行使された場合，相殺の遡及効は解除の効力に影響を与えない。

Ⅳ　更改・免除・混同

　ここで，債権の消滅原因として，更改，免除，混同について取り扱う。まず**更改**とは，契約当事者が，既に発生している債務の代わりに①従前の給付の内容について重要な変更をするもの，②従前の債務者が第三者と交替するもの，③従前の債権者が第三者と交替するもののいずれかの債務を発生させる契約をすることにより，債務の内容を変更し，旧債務を消滅させることをいう（513条）。①は債務の同一性が変更されたと評価される程度の変更が必要である。②は債権者と新債務者との間で契約が締結され，旧債務者に契約をした旨を通知したときに効力が生じる（514条1項後段）。③は新旧両方の債権者と債務者との3者で契約を締結する（三面契約）ことで効力が生じ（515条1項），確定日付のある証書で行うことで第三者対抗要件を具備する（515条2項）。更改が行われると旧債務に対する抗弁権や担保権は消滅する。

　次に**免除**とは，債権者が債務者に対して一方的な意思表示を行うことで債務を無償で消滅させることをいう（519条）。この意味では債権を放棄することと同義である。免除には，バルクセールといわれる不良債権の一括売却による債権回収の場面で用いられるような，既存の債務のうち一定金額の支払いを条件に残存する債務を免除するというような条件を付すことも認められる。

　最後に**混同**とは，債権と債務が同一人物に帰属した場合に，債権が消滅することをいう（520条）。ただし，債権に担保権が設定されているように第三者の権利の目的となっている場合は消滅しない（同条ただし書）。

【本章のまとめ】

・**弁済**とは，債務者が債権者に対してその負っている債務を履行することで債務を消滅させる行為をいう。

【弁済の当事者】

・債務者

・第三者：債務者が反対の意思を表示しているときは正当な利益を有する者に限られる。

【弁済の受領権者】

・債権者

・表見受領権者：受領権者としての外観を有する者

【弁済の提供方法】

・**現実の提供**

・**口頭の提供**：債権者があらかじめ受領を拒んでいる場合または債務の履行について債権者の協力を必要とする場合は，債務者が弁済の準備をしたことを通知してその受領の催告をする。

・供託とは，弁済者が債権者のために弁済の目的物を債務の履行地の供託所に供託をすることにより，債権を消滅させることをいう。

・更改・免除・混同は，債権の消滅原因となる。

第17章　契約とは何か。
その成立と効力，解除

Ⅰ　契約とは何か

1　契約とは何か

　契約とは，2人またはそれ以上の当事者の間で合意が成立することによって成立し，効果として契約内容に従った債権債務関係を当事者間に発生させる制度である。事務管理や不当利得，不法行為と同じく**債権債務関係**の発生原因であるが，契約は当事者の意思によって成立するため，**約定債権債務関係**の発生原因と呼ばれる。契約は法律行為の一種であるため，法律行為に関する民法規定も関係する。詳しくは**第5章**を参照してほしい。

2　契約自由の原則

例①

　Xが服を買おうと思い，アパレルショップYに入店した。気に入った商品があったもののあいにくちょうどよいサイズがなかったため，

購入をあきらめて退店しようとした。そうしたところ，Yの店員から呼び止められて，「せっかく入店したのだから何か買ってもらわなければ困る」，といわれた。XはYで商品を買わなければならないのであろうか。

民法には**私的自治の原則**が存在するが，これを契約の場面にあてはめると，当事者は契約に関して広く自由が認められるということになる。契約に関する自由を**契約自由の原則**という。民法では**締結の自由**（521条1項），**内容の自由**（521条2項），そして**方式の自由**（522条2項）が認められている。すなわち契約当事者は，ある契約を結ぶかどうかを自由に決定でき（締結の自由），さらにどのような内容の契約を結ぶのかを自由に決めることができる（内容の自由）。また契約を成立させるためには契約書の作成やサインなどは必要ない（方式の自由）。ただし自由であるとはいえ，契約の内容などが**公序良俗**や**強行規定（法規）**に反してはならないことはもちろんである。**例①**では，Xは締結の自由によってYで商品を買わなくとも法律的には何ら問題はない。

しかし，場合によっては契約自由の制限が認められることもある。例えば電気やガス，水道といったインフラ利用に関する契約では，電気事業者などのインフラ提供者側が契約締結を拒否できるとすると，利用希望者がこうしたインフラを利用できないという恐れもある。そのため電気などのインフラ提供者は，利用希望者から契約の申込みを受けた場合，原則としてこれを拒絶できないとされている（電気事業法17条1項，ガス事業法47条1項，水道法15条1項）。

3　契約の分類

(1)　典型契約と非典型契約

民法の契約各則には全部で13種類の契約が規定されている。これらの契約を**典型契約**という。具体的には財産権移転型契約と呼ばれる贈与，売買，交換，貸借型契約と呼ばれる消費貸借，使用貸借，賃貸借，労務提供型契約と

呼ばれる雇用，請負，委任，寄託，そして組合，終身定期金，和解である。すでに述べたように当事者には内容の自由があるので，民法規定によらずに契約を形成することもできる。内容の自由によって生み出された典型契約ではない契約を**非典型契約**という。

(2) 諾成契約と要物契約

合意だけで成立する契約を**諾成契約**という。方式の自由（522条2項）があるため諾成契約が原則である。他方で587条による消費貸借は，条文にあるように「相手方から金銭その他の物を受け取ることによって」効力を生じる。合意だけでは成立せず，金銭等契約の目的物を受け取って初めて契約が成立する契約を**要物契約**という。587条の消費貸借を除き，典型契約は諾成契約である。しかも消費貸借も書面ですることで諾成契約とすることができる（587条の2）。

(3) 双務契約と片務契約

契約においてそれぞれの当事者が義務を負い，かつそれぞれの義務が**対価的牽連（けんれん）関係**にある契約を**双務契約**という。牽連関係とは，簡単にいえば自分の義務を履行する理由は相手が相手の義務を履行するからだ，という関係が双方の負う義務に認められる場合である。例えば売買契約では売主は商品（の財産権）を引き渡し，買主は代金を支払う（555条）。このとき売主も買主も，相手が代金を払うから／相手が商品を引き渡すから，商品を引き渡す／代金を支払うのである。したがって売買契約において売主と買主が負う義務の間には牽連関係がある。一方で契約において一方の当事者のみ義務を負っているか，あるいは双方が義務を負うものの義務の間に牽連関係がない契約を**片務契約**という。同時履行の抗弁権や危険負担など双務契約にのみ適用される規定があることに注意を要する（これについては本章Ⅲ参照）。

(4) 有償契約と無償契約

契約において当事者双方が対価的意味を持つ給付（**経済的出捐（しゅつえん）**ともいう）

をする場合，その契約を**有償契約**という。売買や賃貸借においては，財産権の譲渡や貸借と引き換えに，代金や賃料といった金銭が支払われる。財産権の譲渡や貸借，金銭の支払いはいずれも経済的な価値を有している。他方で当事者の一方のみが対価的意味を持つ給付をする契約を**無償契約**という。有償契約に関しては，559条により売買契約規定が準用されるということが重要である。

■ II　契約の成立 ■

1　成立要件

契約は**申込み**と**承諾**という意思表示の合致により成立する（522条1項）。申込みも承諾も**意思表示**であるので，民法総則の意思表示に関する規定の適用がある（効力の発生時期については，97条1項により**到達時**となる）。

2　申込み

申込みについては総則規定の適用があるため，申込みの意思表示を通知した後，申込者が死亡した，意思能力を失った，行為能力を制限されたとしても申込みの効力は妨げられない（97条3項）。ただし，このような事態が生じたならば申込みの効力が生じないという意思を申込者が表示していた場合や，相手方が承諾の通知を発信するまでにそのような事態の発生を知った場合には，申込みの効力は生じない（526条）。

申込みの撤回に関しては，承諾期間の定めの有無で区別されている。承諾の期間を定めて申込みをした場合，撤回権の留保がある場合を除いて申込者は撤回することができない（523条1項）。

承諾の期間を定めないで申込みをした場合，申込者が承諾の通知を受けるのに相当といえる期間を経過したならば撤回が可能になる（525条1項本文）。承諾期間のある申込みと同様に，撤回権を留保することもできる（525条1項ただし書）。対話者間で承諾期間を定めないで申込みをした場合には，対

話している間はいつでも申込みを撤回できる（525条2項）。

　通知した申込みの効力はいつまで継続するのだろうか。この問題を**承諾適**
格というが，承諾期間の定めのある場合，承諾期間の経過後に申込みは効力
を失う（523条2項）。ただし承諾の到達が承諾期間を超えた場合（遅延した
承諾），申込者はこの承諾を新たな申込みとみなすことができる（524条）。

　承諾の期間の定めがない場合，一般には撤回が可能となる程度の期間が経
過した場合には申込みの効力は失われるとされている。対話者間で承諾期間
の定めのない申込みがなされた場合，対話終了までに承諾の通知がないとき
に効力を失う（525条3項本文）。ただし，申込者が対話終了後も申込みの効
力が失われない旨を表示していた場合にはその限りではない（525条3項ただ
し書）。

3　承諾

　申込みに対する承諾が申込みと内容的に一致することで契約が成立する。
ただし意思表示によらず承諾があったと認められる場合もある。これを**意思**
実現行為というが，申込者の意思表示や，取引上の慣習によって承諾の通知
を必要としない場合には意思表示がなくとも契約が成立する（527条）。

　申込みと承諾の内容的一致が契約成立の要件であるため，内容的に申込み
と承諾が一致しない場合には契約は成立せず，申込みが拒絶されたとみなさ
れる（例えば1万円で商品を売るという申込みに対して5,000円ならば購入すると
いう返事があった場合）。ただし申込者は，申込みに変更を加えた承諾を新た
な申込みとみなすことができる（528条）。

4　懸賞広告

　街中で，謝礼金付きのペット探しの広告を見かけることがある。民法では
このような広告を**懸賞広告**という（529条）。広告を見た者が指定された行為
をすると，懸賞広告者に報酬支払義務が生ずる。懸賞広告は法律行為の一種
である**単独行為**と理解されている。指定行為をした複数の者の中から優等者
にのみ報酬を与える広告は**優等懸賞広告**と呼ばれる。この広告は期間を定め

がないと無効である（532条1項）。懸賞広告に関しては，民法には撤回や効力に関する規定がある（529条の2や531条など）。

5　定型約款

　ある特定の者が不特定多数の者を相手方として行う取引であって，その内容の全部または一部が画一的であることがその双方にとって合理的である取引（**定型取引**）の合意（**定型取引合意**）において用いられる，契約内容とすることを目的としてあらかじめ準備された条項の総体を**定型約款**という（548条の2第1項柱書）。保険や運送，銀行取引といったように，不特定多数の顧客と類似する内容の契約を結ぶことが多い取引において，コスト削減のために用いられる。

　定型約款を用いる場合，定型約款の相手方にとって不利益が生じやすいため，定型約款を契約内容にするための要件として，定型約款を契約内容とする合意などが求められている（548条の2第1項1号）。それでも相手方の権利を制限しまたは義務を加重するなどの条項は，一定の要件の下で合意されなかったものとみなされることもある（548条の2第2項）。また定型約款を用意した側（定型約款準備者という）は定型約款の内容を表示する義務を負い（548条の3），定型約款の内容を変更する場合にも一定の要件をクリアする必要がある（548条の4）。

―――――――――――― **Ⅲ　契約の効力** ――――――――――――

1　同時履行の抗弁権

例②
　売主Ｘと買主Ｙが，ある商品について売買契約を締結した。Ｙが代金を支払おうとしないにもかかわらずＸに対して商品をまず引き渡すように請求した。ＸはＹの請求に応じる必要があるであろうか。

例②においてＸがＹの請求に応じなければならないとすると，商品を引き渡してもＹが代金を支払わないのであれば，裁判を通じて支払いを求めるなどの手間が生じるおそれがある。また特に双務契約において牽連関係にある義務は同時に履行されることが望ましい。そこで民法は，<u>双務契約において牽連関係にある義務は原則として同時に履行されるべきであり，相手方が債務を履行しようとしないのにこちらの債務の履行を求めてきた場合，債務の履行を拒絶できるとしている</u>。これが**同時履行の抗弁権**である（533条本文）。同時履行の抗弁権は，相手方が**履行の提供**をした場合や，相手方の債務が弁済期にない場合（533条ただし書。こちらが先履行の義務を負う場合）は行使できない。

裁判において実際に同時履行の抗弁が主張されてこれが認められると，判決内容は互いの債務をそれぞれ履行せよという**引換給付判決**が下される。

2　危険負担

> **例③**
> 　買主Ｘが中古車ディーラーＹとある中古車の売買契約を締結した。しかし引渡しの前に自動車は第三者の行為によって破壊されてしまい，使い物にならなくなってしまった。買主Ｘの代金支払債務はこのときどうなるのであろうか。

<u>契約当事者の一方の債務（給付）が履行不能になった場合に，相手方の債務（反対給付）がどうなるのかを決定するルール</u>が**危険負担**である。一方の当事者の債務の履行が不能である場合には，履行不能についてどの当事者に責めに帰すべき事由があるかで結論が異なってくる。

まず債務者の責めに帰すべき履行不能の場合，**債務不履行**の問題となる（415条。詳しくは本書**第13章**）。<u>債務者にも債権者にも責めに帰すべき事由が無い場合，債権者は反対給付の履行を拒絶できる</u>（536条1項）。**例③**では第三者の行為によるＹの履行不能がＹの責めに帰すべき事由によるものとい

えないならば，XはYに対して責任の追及はできないものの代金支払債務の履行を拒絶できる。なお，債権者の責めに帰すべき事由によって債務者の履行が不能になった場合，債権者はなお反対給付の履行をする必要がある（536条2項前段）。この場合，債務者が債務の履行を免れたことで支出を免れた費用などがあれば，これを債権者に償還する必要がある（536条2項後段）。例③でYの履行不能の原因が仮にXの責めに帰すべき事由にある場合，Xは代金を支払う必要がある。しかしYが引渡義務の履行を免れたことで例えば名義変更の費用が不要になったという場合，これに相当する利益をXに償還する必要がある。

3　第三者のためにする契約

　生命保険契約のように，契約の当事者は保険会社と被保険者であるが，保険金は被保険者ではなく第三者（受取人）に支払うといった契約を**第三者のためにする契約**という（537条1項）。第三者のためにする契約が締結された場合に，給付を自己ではなく第三者にするよう求める者を**要約者**，それに応じて第三者に給付をする義務を負う者を**諾約者**，そして給付を受ける第三者を**受益者**と呼ぶ。そして要約者と諾約者間の関係を**補償関係**，要約者と受益者の関係を**対価関係**と呼ぶ（**図1**）。

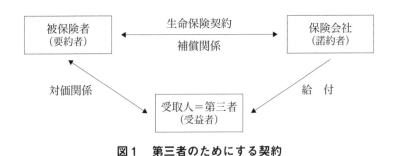

図1　第三者のためにする契約

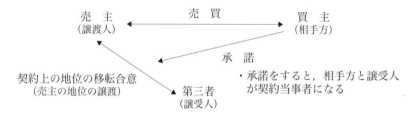

図2　契約上の地位の移転（売買を例として）

4　契約上の地位の移転

　民法においては契約当事者の地位そのものを譲渡することもできる。民法はこれを**契約上の地位の移転**と呼ぶ。

　契約上の地位の移転は，地位を移転しようとする当事者の合意による。ただし，一方の契約当事者が入れ替わることは本来の契約の相手方の利益に影響するので，地位の移転について相手方の承諾を得る必要がある（539条の2）。

　契約上の地位の移転がなされると，地位の譲渡を受けた第三者（譲受人）が新たな契約当事者となる。第三者は譲渡人から契約当事者としての地位をすべて譲り受けるので，その契約において生じている取消権や解除権なども行使できる（**図2**）。

━━━━━━━━━━━━━ **Ⅳ　契約の解除** ━━━━━━━━━━━━━

> **例④**
>
> 　買主Ｘと売主Ｙとの間で，ある商品の売買契約が結ばれた。代金が先払いとされていたためＸはまずＹに代金を支払った。ところが商品の引渡期日が過ぎても商品は届かない。Ｘは何度もＹに対して商品を引き渡すように催促したが，結局商品は届いていない。

1　契約の拘束力

　いったん契約が有効に成立すると当事者は債権と債務で拘束される。しかし**例④**のように，相手方が債務を履行しようとしない場合には，Ｘ はＹ との契約を無かったことにして代金を取り戻し，別の売主から目的の商品を買い直したいと考えることもあるであろう。このように相手方の債務不履行を理由として契約の目的（**例④**だと商品の入手）が困難になった債権者を救済するための手段の１つとして，**契約の解除**が認められている。解除は**解除権**行使の意思表示によって行われ（540条），その効果は**原状回復義務**の発生である（545条１項本文）。原状回復義務を各当事者が履行することで，それぞれの当事者は契約前の状態に復帰することになるが，具体的には未履行の債務があれば消滅し，履行済みの債務があれば取り戻す（受領者側からは返還する）。原状回復をしてもなお損害がある場合には，損害賠償を請求することもできる（545条４項）。解除によって第三者の利害に関係することもあるが，第三者は保護される（545条１項ただし書）。

2　約定解除と法定解除

　契約当事者があらかじめ解除権の発生事由を契約で合意しており，その要件が満たされることで解除が可能になる場合，この解除を**約定解除**という。民法には債務不履行や履行不能などを要件として解除権が法律上認められる場合もあり，この解除を**法定解除**という。

　法定解除には**催告による解除**と**催告によらない解除**がある。催告による解除の要件は，債務者に債務不履行があった場合に債権者が相当の期間を定めて履行の催告をしても，期間内に履行がない場合である（541条本文）。ただし催告期間の経過時に不履行の程度が軽微である場合には解除できない（541条ただし書）。催告によらない解除は主に履行不能の場合に認められるが，542条において履行不能のほかにも催告によらずに解除できる場面が細かく規定されている。

【本章のまとめ】

【契約とは】

・契約は2人またはそれ以上の当事者の申込みと承諾の一致によって成立し（522条1項），当事者間に**約定債権債務関係**を発生させる。

　→契約には，①典型契約と非典型契約，②諾成契約と要物契約，③双務契約と片務契約，④有償契約と無償契約という分類がある。

・契約を成立させるために必要な意思表示である**申込み**と**承諾**については，撤回などに関して細かいルールがある（523条以下）。

【契約の効力】

・**同時履行の抗弁権**は，双務契約において相手方が履行の提供をせずに債務の履行を求めてきた場合に履行を拒絶する権利である（533条本文）。

・**危険負担**は一方当事者の債務の履行が不能となった場合に，相手方当事者の債務（反対給付）の履行がどうなるのかを決めるルールである。履行不能に関する責めに帰すべき事由がだれにあるのかで，結論が異なってくる。

・第三者を給付の受領者とする契約も締結できる（**第三者のためにする契約**）。

・契約当事者は契約当事者としての地位そのものを第三者に譲渡することもできる（**契約上の地位の移転**）。

　→ただし契約の相手方に利害にかかわるので，地位の移転は**相手方の承諾**を要する（539条の2）。

・**契約の解除**は，債務不履行などを理由に契約の目的達成が困難になった当事者を救済するための手段である（特に**法定解除**）。

第18章　贈与・売買・交換

Ⅰ　贈与
Ⅱ　売買
Ⅲ　交換

────────────────── Ⅰ　贈与 ──────────────────

1　贈与とは何か

贈与とは，贈与者が受贈者に対して財産の譲渡を約束することで成立する契約である（549条）。贈与者が一方的に財産の引渡義務を負うだけで受贈者は何ら義務を負わない。贈与は諾成契約であるが，**片務**かつ**無償**の契約である（**図1**）。

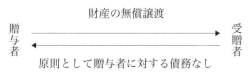

財産の無償譲渡

贈与者　────────────────────→　受贈者
　　　　←────────────────────

原則として贈与者に対する債務なし

図1　贈与に基づく当事者の関係

2 書面によらない贈与の解除（550条）

> **例①**
>
> 　Ｘは友人であるＹから，仕事をやめることになったが収入が無くなるので生活に不安がある旨の相談を受けた。そこでＹに対し，当面の生活費として100万円を渡すことを申し出た。Ｙは喜んでこれを受け入れた。約束をした後，Ｘは少し後悔をし，できれば100万円を渡すという約束を無かったことにしたいと考えている。

　贈与も当事者の合意によって成立する契約であり，拘束力がある。契約が有効であれば贈与者は財産を引き渡す債務を負い，受贈者は財産を引き渡すように求める債権を有する。しかし**例①**のように，贈与者が軽い気持ちで，あるいは一時の迷いから贈与の約束をしてしまうこともある。そこで民法は**書面によらない贈与**については解除ができるとし（550条本文），ただし履行済みの部分については解除できないとした（550条ただし書）。そのためＸは，まだ100万円をＹに支払っていないのであれば贈与を解除でき，すでに20万円分を支払ってしまっていたとしても，残る80万円分については解除できる。

3 贈与の効力

> **例②**
>
> 　ＸはＹからＹの所有していた自動車を無償で譲り受けることになった。名義変更などが終わり，自動車をＸが受け取った後，自動車工場で調べてもらったところいくつか修理が必要である箇所があることが分かった。そこでＸはＹに対して自動車を修理するように請求したいと考えている。

(1) 贈与者の義務

　贈与者は，契約に従って目的物を引き渡す義務を負う（549条）。この義務

自体は売買における財産権の引渡義務（555条）と同じであるため，特定物の引渡しが目的である場合には引渡しまで善良な管理者の注意による保管義務が生じ（400条），種類物の引渡しである場合には調達義務を負う（これらの義務については本書第12章を参照）。贈与者に債務不履行がある場合には，415条に従って債権者である受贈者に生じた損害を賠償する責任を負うこともある。

(2) 551条による贈与者の責任軽減

しかし551条1項には，贈与者の引渡義務に関する特則がある。それによれば贈与者は，贈与の目的である物や権利を贈与の目的として特定した時の状態で引き渡し，または移転することを約束したと推定される（551条1項）。これはつまり，贈与者は自身の有している財産をそのままの状態で引き渡すことを約束しているから，贈与の目的物となった物や権利が通常であれば有している品質や性能を欠いていても原則として責任を負わないということを意味する。簡単にいえば，売主とは異なって贈与者は目的物について契約不適合責任を負わないということである。

ただしいくつか注意すべき点がある。まず551条1項が適用されるのは物や権利が贈与の目的として特定している場合である。したがって種類物が特定しないまま贈与される場合には551条1項の適用はない。さらに551条1項は推定規定であるので，贈与において目的の物や権利が特に一定の性質や性能を備えていることが約束される場合には，その性質等が欠けていれば贈与者は責任を負う。また，負担付贈与の場合には負担の限度で契約不適合責任を負う。以上のことからすると，例②では特約などが無い限りXはYに対して自動車の修理を請求することはできないこととなる。

4　特殊の贈与

民法には特殊な贈与も規定されている。まず定期的に贈与者が受贈者に無償給付をする定期贈与がある。この贈与は当事者間の特別な信頼関係に基づくことが多いため，当事者いずれかの死亡によって終了する（552条）。また，

贈与者の給付義務と完全な対価関係にはないものの受贈者も一定の義務（負担）を負い，これを履行する義務を負う**負担付贈与**がある。負担付贈与の場合には当事者の関係が双務契約に近似するので，同時履行の抗弁権などの規定が準用される（533条）。そして贈与者が受贈者との間で，贈与者の死亡後に贈与者が生前有していた財産を贈与するという内容の契約を結ぶ**死因贈与**もある（554条）。死因贈与については遺言による財産分与である遺贈の規定が準用される。

Ⅱ　売買

売買は，売主が財産権の引渡しを約し，買主が代金の支払いを約することによって成立する契約である（555条）。売買は，**諾成，双務，有償**の契約である。財貨交換の基本形態であり，経済取引において基礎的な役割を果たす。法的に見ても，559条を通じて他の有償契約に売買の規定が準用されるということから有償契約の基本としての意義を持つ。

1　成立

(1)　一方の予約

　一般に**予約**は，将来**本契約**を締結する義務を発生させる契約を指す。予約に基づく申込みに対して相手方は承諾をする義務を負うものの，相手方からの承諾がなければ本契約が成立しないという問題がある。予約の相手方が承諾をしない場合には，承諾の意思表示に代わる判決（414条1項，民事執行法177条）を得る必要がある。

　これでは手間なので，民法は予約を**一方の予約**として相手方の承諾無しに本契約を成立させることができるとした。一方の予約をすると，当事者の一方もしくは双方に**予約完結権**が与えられ，この権利が行使されることで本契約が当然に成立する（556条1項）。予約完結権の行使は意思表示によるが，この権利を有する者が権利を行使しない場合，相手方は催告をすることができる（556条2項）。

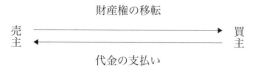

財産権の移転

売主 ⟶ 買主

代金の支払い

図2　売買に基づく当事者の関係

　一方の予約はサンプルを見てから契約を結ぶかどうかを判断するといった場合に用いられることが想定された制度であるが，実務においては少し異なる用いられ方をする場合もある。それは担保目的での一方の予約である（買戻しという制度とも関係する。本章Ⅱ3参照）。**再売買の予約**という担保目的の予約は以下のようなものである。売主Ｘがその保有する土地を1,000万円で買主Ｙに売買する契約を結び，その際にＹのものとなった土地を再びＸに1,000万円で売るという内容の売買の一方の予約をしておく。一見して単にＸとＹの間で土地が行ったり来たりするだけのようであるが，この取引は実はＹからの金銭の貸付けとＸからの担保の提供という意味を持つ。ＹからＸに支払われた土地の売買代金は実はＹのＸに対する金銭の貸付けで，ＸからＹに引き渡された土地はその担保である（図3も参照してほしい）。将来，ＸがＹに対して金銭を返還できるめどが立てば，予約完結権を行使して1,000万円を支払う。そして支払いを受けたＹは土地をＸに返還するのである。もしＸが1,000万円を用意できなければ，Ｙは土地をそのまま自分の所有物として保有することで，弁済に充てるのである。

⑵　**手付**

> **例③**
> 　ＸはＹから自動車を50万円で購入する際，手付として1万円を支払っていた。しかし契約を結んだ直後，Ｘはやっぱり契約をやめたいと突然考えた。このような場合，Ｘは契約を解除できるのであろうか。

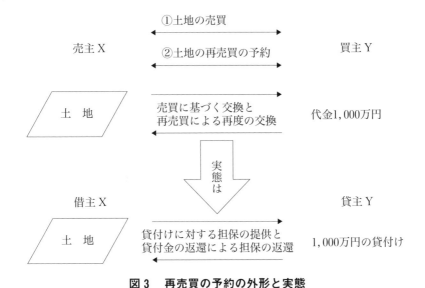

①土地の売買

売主 X　　　　　　　　　　　　　　　　　　　　買主 Y

②土地の再売買の予約

土　地　　売買に基づく交換と　　　代金1,000万円
　　　　　再売買による再度の交換

実態は

借主 X　　　　　　　　　　　　　　　　　　　　貸主 Y

土　地　　貸付けに対する担保の提供と　　1,000万円の貸付け
　　　　　貸付金の返還による担保の返還

図3　再売買の予約の外形と実態

　売買が成立する際，代金のほんの一部をあらかじめ支払うことがある。これを**手付**と呼ぶ。民法は手付が支払われる場合，これを**解約手付と推定する**（557条1項）。解約手付が交付されている場合，買主と売主のどちらからでも一方的に契約を解除できる。買主からは手付を放棄して売主のものとし，売主の側からは手付の倍額を買主に現実に提供することによる。ただし相手方が**履行に着手**した場合は解除できない（557条1項ただし書）。なお解約手付による解除は債務不履行解除ではないため，545条4項の適用はない（557条2項）。

　また手付が交付されたとしても解約手付として推定されるに過ぎないので，手付に実際にどのような機能を付与するのかは当事者の自由である。手付に付与されることのある機能として，契約の成立を証明する**証約手付**，手付の交付をもって契約の成立要件とする**成約手付**，そして一方当事者の債務不履行があった場合の一種の違約金としての性質を持つ**違約手付**があるとされる。

2 効力

(1) 売主の義務と買主の義務

売買が成立すると，売主は財産権を引き渡す義務を負い，買主は代金を支払う義務を負う（555条）。契約書の作成費用など契約に関する費用は当事者が平等に負担する（558条）。商品の送料など義務の履行に要する費用はその義務を負う側が負担するが，合意によって変更できる。また，目的物に関して権利の対抗要件を備える必要がある場合には，売主は登記や登録など対抗要件を具備させる義務も負う（560条）。

(2) 他人物売買

> **例④**
> 　売主Ｘと買主Ｙとの間でＸ所有の土地の売買が締結された。しかしＸの所有と考えられていた土地は実はＺの所有する土地であり，Ｚとしては他人に土地を売る気はなかった。この売買は有効であろうか。

例④のように，他人に属する権利を売買の目的とする場合を**他人物売買**という。この場合売主であるＸは引き渡すべき権利を有していないので，そのままでは引渡義務を履行することはできない。仮に土地がたまたま空き地でＹに占有させることができたとしても，所有権がＺにある以上Ｙへの財産権移転は実現しない。

そうするとＸにとって履行不能である売買であることからそもそも契約の有効性に疑問が生じる。しかし民法は他人の権利を目的とする売買も有効であり，売主は他人から権利を取得して買主に引き渡す義務を負うとしている（561条）。そのため**例④**では，ＸはＺから土地の所有権を取得して，これをＹに引き渡すという義務を負い，この義務を果たすことができない場合には債務不履行の責任を負うことになる。

(3) 契約不適合責任

> **例⑤**
>
> 　買主Ｘが中古車ディーラーＹからある自動車を購入した。その後，信号待ちなどのタイミングでエンジンが停止するという事態が生じることがあった。修理工場に調べてもらったところ，この自動車のエンジンに不具合があるという。

　売買に基づいて引き渡された物や権利が契約に適合しないことを**契約不適合**という。契約不適合のある目的物の売主は**契約不適合責任**を負い，買主はそれに基づいて売主に対して**追完請求権**を行使できる（562条1項本文）。追完の方法は，**修補，代替物の引渡し**，そして**不足分の引渡し**である。いずれの方法での追完を求めるのかは買主が選択できるが，買主に相当の負担を課すものでない場合には売主は別の方法の追完を選択できる（562条1項ただし書）。そのため**例⑤**では，中古車のエンジンの不具合が契約不適合である場合，ＸはＹに対してエンジンの修理などを請求できる。この権利は買主の救済手段でもあるため，買主の責めに帰すべき事由によって契約不適合が生じた場合には，追完請求権は認められない（562条2項）。

　売主が追完請求に応じない場合や，追完が不可能である場合，契約不適合の存在によって生じている目的物の価値減少分を埋め合わせるため，買主は**代金減額請求権**を行使することもできる（563条）。**債務不履行責任**（415条）や**契約解除**（541条・542条）も債権者を救済する手段であるところ，契約不適合のある目的物の買主は，追完請求権と代金減額請求権と合わせて合計4つの法的救済を選択的に行使できることになる。もちろん，それぞれの法的救済を定める規定の要件を満たす必要がある点には注意を要する。

　追完請求権やその他の法的救済を行使するにあっては期間制限がある（566条本文）。それによると買主は契約不適合を知ってから1年以内にその不適合を売主に通知しなければ追完請求権などを行使できなくなる。ただし，売主が契約不適合について引渡し時に悪意であり，または重大な過失によっ

表1　追完の可否に応じて買主に与えられる法的救済の一覧

①目的物に契約不適合があり，追完可能である場合
　a）損害賠償請求（415条）：売主に責めに帰すべき事由がなければ免責
　b）催告による解除（541条）：契約不適合が軽微な場合，解除はできない
　c）追完請求（562条）：買主に責めに帰すべき事由があると行使できない
　d）代金減額請求（563条1項）：相当の期間を定めた追完請求が要件
②目的物に契約不適合があり，追完が不可能である場合
　a）損害賠償請求（415条）：責めに帰すべき事由については①と同様。
　b）催告によらない解除（542条）：履行の（一部）不能の問題となる
　c）代金減額（563条2項）：こちらの場合は即時に代金減額を請求できる
※②の場合，追完の履行が不能であるため追完請求はできない

て知らなかった場合は別である（566条ただし書）。

3　買戻し

　買戻しは，売買と同時にする買戻しの特約によって，売主が代金（あるいは合意により定めた金額）と契約費用を返還して契約を解除する制度である（579条）。すでに述べたように買戻しは実態としては買主からの金銭の貸付けと，売主からの担保の提供となる。一方の予約を用いてもこのような取引を実現できるが，買戻しの場合，売買と同時に買戻しの特約を結ぶことが要求されることや期間制限があることなどいろいろと制限が多い。そのため法律による制限を受けない一方の予約を用いた方が当事者にとって都合がよいことが多いため，一方の予約（再売買の予約）が利用される傾向にある。

━━━ Ⅲ　交換 ━━━

　交換は当事者が互いに金銭所有権以外の財産権を移転することを約することで成立する（586条1項）。いわゆる物々交換である。契約の性質としては，**諾成，双務，有償**の契約であり，売買に類似する。貨幣経済が発達している今日では経済取引において交換が締結されることはまれである。

　交換に際して財産権とともに金銭も支払うという場合には，売買に関する

規定のうち代金に関するもの（例えば573条）が準用される（586条2項）。

【本章のまとめ】

【贈与】

・**贈与**は贈与者が受贈者に対してある財産を無償で移転することを約することで成立する契約（549条）。

　→書面によらない贈与で未履行部分は解除できる（550条）。また目的物に契約不適合があっても贈与者は責任を負わないものと推定される（551条1項）。

【売買】

・**売買**は売主が財産権を引き渡し，買主が代金を支払う合意によって成立する契約（555条）。

　→559条により他の有償契約に準用されるなど，有償契約の基本形と位置づけられている。

・**一方の予約**は**予約完結権**の与えられた当事者がこの権利を行使することで一方的に本契約を成立させる（556条）。

　※実務においては担保目的で一方の予約が用いられることがある。

・**手付**が交付された場合，**解約手付**と推定され，当事者は手付を利用して契約を解除できる（557条）。

・売主の負う重要な責任として**契約不適合責任**がある。

　→目的物に契約不適合がある場合，買主は**追完請求権**を行使できる（562条）。具体的には修補，代替物の引渡し，不足分の引渡しである。

・**買戻し**は不動産の売買において買戻しの特約を結んでおくことで，代金および契約費用を返還して契約を解除できる制度（579条）。

　→実態としては買主からの金銭の貸付けと売主からの担保の提供であり，買戻しによる解除で売主が貸付金として渡された売買代金相当額を返還するという構造。

　→一方の予約によっても同じ目的が達成されるので，要件が厳格である買戻しに比べこちらが利用されることも多い（**再売買の予約**）。

【交換】

・**交換**は，財産権同士の交換であり物々交換を意味する。

第19章　消費貸借・使用貸借・賃貸借

　前章で学んだ所有権移転型の契約が，相手方に所有権を移転するのが目的であったのに対して，貸借型は「貸し借り」を目的とする契約である。そして，民法はその「貸し借り」のタイプに応じて「消費貸借」「使用貸借」「賃貸借」の3つの規定を置いている。

Ⅰ　消費貸借

1　消費貸借の意義と成立

例①

　BはAに「お金を10万円貸してほしい」と申し込み，Aも「いいですよ。貸しましょう」と承諾した。次のうち民法の規定に従い消費貸借契約が成立しているのはどれか。

ア．AとBの約束は口約束であり，その後まだ，現金10万円がBに交付されていない場合。

イ．AとBは約束の内容を記載した書面を作成したが，まだ，現金

> 10万円がBに交付されていない場合。

　「物の貸し借り」という場合まず思いつくのは，借りた物を「そのまま」返す場面であろう（後述の使用貸借・賃貸借がこれに当たる）。これに対して，例①の場合，借りたお金をBはそのままAに返そうとしているわけではなく，借りたお金は消費し，同額のお金を返すつもりでいるはずである。こうした，借りた物を借主が消費した後で（つまり目的物の所有権は借主に移転する），「同種，同質，同量の物」を貸主に「返す」契約を**消費貸借**という。

　これについて民法は，次の3つの成立方法を規定している

(1)　要物的消費貸借

　1つ目は，目的物の返還約束と目的物の授受により成立する場合である（587条）。**要物契約**であり，借主のみが返還債務（および利息債務）を負うことから片務契約である。利息が付される場合は有償契約となり，利息が付されない場合は無償契約である。**例①**のア．の場合もイ．の場合もお金が交付されていない以上，587条に基づく消費貸借は成立しない。

(2)　書面でする消費貸借

　2つ目は587条の2の「書面でする消費貸借」であり，物の授受を成立要件としない代わりに，書面で契約することが成立要件とされている。**要式契約**であり，片務契約である。利息付か否かにより，有償と無償に分かれるのは前述の要物的消費貸借と同様である。**例①**のア．の場面は口約束であるため，書面でする消費貸借は成立しないが，イ．の場面はお金が交付されていなくとも書面が作成されているので，消費貸借が成立する。この書面による消費貸借の場合については，次のような問題が生ずることがある。

> **例②**
> 　BはAに「お金を10万円貸してほしい」と頼み，Aも「いいですよ。貸しましょう」と約束しその旨を記載した書面を作成したが，現

587条：返還約束＋物の受領＝契約成立

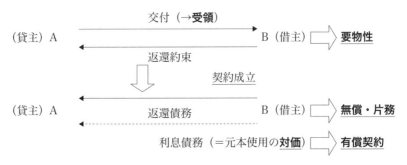

図1　要物的消費貸借の構造

> 金がBに交付される前に次のようなことが起きた。
>
> ア．Bが宝くじに当選し，お金を借りる必要がなくなったため，契約
> 　　を解除したいと言い出した。
>
> イ．Bが破産してしまい，Aが仮にこのままBにお金を貸しても帰っ
> 　　てくる見込みがないので，現金を交付したくないと言い出した。

i　受取前の解除権　　書面による消費貸借の場合，成立と同時に返還債務
が発生するが，**例②**のア．の場面でBにいったん金銭を交付し，その後直
ちに返還させるのは無意味である。そこで587条の２第２項前段は，目的物
を受け取るまでの間，借主はいつでも解除し得ることを認めた。したがって，
例②のア．の場面でBは契約を解除することができる。

ii　当事者の破産　　次に**例②**のイ．の場面でAがBに貸す義務を負うとす
るのは妥当ではないだろう。また，**例②**のイ．とは逆にAが破産したとき
に，それでもBに借りる権利があるとするのも無意味である。そこで，587
条の２第３項は，当事者の一方が破産手続開始の決定を受けたときは，消費
貸借は効力を失うとした。したがって，**例②**のイ．の場合，AはBに現金
を交付する必要はない。

(3) 準消費貸借

売主Ａが買主Ｂに売却した商品の代金について支払いが滞っていたとしよう。そこで，Ｂが分割返済する合意をしたとする。このように金銭その他の物を給付する義務を負う者（Ｂ）がいる場合に，当事者がその物を消費貸借の目的物とすることを約束したときは，消費貸借が成立したものとみなされる（588条）。これを**準消費貸借**という。これが３つ目の成立方法である。

2　消費貸借の効力

(1)　貸主の義務

ⅰ　**「貸す義務」**　　要物的消費貸借の場合には，貸主に「貸す義務」は生じないが，書面による消費貸借の場合には，貸主に「貸す義務」が生じる。その不履行により借主に損害が発生した場合には，借主は貸主に対して損害賠償を請求することができる。

ⅱ　**目的物の契約不適合**　　消費貸借の目的物（例えば米）に契約不適合があった場合で，その契約が利息付消費貸借のときは，追完履行請求や契約の解除ならびに損害賠償請求をすることができる（559条・562条）。

　無利息消費貸借の場合には，贈与に関する551条が準用され，貸主は，目的物を消費貸借の目的として特定した時の状態で引き渡すものと約束したものと推定される（590条１項）。

(2)　借主の義務

ⅰ　**返還義務**　　借主は，受領した物と同種・同質・同量の物を返還する義務を負い（587条・587条の２第１項），その履行によって消費貸借は終了する。

　なお受け取った物が契約に適合していない場合には，①適合していない状態の物を返還することも可能ではあるが（ただし実際には難しい），②その物の価額を返還することができる（590条２項）。同種，同質，同量の物を返還できなくなった場合には，その時における物の価額を償還しなければならない（592条本文）。

ⅱ　**返還時期**　　目的物の返還時期の定めがある場合には当然これに従う。

では定めがなかったときはどうか。期限の定めのない債務は，請求を受けた時から遅滞に陥るのが原則である（412条3項）。しかしそれでは，目的物を受け取った瞬間からいつでも返還できるようにしておかなければならず不都合である。そこで591条は相当期間を定めて返還を催告できるとした（591条1項）。返還時期の定めがある場合でも，借主は，いつでも目的物の返還が可能である（591条2項）。

Ⅱ 使用貸借

1 使用貸借の意義と成立

使用貸借は，当事者の一方がある物を引き渡すことを約束し，相手方がその受け取った物について無償で使用・収益して，契約が終了したときに，返還することを約束して成立する契約である（593条）。諾成，無償，片務契約である。

2 使用貸借の効力

例③

貸主Aが借主Bにアパートの一室を無償で貸す契約が締結された。その後，

ア．約束はしたものの一向にAがBに部屋を明け渡さない場合

イ．Bが使用を開始した後，（通常の使用をしていたが）網戸が壊れてしまったのでAに修理を依頼したところ，Aが直してくれない場合

ウ．BがCに本件アパートの一室を無断で転貸している場合

エ．Aが本件アパートをDに売却し，新しいオーナーとなったDがBに対して立ち退きを要求している場合。

それぞれの場合について，A・Bは民法上どのような義務を負うか。

---

(1) 貸主の義務

貸主は，借主に対して目的物の引渡債務を負う（593条）。これを貸主（A）が履行しない場合には，借主（B）は履行請求が可能であり，また債務不履行責任（本書**第13章**参照）を追及することもできる（**例③ア.** の場面）。これ以外に貸主は，借主の使用収益を妨げないという消極的義務を負うに過ぎず，目的物の修繕義務を負わない。つまり**例③イ.** の場合，A は網戸を直す必要はない。

(2) 借主の義務

i 用法遵守義務　借主は，契約内容や目的物の性質によって定まる用法に従い，目的物を使用・収益しなければならない（594条1項。「用法遵守義務」という）。借主がこの義務に違反した場合，貸主は契約を解除でき（594条3項），かつ，貸主が返還を受けたときから1年以内であれば（600条1項。除斥期間），損害賠償請求も可能である。

なお借主が借用物を他人に転貸し賃料を得ることも可能であるが，その際，貸主の承諾が必要である（594条2項）。借主が無断で転貸した場合，貸主は契約を解除することができる（594条3項）。したがって，**例③のウ.** の場合，A は B との契約を解除できる。

ii 返還義務　借主は契約終了時に，目的物の返還義務を負うが（593条），その際には，借用物に付属させたものを撤去する義務（599条1項本文，なお付属物の撤去は借主の権利でもある同条2項）および，**原状回復義務**（599条3項本文）を負う。原状回復の範囲は，使用借主の故意過失による損傷部分に限られる（599条3項本文ただし書）。

(3) 借用物の費用の負担

借用物の管理，保存に必要な費用である①**必要費**のうち，通常のものは借主が負担し（595条1項。建物の玄関灯の電球の交換や小修繕等），それ以外の②特別の必要費（天災等により生じた費用）は貸主が負担する。したがって，**例③イ.** の場合，修理費は B が負担する。改良費等，目的物の価値の増加

のために支出された費用である③**有益費**（196条2項参照）については，貸主が負担する（ただしその改良が用法遵守義務に沿ったものである必要がある）。②と③ついては，借主は退去時に貸主に償還請求をすることができるが（595条2項），貸主が返還を受けたときから1年以内にしなければならない（600条1項。除斥期間）。

(4) 借主と第三者との関係

借主は，使用目的物の譲受人に対して使用借権を対抗できない。したがって，譲受人（D）から所有権に基づく明渡しを請求された場合には，借主（B）はこれに応じなければならない。賃借権と異なる点である（605条，借地借家法10条・31条）。

3 使用貸借の終了

(1) 期間満了による場合

使用貸借は，契約期間の定めがある場合には，その満了によって終了する（597条1項）。期間の定めは無いものの，使用収益目的についての定めがあり，借主がその目的による使用収益を終えた場合にも使用貸借は終了する（同条2項）。また，借主の死亡によっても，使用借権は相続されずに終了する（同条3項）。

(2) 契約解除による場合

貸主の側からは，①借主が借用物を受け取るまで解除できるほか（前述593条の2），②契約期間を定めなかった場合で，使用収益目的に従い，借主が使用収益するのに足りる期間を経過した場合にも解除できる（598条1項）。③契約期間も使用収益目的も定められていなかった場合には，貸主はいつでも解除することができる（同条2項）。

借主の側からは，いつでも解除することができる（同条3項）。

━━━━━━━━━━━━━ **Ⅲ　賃貸借** ━━━━━━━━━━━━━

1　賃貸借の意義と成立

(1)　意義と成立

　賃貸借とは，当事者の一方が，ある物の使用および収益を相手方にさせることを約束し，相手方が，これに対して賃料を支払うことを約束することおよび引渡しを受けた物を契約が終了したときに返還することを約束することによって成立する契約である（601条）。諾成，有償，双務契約である。

　契約書は成立要件では無いが，一般的には契約書が作成されることが多い。

(2)　存続期間

　なお賃貸借の存続期間は最長で50年とされ，これより長い期間を契約で定めても50年に短縮される（604条1項）。更新期間も50年に制限されている（同条2項）。賃貸借の期間が満了した後，賃借人が賃借物の使用収益を継続している場合に，賃貸人がこれを知りながら異議を述べないときは，従前の賃貸借と同一の条件で更新したものと推定される（619条1項前段。**黙示の更新**と呼ばれる）。

2　当事者間の効力

　賃貸借契約が成立すると，賃貸人と賃借人に次のような権利義務が生ずる。

(1)　貸主の権利・義務

ⅰ　使用収益させる義務　　賃貸借が成立すると，賃貸人は賃料債権を取得するが，その代わりに，最も重要な義務として，賃借人に目的物を使用収益させる義務を負う（601条）。ここから，目的物の引渡義務，第三者が使用収益を妨害する場合には賃貸人はこれを排除しなければならない義務（妨害排除義務），賃貸物の修繕義務が生ずる（ただし賃借人の過失等による毀損の場合は修繕義務を負わない。606条1項）。

ⅱ　契約不適合責任　　賃貸目的物が，契約内容に適合していない場合には，賃貸人は，559条の準用規定により，562条から565条に定められた契約不適合責任を負う（詳しくは本書**第18章**参照）。

(2)　賃借人の権利・義務

ⅰ　使用収益権と用法遵守義務　　賃借人の権利の最も重要なものは，目的物の使用収益権である。ただしその範囲や用法は，契約内容や賃貸目的物の性質によって決まる（616条・594条1項）。賃借人が用法遵守義務に違反する場合には，貸主に解除権が生ずるほか，損害賠償請求も可能である。

ⅱ　賃料支払義務　　賃料支払義務は，賃借人の中心的義務である（601条）。賃料額は，契約によって定まる。614条は，賃料の支払い時期を，動産，建物，宅地は毎月末，その他の土地は毎年末としている。この規定は任意規定であり，当事者に特約がある場合は，特約に従う。

ⅲ　敷金　　賃貸借を締結する際に，賃料以外の金銭を賃借人が賃貸人に交付する場合がある。その代表的なものが敷金である。**敷金**とは，<u>賃料債務その他の賃貸借に基づいて生ずる賃借人の賃貸人に対する金銭の給付を目的とする債務を担保する目的で，賃借人が賃貸人に交付する金銭である</u>（622条の2第1項柱書）。

　担保される債務には，故意・過失による目的物の毀損や賃借人が無断で行った目的物の変更を復旧する費用，契約終了までの賃料債務や，契約終了後明渡までの賃料相当額などが含まれる。敷金は賃貸借終了後で目的物の明渡し後に債務者の債務を敷金から控除した後，残額があれば，賃借人に返還される（622条の2第1項1号）。

ⅳ　目的物返還義務　　賃借人は，契約終了時に目的物を返還する義務を負う（601条）。契約に定めた時期に返還しなければならず，その際には，原状に復して，目的物に付属させた物（例えばアパートに部屋にとりつけたエアコン）を消去する義務があるが，権利でもある（621条，622条，597条1項，599条1項・2項）。

ⅴ　費用償還請求　　使用貸借と異なり，賃借人は必要費に関しては直ちに

(608条1項)，有益費については賃貸借終了時に（同2項）賃貸人に償還請求をすることができる。

3　第三者との関係における効力

次に，賃貸借の当事者と第三者が関係する場合について見ていこう。

(1)　賃借人による賃借権の譲渡および転貸

> **例④**
>
> 　賃借人Bは賃貸人Aから建物を借りて住んでいたが，Bの賃借権を第三者Cに譲渡したり（賃借権の譲渡という），あるいはその建物をBがさらにCに貸したりすること（**転貸借**という）は可能か。

ⅰ　**賃貸人の承諾がある賃借権の譲渡，転貸**　これについて612条は，賃借人は賃貸人の承諾を得なければ，その賃借権を譲り渡し，または賃借物を転貸することはできないと規定する。

　①賃貸人の承諾に基づき賃借権が譲渡された場合には，賃借人Bは賃貸借関係から離脱し，Cが新賃借人となる。②賃貸人の承諾のもと，転貸借が行われた場合は，賃貸人Aと賃借人Bの間の賃貸借関係は存続する。転借人CはAに対して義務を負うことになるが（613条），Aは依然としてBに対して賃料の請求等をすることができる。

ⅱ　**賃貸人の承諾の無い賃借権の譲渡および転貸**　ではAの承諾無くしてBにより賃借権の譲渡および転貸がなされた場合はどうなるだろうか。まずA・B間の関係から見ていこう。これについて，612条2項はAのBに対する解除権を認めた。これは，Aからすれば当然のことであるとしても，Bからすると，過剰な規制になる場合がある。例えば，CがBの家族でCに一時的に使用させる意図であった場合などある。

　判例は，戦前から様々な理論構成で解除権を制限してきたが，最終的には，賃貸人に対する背信的行為と認めるに足らない特段の事情がある場合におい

ては，612条の解除権は発生しないとする**信頼関係破壊法理**（最判昭28・9・25民集7巻9号979頁）へと収斂した。賃借人の不履行についての背信性の有無は諸般の事情（例えば不履行の程度など）を考慮して判断される。

(2) 賃貸人による目的物の譲渡と新所有者との関係

> **例⑤**
>
> 　賃借人Ｂは賃貸人Ａから建物（登記済み）を借りて住んでいた。ところが，Ａがこの建物をＣに譲渡した。この場合，ＢはＣに対して賃借権を対抗できるか。

i 「売買は賃貸借を破る」　　Ｃが取得したのは所有権（＝物権）であり，Ｂに対しても対抗可能であるのに対して，Ｂが有する権利は賃借権（＝債権）であるからＣには主張しえない（債権の相対性）。よって，Ｃは建物から立ち退かなければならない（**「売買は賃貸借を破る」**。本書**第8章**参照）。

ii 賃借権の新所有者への対抗　　しかしこれでは賃借人は安心して暮らせない。そこで605条は，不動産賃借権は登記をすればその不動産を取得した者（例⑤のＣ）に対抗可能であるとした。ただし賃借権の登記も共同申請によるが，賃貸人に登記協力義務は無い。また登記請求権は物権の効力として認められるものである以上，債権である賃借権からは生じない。こうして605条による対抗要件の取得は現実的には困難となっている。

　そこで，借地借家法31条は，賃貸目的物の建物が譲渡された場合について，賃借人が当該建物の引渡しを受けていれば，新所有者に賃借権を対抗し得るとした。よって，ＢはＣに対して賃借権をできる。なお，借地人が借地上に建物を建てて，その建物がその建物の登記が経由されていれば，以後，当該土地の物権取得者に対し借地権を対抗し得る（同法10条）。

iii 不動産の譲渡と賃貸人たる地位の移転　　では賃料を請求し得るのは，ＡとＣのいずれか。605条の2第1項は，賃借人が対抗要件を具備した場合で，その不動産が譲渡されたときは，その不動産についての賃貸人の地位は，

（Bの承諾無しに）譲受人（C）に移転するとした。このように賃貸人の地位の移転に伴い，CはBに賃料を請求しうるほか，新賃貸人に，費用償還債務や敷金返還債務も移転する（605条の2第4項）。

(3) 不法占拠者に対する関係

> **例③**
>
> AがBに土地を賃借したところ，Cが不法占拠してしまった。BはCに対して妨害排除請求をしたいと考えているが認められるか。

まず，Bが占有開始後，Cが不法占拠した場合であれば，占有の訴えを行使することが可能である（198条。本書**第10章**参照）。では直接，賃借権に基づく妨害排除請求は可能か。賃借権は債権なので，物権の効力の1つである妨害排除請求権は，本来，Bには認められないのが原則である。しかし最判昭28・12・18民集7巻12号1515頁は，民法605条により対抗力を取得した賃借権はいわゆる物権的効力を有することを前提に妨害排除請求を認めた。その後このことが605条の4に明文化された。したがって，Bが土地賃借権を登記している場合や，借地借家法10条の対抗要件を具備している場合には，Cに対して605条の4第1号により妨害排除請求が可能である。

4 賃貸借の終了

(1) 賃借物の全部滅失・朽廃による使用不能

最後に賃貸借が終了する場合について見ておこう。賃貸借の目的物たる建物が朽廃しその効用を失った場合は，建物賃貸借の趣旨は達成されなくなるから，これによって賃貸借契約は当然に終了する（616条の2）。

(2) 期間満了・解約申し入れ

ⅰ　期間の定めがない場合　当事者が賃貸借の期間を定めなかったときは，各当事者はいつでも解約の申入れをすることができる。そして，解約申入れ

から①土地の賃貸借については1年，②建物の賃貸借は3か月，③動産および貸席の賃貸借は1日が経過すると，それぞれ賃貸借が終了する（617条1項）。

ii　期間の定めがある場合　期間の定めのある賃貸借は，その期間満了をもって終了する。当事者が合意によって解約権を留保した場合には，期間の定めにかかわらず，617条の規定による（618条）。

(3)　解除

i　賃貸借固有の解除原因に基づく解除　賃貸借固有の解除原因としては，607条・610条・611条2項に定められたもののほか，前述の無断譲渡・転貸による賃貸人の解除権がある。ここでの解除はいずれも，遡及効が無く，将来に向かってのみ効力を生ずる（620条。**解約**という）。この場合においては，損害賠償の請求を妨げない（同条）。

ii　債務不履行に基づく解除　賃借人の用法遵守義務違反や賃料不払いはいずれも債務不履行に当たることから，541条の各要件を満たせば解除権が発生する。ここでも信頼関係破壊法理が適用され（最判昭39・7・28民集18巻6号1220頁），不履行が軽微である場合（賃料の不払いがまだ1回に過ぎない場合など）には解除はできない（541条ただし書も参照）。

(4)　賃借人の原状回復義務・収去義務

賃借人は賃借物に損傷が生じた場合には，賃貸借終了時，原状に復する義務を負う（621条本文。原状回復義務）。これについては，「通常の使用及び収益によって生じた賃借物の損耗」と賃借物の経年変化は原状回復の対象ではなく（同条本文かっこ書），また，損傷が賃借人の帰責事由によらない場合も，当該損傷につき原状回復義務を負わない（同条ただし書）。

【本章のまとめ】

【消費貸借】

・**消費貸借**とは，目的物を消費して同種・同質・同量の物を返還する契約。

・消費貸借の成立：要物的消費貸借と書面でする消費貸借，準消費貸借。

【使用貸借】

・**使用貸借**とは，当事者の一方がある物を引き渡すことを約束し，相手方が無償で使用・収益して，契約が終了したときに，返還することを約束する契約。→**有償の場合が賃貸借**

・貸主は目的物の引渡し義務を負い，借主は**用法遵守義務**の範囲内で目的物の使用・収益をし，返還時には**原状回復義務**を負う。

・目的物に生じた費用は，通常の必要費は借主負担，それ以外は貸主負担。

【賃貸借】

・賃貸借が成立すると使用収益させる義務発生（使用貸借よりも義務内容が広い）。

・賃借権は登記により対抗可能なほか，借地借家法にも対抗要件の定めがある。

・費用負担については使用貸借とは異なり，原則，貸主が負担する。

・賃借人は賃貸人の承諾が無ければ賃借権の譲渡や転貸はできない。

・賃貸借が期間満了や解約で終了したときは，賃借人は原状回復義務を負う。

第20章　雇用・請負・委任・寄託
およびその他の契約

I　雇用
II　請負
III　委任
IV　寄託
V　その他の契約

　最後に労務型契約について見ていこう。これには雇用，請負，委任，寄託がある。**雇用**は労務自体の提供を目的としているのに対して（623条），**請負**はある仕事の完成を目的とし（632条），**委任**は受任者の裁量のもとで委任者の事務を処理することを目的とし（643条），**寄託**はある物を保管することを目的している点でそれぞれ違いがある。

━━━━━　I　雇用　━━━━━

1　雇用の意義と成立

　雇用とは，当事者の一方が相手方に対して「労働に従事すること」を約束し，相手方が「これに対して報酬を与えること」を約束することによって成立する，諾成，無方式の有償契約である（623条）。
　雇用に関しては，労働基準法や労働契約法に詳細な規定があり，かつ，これらが優先的に適用されることから，今日，民法の規定の意義は乏しい。

2 雇用の効力

(1) 労働者の義務

雇用契約に基づき労働者は，労務に服する義務を負う (623条)。承諾が無ければ第三者を自己の代わりに労務に服させることはできず (625条2項)，これに反した場合には使用者は契約を解除できる (625条3項)。その他，労働者は，職務上知りえた事項の守秘義務等を負うことがある。

(2) 使用者の義務

使用者は，労働者に対して労務の提供に対する対価を支払わなければならない (623条)。支払時期は労務の終了後か (624条1項)，もしくは，期間をもって定めた報酬 (例えば月給の場合) はその期間の経過後に支払われる (624条2項)。

そのほかに使用者は，労働場所，施設，労務管理等の設定・維持について，生命・身体に対する危険から労働者を保護する義務を負う (最判昭50・2・25民集29巻2号143頁)。これを**安全配慮義務**という。

3 雇用の終了

(1) 期間の定めがある場合

期間の定めがある場合には，期間満了によって雇用契約は終了する。ただし，期間満了後も労働者がこれまでと同じ労働に従事し，使用者も異議を述べなかった場合には，これまでと同じ条件でさらに雇用したものと推定される (**更新の推定**。629条1項)。この場合，期間の定めのない雇用となり，使用者はいつでも解約の申入れをすることができる (629条1項後段・627条1項)。

(2) 期間の定めが無い場合 (解約申入れ)

期間の定めが無い場合には，当事者はいつでも解約申入れをすることができ，この場合，雇用は申入れの時から2週間後に終了する (627条1項)。期

間によって報酬を定めた場合には，使用者からの解約申入れは次期以降についてすることができるが，その申入れは当期の前半（例えば月末までが期間ならば当月の15日まで。同条2項），6か月以上の期間をもって報酬を定めた場合には，次期以後に対して3か月前（同条3項）にしなければならない。

(3) 解除（期間の経過前）

雇用契約の当事者に債務不履行があった場合には，これを理由とする解除（541条以下）が認められるが，雇用固有の解除原因としては以下のものがある。なお解除の効果は将来に向かってのみその効力を生ずる（630条・620条）。

i 長期間の雇用契約における任意解除　雇用期間が長期間に及ぶ場合（5年を超過する場合，終期が不確定のとき）は，当事者は5年を経過した後であれば，使用者は3か月前に，労働者は2週間前にその予告をしたうえでいつでも契約を解除できる（626条1項・2項）。

ii 「やむを得ない事由」による解除　当事者が雇用期間を定めた場合であっても，やむを得ない事情があれば直ちに契約を解除できる（628条）。やむを得ない事情とは，災害などによって事業の継続が不可能となった場合などである。

━━━━━ Ⅱ　請負 ━━━━━

1　請負の意義と成立

請負とは，請負人が仕事の完成を約束し，これに対して注文者が報酬を支払うこと約束することによって成立する，諾成，無方式の有償契約である（632条）。例えば，建物を注文して請負人に建てさせる場合などがこれに当たる。

2　請負の効力

(1)　請負人の権利義務

請負契約が成立すると，請負人は**仕事完成義務**を負う。ここでの「仕事の完成」とは目的物が契約内容に適合した状態が実現されていることを意味している。したがって，①建物の屋根がまだ完成していない状態はもちろん「未完成」であるが，②一応建物は建ったけれども屋根に穴が開いていたという場合も「仕事が完成していない状態」として扱われる。①も②も債務不履行であるが，特に②については（制限はあるが636条・637条）売買の契約不適合の規定が準用される（559条・562～564条）。

なお目的物の引渡しを要する場合には，請負人は目的物の引渡義務を負う。

(2)　注文者の権利義務

注文者は報酬を支払う義務を負う。その支払時期は，仕事の目的物の引渡時である。例えば，壊れた屋根の修理のように引渡しを要しない場合には，仕事の完成時である（633条）。では次のような場合，建物の建築を請負人Bに依頼した注文者Aは報酬を支払わなければならないだろうか。

> **例①**
> ア．建物が完成し，Aに引渡しも完了した後に土砂崩れで崩壊した場合。
> イ．建物は柱と屋根だけが完成した状態で，土砂崩れに遭い，建築中の建物が崩壊してしまった場合。
> ウ．建物は完成したものの，その引渡し前に，土砂崩れで建物が崩壊してしまった場合。

例①ア．イ．ウ．のいずれも，Bには建物の崩壊について帰責性がない。したがって，Bに債務不履行責任を問うことはできない。そして，ア．の場合は，Aが報酬支払の危険を負担し（559条・567条1項），イ．の場合は，B

の仕事完成債務は残っているので，仕事の完成・引渡し後，報酬が支払われる。ウ．の場合は，仕事が完成している以上，建物を建て直す義務はBにはない。他方で，Aも建物が引き渡されていない以上，報酬を支払う義務はない（536条1項・559条・567条1項）。こうして事実上請負は終了する。

3　請負の終了

仕事の完成前ならば，注文者はいつでも契約を解除できる（641条）。ただし，その際は請負人に発生した損害を賠償する義務を負う。

───── **Ⅲ　委任** ─────

1　委任の成立

委任とは，委任者に依頼された事務を，受任者が処理する契約であるが，依頼された事務が法律行為の場合をいう（643条）。依頼された事務が事実行為の場合を「**準委任**」という（656条）。委任は，諾成，無方式の契約であり，有償の場合と無償の場合がある。

2　委任の効力

(1)　受任者の義務
受任者は，委任が有償・無償いずれの場合であっても事務処理にあたり委任の本旨に従い**善良なる管理者の注意**をもって事務を処理しなければならない（**善管注意義務**。644条）。その他に，事務の遂行状況についての顛末報告義務（645条）や，事務遂行にあたり受け取った物の引渡義務（受領物等引渡義務・権利移転義務。646条）を負う。

(2)　委任者の義務
委任が有償の場合には，委任者は受任者に報酬を支払う義務を負う（648条1項。なお後払いが原則である。同条2項）。なお，請負とは異なり，委任の

場合仕事の完成は目的とはされていないが，弁護士等の成功報酬のように結果達成を報酬支払の条件とすることは可能である（648条の2）。

3　委任の終了

委任者も受任者も委任事務終了前ならばいつでも解除できる（651条1項）。また，どちらかの当事者が死亡したり，破産した場合，あるいは後見開始の審判がなされた場合には，委任契約は終了する（653条）。

IV　寄託

1　寄託の成立

寄託とは，寄託者が受寄者に対して物の保管を依頼する契約であり，諾成無方式の契約である（657条）。なお，銀行に金銭を預ける場合も寄託に当たるが，この場合，銀行は預かった金銭を消費し，預金者から払戻し請求があった場合には同額の金銭の払戻しをする。こうした場合を**消費寄託**と呼ぶ（666条）。

2　寄託の効力

寄託は，有償の場合と無償の場合があるが，有償の場合には受寄者は善管注意をもって目的物を保管する義務を負う（400条）。無償の場合には，受寄者は自己の物におけるのと同一の注意をもって預かった物を保管すればよい（659条）。寄託が終了すると，受寄者は寄託者に目的物を返還する義務を負う。

寄託者は，有償の場合は報酬支払い義務を負う（665条）。

3　寄託の終了

寄託者は，返還時期の有無にかかわらずいつでも寄託を解除して，目的物の返還を請求することができる。ただし，そのことによって受寄者に損害を

与えた場合には，これを賠償しなけれはならない（662条）。

　受寄者は返還時期の定めがない場合にはいつでも，返還時期の定めがある場合にはやむを得ない事情がある場合に限り返還時期前に解除することができる（663条2項）。

━━━━ V　その他の契約 ━━━━

　その他の典型契約としては，組合，終身定期金，和解がある。

　組合とは，各当事者が出資して共同の事業を営むことを約束することによって成立する，諾成，無方式の契約である（667条）。労働組合や農業組合（農協），生活協同組合（生協）も「組合」ではあるが，これらはいずれも特別法により法人格を与えられているのに対して，民法上の組合が成立しても直ちに法人格が与えられるわけではない。

　終身定期金とは，当事者の一方が相手方に対して，自己または相手方または第三者の死亡に至るまで，定期に金銭等を相手方や第三者に給付することを約束することによって成立する契約である（689条）。

　和解とは，互譲によって争いを止める契約である（695条）。交通事故の際に行われる「示談」も和解の一種である。和解が成立すると，以後和解の対象となった事項について，事実と異なることが判明したとしても，再びその点を争うことはできなくなる（696条）。

【本章のまとめ】

・労務型の契約には，雇用・請負・委任・寄託がある。

【雇用】

　　雇用：当事者の一方が相手方に対して労働に従事することを約束し，相手
　　　　　方がこれに対して報酬を与えることを約束することによって成立。

　　　→今日では労働法によって民法の規定は修正・補完されている。

【請負】

　　請負：請負人が仕事の完成を約束し，これに対して注文者が報酬を支払う
　　　　　こと約束することによって成立。

　　　→「仕事の完成」を目的としている点で委任と異なる。

【委任】

　　委任：委任者に依頼された事務を，受任者が処理する契約であるが，依頼
　　　　　された事務が法律行為の場合をいう（事実行為の場合は「準委任」）。

　　　→委託された事務を善管注意をもって遂行することが目的

【寄託】

　　寄託：寄託者が受寄者に対して物の保管を依頼する契約。

　　　→有償か否かで保管義務の程度が異なる。

【その他の契約】

　　民法に定められたその他の典型契約としては，組合・終身定期金・和解が
　　ある。

第 3 部　債権（債権各論）

第21章　法定債権⑴
——事務管理・不当利得——

═══════ Ⅰ　事務管理・不当利得とは ═══════

　債権の発生原因として，これまで契約について学んできた。しかし，債権の発生原因は，契約だけではない。民法は契約のほかに，事務管理，不当利得，不法行為（本書**第22章**）を債権の発生原因としている。この章では，事務管理・不当利得を，次章では不法行為についてみていくことにしよう。

═══════ Ⅱ　事務管理 ═══════

1　事務管理総説

> **例①**
>
> 　AとBは同じ住宅街の隣人である。Bは現在海外旅行に出かけていて不在であるが，AはB宅の窓ガラスが割れていることに気が付いた。折しも台風が接近しているため，AはBに無断で窓の修理業者に依頼し，B宅の窓の修理をしてもらった。Bの帰国後，AはBに

対して窓の修理代を請求することができるだろうか。

　事務管理とは，義務が無いにもかかわらず他人のために事務を処理する行為のことである。いわば，「おせっかい」といってもいいかもしれない。民法は，私的自治を原則としており，そのような他人の個人領域に他人が勝手に踏み込むことは原則として排除されるし，不法行為になる場合すらある。しかし，**例①**の場合のような「おせっかい」までも排除してしまったら，相互扶助や連帯という意識が失われて非常に冷たい社会になってしまうかもしれない。そこで，民法は私的自治とのバランスをとり，次のような基本的立場を採っている。すなわち，他人の事務を管理する義務は無いが，ひとたび他人の事務を管理し始めた以上は，他人から依頼を受けた場合と同様の責任をもって事務を行わなければならない。そのかわり，その費用については相手方に請求することができるというものである。そうして，民法は，契約，不当利得，不法行為にならんで，この事務管理を債権発生原因として，697条～702条に規定を置いているのである。**例①**では，Ａが行った行為は事務管理に該当するので，後に詳しく述べる通り，Ｂに対してその費用を請求することができる。

2　事務管理の要件

　697条1項は，「義務なく他人のために事務の管理を始めた者は（……），その事務の性質に従い，最も本人の利益に適合する方法によって，その事務の管理（……）をしなければならない」，2項は「管理者は，本人の意思を知っているとき，又はこれを推知することができるときは，その意思に従って事務管理をしなければならない」と規定する。そこから，導き出される要件は，①法律上の義務が無いこと，②他人のためにする意思を有すること，③他人の事務を管理すること，④本人の意思や利益に反することが明らかでないことである。

3　事務管理の効果

(1)　管理者の義務

　事務管理が成立すると，管理者は，事務管理を始めたことを遅滞なく本人に知らせる通知義務を負う（699条）。

　管理者は，いったん事務の処理を開始した以上，本人，その相続人または法定代理人が管理することができるようになるまで，事務処理を継続しなければならない（700条本文）。途中で，事務の管理を投げ出してしまうと，かえって本人に不利益が生じるおそれがあるからである。管理者は**善管注意義務**をもって事務を管理しなければならない（698条の反対解釈）。これを怠ると債務不履行となり損害賠償義務を負うことになる。ただし，本人の身体・名誉・財産に対する急迫の危害を免れさせるために事務管理がなされた場合（**緊急事務管理**），その緊急性から管理者が負う責任の程度が軽減される。具体的には，管理者は悪意・重過失の場合にのみ損害賠償責任を負うことになる（698条）。

　その他に，710条によって委任の規定が準用され，事務処理の状況を報告する義務，事務処理終了後に顛末を報告する義務，事務処理にあたって受け取った金銭その他の物の引渡し，自己の名で取得した権利の本人への移転義務，金銭消費についての責任を負う。

(2)　管理者の本人に対する権利

　管理者が事務管理に際して本人のために**有益費**や**必要費**を支出したときは，本人に対してその償還を請求することができる（702条1項）。また，管理者が本人のために有益な債務を負担したときは，管理者は，本人に対して，自己（管理者）に代わって弁済するか（代弁済請求権），または債務が弁済期にないときには相当の担保を提供するように請求することができる（702条2項による委任の規定である650条2項の準用）。管理人が本人の意思に反して事務管理をしたときは，本人は現存利益についてのみ上記の有益費償還義務と代弁済義務を負うことになる（702条3項）。

Ⅲ　不当利得

1　不当利得とは

　ここでは債権の発生原因のひとつである不当利得について見ていこう。「不当」とは，「何か悪いこと」をイメージするかもしれないが，この場合には，法律上の原因が無いことを意味する。法律上の根拠が無いのに，利得をしてしまうことを**不当利得**といい，本来利益を得るべき人が損害を被ったため，その本来利益を受けるべき人がその「不当」な利得者から利益を返還してもらう請求権が**不当利得返還請求権**である。この不当利得は，財貨の移転や帰属を本来の姿に戻そうとする矯正の制度ともいえるが，その矯正の根拠となるのが，公平（衡平）の理念である。しかし，不当利得には様々な形態があり，それらをすべてこの公平の理念で説明するのは難しい。また，その様々な形態を同一の要件・効果で説明することも同様に困難である。そこで，不当利得をいくつかの類型に分けたうえで，その類型ごとにその要件や効果を見ていこうとする見解が有力に主張されている。これを類型論とよぶ。類型論によれば，不当利得が問題となる局面は①**給付利得**，②**侵害利得**，③**支出利得**に分類される。以下では，この類型論による分類をみていくことにしよう。

2　不当利得の分類

(1)　給付利得

例②

　A・B間でAの所有している車をBに100万円で売る売買契約を締結し，AはBに車を引き渡し，BはAに100万円を支払ったが，Aが行為能力の制限を根拠に契約を取り消した。この場合，A・Bそれぞれが有している車，100万円はどうなるのだろうか。

図1　給付利得の例

　当事者の一方が契約等により自己の意思に基づいて相手に金銭その他の物を相手に交付したが，その給付を基礎づける法律関係が不成立だったり，無効・取消しなどにより存在しなかったり効力を発生しない場合である。上記**例②**の場合，Bへの車の給付を基礎づける売買契約が取消しの効果により遡及的に無効となったのだから，Bはその後，給付された車を持ち続けることはできず，現状に戻す義務が生じることになる。これをAから見ると，Bに対して不当利得に基づいて返還請求できるということになる。また，同様にAもBに対して100万円を返還する義務を負う。

(2)　侵害利得

> **例③**
> 　AはBの所有地に無断で車を駐車した。この場合，BはAに対して何らかの金銭の支払いを請求できるのであろうか。

　侵害利得とは，法律上一方当事者に割り当てられている権利や支配領域を，他方が侵害し利得を得た場合である。他人の所有地に勝手に車を停めたなどの事例がこれに当たる。ただ，この場合は故意または過失により他人の権利を侵害しているので不法行為にも該当する。**例③**は，まさに不当利得の類型のうちの侵害利得に該当し，BはAに対して不当利得返還請求権を取得することになる。同時にAの行為はBの所有権を侵害しているので，BはAに不法行為に基づく損害賠償請求権を取得することになる。Bは，どちらの

請求権を根拠に A に請求してもかまわない。

(3) 支出利得

支出利得は，さらに費用利得と求償利得に分類することができる。費用利得とは，他人の庭の手入れまでをした場合のように，ある者の財産や労働が他人の財産に投下されることによってその他人の財産が増加したところ，その費用の償還が問題となる場合である。もし当事者間に契約関係があり，その義務に基づき財産や労働の投下がなされたのであれば，それらの費用投下は給付に当たるので，費用利得は当事者間に契約によって生じた義務が存在しない場合に成立することになる。求償利得とは，他人の債務を代わりに弁済した場合，債務者は債務から解放されるという利得を得ているので，弁済者から債務者に対する償還請求を認める場合である。例えば，B が C に対して債務を負っているときに，A が B に代わって C に対して債務の弁済をするようなケースである。

費用利得については，民法の各所に個別の規定が設けられている。使用貸借における費用負担を定める595条，賃貸借における必要費・有益費の償還について定める608条などである。また，契約外での関係では，所有者・占有者間での必要費・有益費の費用負担について定めた196条がある。また，費用利得の問題は基本的には事務管理の問題であり，702条が費用利得の調整について定めている。以上のことからすれば，費用利得の問題を一般不当利得の問題として捉えることには疑問がある。また，求償利得についても費用利得と同様に個別の規定により網羅されており，やはり一般的不当利得の問題として論じる意義は乏しい。

3　不当利得の規定の位置づけ

日本の民法典はドイツ民法に倣い703条以下で不当利得に関する規定を統一的に設けている。しかし，上で述べたように費用利得や求償利得については，個別の規定が整備されており，給付利得についても，無効・取消しに関しては，121条の 2 第 1 項，解除に関しては545条がそれぞれ規定している。

そうすると，民法において「不当利得」として規定している703条・704条は，もっぱら侵害利得について規定していると考えることができる。

4　不当利得の一般的要件

不当利得の成立要件は，①他人の財産または労務によって利益を受けたこと（受益），②他人に損失を与えたこと，③受益と損失との間に因果関係があること，④受益が法律上の原因を欠いていることである（703条）。

2当事者間においては，一方の受益は，他方の損失である。すなわち表裏一体の関係にあるため，不当利得の要件として②③については考慮する必要はなく，①④についてのみ考えればよいことになる。ただし，3当事者間の不当利得においては，③が問題となるが，それは後述することにする。

5　給付利得

⑴　給付利得の要件

不当利得の一般的要件のところで述べたように，①他人の財産または労務によって利益を受けたこと（受益），②他人に損失を与えたこと，③受益と損失との間に因果関係があることについては，2当事者間の給付利得では，給付したこと自体で，上記の①②③の要件を充足することになる。また，給付利得の場合，その給付を基礎づける法律関係が，取消しなどを原因として無効となることが④受益が法律上の原因を欠いていることに当たる。

⑵　給付利得の効果

給付利得の場合，給付されたものの返還が原則である。例②では，A・Bともに法律上の原因なくそれぞれ車，金銭を受領していることになるから，不当利得によりそれを返還しなければならない。A・B間の売買契約が**解除**された場合（例②では取消し），Bは車の使用利益，すなわち果実を（545条3項），Aは受領した金銭に利息を付して返還しなければならない（545条2項）。無効・取消しの場合の原状回復を規定する121条の2には，545条のように利益・果実の返還については，規定されていない。これは，解除の場合と異な

り，無効および取消しの場合にはその無効や取消しの原因に様々なものがあり，例えば強迫による意思表示の取消しの場合のように，金銭や物の受領時からの利息や果実の返還を義務づけるのが必ずしも適当でない場合がありうることを考慮したためであり，今後は解釈に委ねられることになった。

給付利得の場合，全部返還が原則であるが，「無効な行為」が無償行為で，しかも，給付を受けたときに，当該無償行為が無効であること（取り消しうるものであること）について善意であるときは，返還義務が**現存利益**に軽減される（121条の2第2項）。現存利益とは，受けた利益から目減りした分を差し引いて残存している利益のことである。また，行為の時に意思能力を有しなかった者，制限行為能力者であった者の場合も同様である（121条の2第3項）。

原物の返還が不可能な場合には，**価格返還（返還時の価格）**による。上記の例で，Bが受領した車の返還が不可能になった場合，その価格を返還しなければならない。

また，上記の例のように双方が返還義務を負う場合には，**同時履行の抗弁権**が認められる。

6　侵害利得

(1)　侵害利得の要件

不当利得の一般的要件のところで述べたように，給付利得においては，①受益と④受益が法律上の原因を欠いているかどうかだけ考えればよいことになる。侵害利得における受益は，目的物を使用・消費・処分することによって得た利益である。例えば，他人の土地に勝手に車を停めたという例では，本来近隣の有料駐車場に車を停めたのであればかかったはずの費用分を他人の土地を法律上の原因なく使用したことにより利得したことになる。

(2)　侵害利得の効果

善意（正当な理由が無いことを知らなかった）の受益者は，現存利益についてのみ返還義務を負う（703条）。悪意の受益者（正当な理由が無いことを知っ

ていた）は，受けた利益に利息を付けて返還する必要があり，それでもなお
損失者に損失が残るときには，その賠償も行わなければならない。

7 特殊の給付利得

705条以下では，不当利得返還請求権が何らかの形で制限される場合を規
定している。

(1) 非債弁済

非債弁済とは，債務が存在しないにもかかわらず弁済として給付してしま
うことをいう。このような場合には，給付を行った者は不当利得として，受
領者に対して給付したものの返還を請求できるはずである。しかし，給付時
にその債務が存在しないことを知っていた場合には，その返還を請求するこ
とができない（705条）。

(2) 不法原因給付

708条は「不法な原因のために給付をした者は，その給付したものの返還
を請求することができない。ただし，不法な原因が受益者についてのみ存し
たときは，この限りでない。」と規定する。ここでいう，不法な原因のため
に給付するとは，例えば違法な薬物を購入するためにお金を支払うような場
合である。違法な薬物の売買や賭博，売春に関する合意は公序良俗に反して
無効である（90条）。無効な契約によって給付がなされたのであれば，本来
は不当利得により給付したものの返還請求が可能なはずである。しかし，こ
れを認めてしまうと，公序良俗に違反した者に法が助力をする結果となって
しまう。708条はそれを避けるための規定であり，イギリス法の Clean
Hands の原則がその背景にある。

【本章のまとめ】

【事務管理】

　事務管理とは，義務が無いにもかかわらず他人のために事務を処理する行為

　債権の発生原因の１つ

【不当利得】

　不当利得とは，法律上の根拠が無いのに，利得をしてしまうこと

　債権の発生原因の１つ

【不当利得の類型】

　要件や効果は以下のように分類すると理解しやすい

↓

　給付利得，侵害利得，支出利得

第22章　法定債権(2)
──不法行為──

Ⅰ　不法行為とは

Ⅱ　一般不法行為の成立要件

Ⅲ　不法行為の効果

Ⅳ　特殊な不法行為

━━━━━ Ⅰ　不法行為とは ━━━━━

> **例①**
>
> 　自動車を運転していたＹが不注意により歩道を歩いていたＸを轢いてしまい，Ｙに全治３か月の怪我を負わせたとする。このとき，Ｙはいかなる法的責任を負うのだろうか。

　すでに，学んだように債権の発生原因には，契約，事務管理，不当利得，不法行為があるが，ここではその中の１つ，不法行為について学ぶことにする。

　例①では，Ｙには刑事上の責任，行政上の責任，民事上の責任が問題となる。刑事上の責任とは，具体的には過失運転致死傷罪（自動車の運転により人を死傷させる行為等の処罰に関する法律５条）により，７年以下の懲役もしくは禁錮または100万円以下の罰金という刑事罰を受けることであり，行政上の責任とは，免許停止や取消しといった行政上の不利益処分をうけることである。他方，民事上の責任とは，Ｘに生じた損害，例えば病院の治療費，

入院費，3か月間働くことができずに得られなかった賃金などをYは賠償しなければならないことである。これを不法行為責任という。上記のように不法行為が生じた場合には，被害者から加害者に対して**損害賠償請求権**という債権が発生することになる。

Ⅱ　一般不法行為の成立要件

　不法行為の一般規定である709条は「故意又は過失によって他人の権利又は法律上保護される利益を侵害した者は，これによって生じた損害を賠償する責任を負う」と規定している。つまり，①故意または過失，②他人の権利または法律上保護される利益の侵害，③損害の発生，④加害行為と損害との間の因果関係が一般不法行為の成立要件となり，これらの要件は，被害者側が証明する必要がある。以下では，一般不法行為成立の要件について詳しく見ていこう。

1　故意または過失

> **例②**
> 　Yは人通りの多い商店街を自転車で通り抜ける際に人にぶつかって怪我をさせた。Yは自転車を走行させる際に，かなりの精神的緊張感をもって注意しながら，運転していた。Yには過失はあるのだろうか。

　わが国の民法においては，損害が生じても，行為者に故意または過失が無ければ，不法行為は成立しないという**「過失責任の原則」**が採られており，不法行為が成立するためには，加害者に，故意または過失が必要である。ここで，故意とは，結果の発生を意図すること，わざとすることである。過失についてはこれをどのように考えるかは少々難しい。かつては行為者がその行為の当時，十分に精神を緊張させていたかどうかという，内心的な心理状態に重点を置いて理解されてきた（**主観的過失**）。しかし，現在は結果発生を

予見しながら，結果の発生を回避するために必要な措置を講じなかったこと（客観的過失）であると解されている。**例②**の場合，どれだけ心理的に緊張していたかが問われるのではなく，このような人通りの多いところでは，自転車で走行したら人にぶつかり怪我をさせるということが予見可能であり，その結果を回避するために自転車を降りて押して歩くという結果回避措置を講じたかどうかが問われるのである。

2　他人の権利または法律上保護される利益の侵害

2004年に改正がなされるまで，民法709条は「故意又ハ過失ニ因リテ他人ノ権利ヲ侵害シタル者ハ……」と規定しており，条文の文言だけを見ると「権利侵害」が無いと不法行為の成立が認められないかのように解釈することができた。事実，浪曲のレコードが複製された事件である**桃中軒雲右衛門事件**（大判大3・7・4刑録20輯1360頁）では，「権利侵害」要件を厳格に解釈し，浪曲は低級音楽であり，演奏のたびに旋律が異なるものであるから著作権の保護の対象外であり，権利侵害が無いので不法行為は成立しないとされたのである。しかし，このような立場は多くの批判を受け，大審院は**大学湯事件**（大判大14・11・28民集4巻670頁）において，その立場を改め，709条にいう「権利侵害」とは所有権のような厳密な意味での権利に限られず「法律上保護セラルル一ノ利益」の侵害であればよいとして「権利侵害」要件を緩やかに解したのである。この流れを受け，2004年の民法改正により「他人の権利又は法律上保護される利益を侵害した者は」となり，権利侵害だけではなく法律上保護される利益が侵害された場合にも不法行為が成立する旨が明文化されたのである。

不法行為によって保護される権利や利益には，物権や債権などの財産権，生命・身体・健康，名誉・プライバシー，氏名・肖像などの人格権をはじめ，身分に関する利益，環境利益などがある。

3　損害の発生

故意または過失により，違法な行為が行われた（他人の権利または法益が侵

害された）としても，被害者に損害が発生しなければ，不法行為は成立しない。

損害の捉え方として，判例・通説は，損害とは不法行為が無ければ被害者が置かれているであろう財産状態と，不法行為があったために被害者が置かれている財産状態との差額であるとする**差額説**の立場を採る。他方で，差額説を批判し，損害は被害者に生じた不利益それ自体であるとする**損害事実説**も主張されている。

4　因果関係

不法行為が成立するためには，因果関係，すなわち故意または過失による行為が原因となり，その結果として損害が発生した，ということが証明されなければならない。自動車を運転していた Y が不注意により歩道を歩いていた X を轢いてしまい怪我を負わせたような場合には，この証明が比較的容易ではあるが，公害事件や医療ミスの場合には，知識や情報の少ない被害者が，これを証明することは容易ではない。そこで，判例は，因果関係の証明に際して，厳密な科学的証明までは要求せず，一般人（一般の人，ふつうの人，平均的な人）が疑いをさしはさまない程度の高度の蓋然性（確からしさ）の証明があれば足りるとしている。

5　加害者側からの抗弁

上記の **1** から **4** の要件は，被害者側が証明しなければならない要件である。以下では，加害者側からの抗弁（反論）についてみていくことにしよう。

(1)　責任能力

> **例③**
> 　8歳の少年 A は B と遊んでいる際に，ふざけて B に石を投げたところそれが B の目に当たり，B は目を負傷した。この場合 A は不法行為責任を負うのだろうか。

成立要件とは少し異なるが，加害者が不法行為による損害賠償責任を負うためには，責任能力が必要である。つまり，責任能力の無い者は，不法行為責任が免除されることになる。責任能力とは自らの行為が違法であり，法律上何らかの責任を発生させることを理解できる程度の判断能力のことである。

民法は，責任能力を欠く場合について，未成年者の場合（712条）と成人の場合（713条）とに分けて規定している。712条は，年齢を原因とする知能の不足により，上記の判断能力を欠いている場合の規定である。これについては，事件ごとに個別具体的に判断する必要があるが，おおよそ12歳前後の知能に達していない者であるといわれている。**例③**では，A は 8 歳であるから責任能力はなく，不法行為責任は負わない。

713条は，精神上の障害により，上記の判断能力を欠いている場合の規定であるが，わざと多量の酒を飲んで自らを酩酊状態にして一時的に判断能力を失った間に他人にけがをさせたような場合には，損害賠償責任は免除されない（713条ただし書）。

(2) 正当防衛・緊急避難

民法は，不法行為責任が阻却される，違法性阻却事由として，**正当防衛**と**緊急避難**を規定している。また，直接の規定は無いが正当業務，被害者の承諾によっても違法性が阻却される。他人の不法行為に対して自己または第三者の権利を防衛するためにやむを得ずに加害行為をした者は不法行為責任を免れる。これを正当防衛という（720条1項）。他人の物から生じた急迫の危難を避けるためにその物を破損した場合にも，不法行為責任を免れる（720条2項）。これを緊急避難という。他人の飼い犬（民法上は物）に噛まれそうになったのでその犬を殺傷した場合などが例として挙げられる。

(3) 過失相殺

被害者に過失があったとき，裁判所は，これを考慮して，損害賠償の額を定めることができる（722条2項）。例えば，交通事故の被害者にも道に飛び出したという過失がある場合に，その被害者の過失の割合を考慮して損害額

の減額が行われる。

(4) 損益相殺

　<u>不法行為によって損害を被った被害者が，同一の原因によって利益を受けた場合には，その分が損害から差し引かれる</u>。これを**損益相殺**という。民法典には規定は無いが，判例・学説ともにこれを認めている。例えば，被害者が死亡し，被害者自身が有している死亡に基づく損害賠償請求権を遺族が相続した際に，被害者の生活費は被害者の死亡により支出せずにすむことになるので損益相殺の対象となる。ただし，生命保険金は被害者が支払った保険料の対価であり不法行為とは関係が無いとして損害額から控除されない。

(5) 消滅時効

　不法行為を発生原因とする損害賠償請求権は，被害者が損害と加害を知った時（主観的起算点）から**3年**で時効により消滅する（724条1号）。また，損害賠償請求権は行為の時（客観的起算点）から**20年**を経過したときも時効により消滅する（724条2号）。被害者が損害と加害を知らないまま時間が経過したとしても，行為の時から20年経過してしまうと損害賠償請求権は消滅してしまうのである。なお，<u>人の生命または身体の侵害による損害賠償請求権</u>については，上記の主観的起算点からの消滅時効3年が5年に伸長される。

Ⅲ　不法行為の効果

1　損害賠償の方法

　不法行為における損害賠償においても<u>金銭賠償が原則である</u>（722条1項は417条を準用する）。賠償の方法としては，一括で支払う**一時金賠償**と履行期ごとに一定金額を定期的に支払う**定期金賠償**とがある。一時金賠償の場合，本来は将来受け取るべきお金を前払いしてもらうことになるので，それを運用した場合（例えば，銀行に預ける）には運用利息を利得してしまうことに

なる。そこで，将来にわたって発生するはずの利息分をあらかじめ差し引く必要がある。これを**中間利息控除**という。

2　損害の種類

損害は，侵害された利益に応じて人身損害と物的損害に分類することができる。人身損害はさらに，**財産的損害**と**非財産的損害**（**精神的損害**）に分類される。非財産的損害の典型は慰謝料である。財産的損害は，治療費や入院費など不法行為によって「財布から出さなければならなくなった」**積極損害**と入ってくるはずだったのに不法行為のせいで入ってこなくなった**消極損害**（**逸失利益**）に分類することができる。

3　損害賠償の範囲

> **例④**
>
> 　交通事故により負傷した被害者Ａの家族Ｂが留学先からＡの看護のために帰国し，再度留学した場合に，その帰国および再留学のための渡航費用は加害者が賠償すべき範囲に含まれるか。

不法行為の加害者は加害行為から生じた損害のどこまでを賠償すべきであろうか。例えば，上記の例でＢの帰国，再渡航の費用は加害者が賠償すべき範囲に含まれるか。これが損害賠償の範囲の問題である。民法には，不法行為の際の賠償範囲を確定する基準を示す条文が無い。そこで，<u>判例・通説は</u>**相当因果関係**<u>について定める416条を準用するという立場を採っている。</u>具体的には，損害を**通常損害**と**特別損害**に分けたうえで，<u>通常損害については加害者が全部賠償し（416条1項），特別損害については，加害者がその行為時に特別事情を予見できた場合にその賠償が認められる（同2項）。</u>

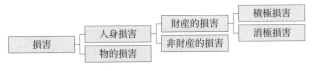

図1　損害の分類

<hr>

Ⅳ　特殊な不法行為

1　他人の不法行為による責任

　不法行為による責任が問題となる場面では，他人の不法行為についての責任を負わなければならない場合がある。それが，以下で解説する監督義務者責任，使用者責任，共同不法行為である。

(1)　監督義務者責任

　行為者に責任能力が無い場合には，不法行為を行った本人は不法行為責任を負わないことになる。そうすると，被害者は責任無能力者に責任追及ができず，賠償を受けられないことになる。そこで，責任無能力者により不法行為がなされた場合には，責任無能力者を監督する法定の義務を負っている者およびこれに代わって責任無能力者を監督する者（代理監督者）はその責任無能力者が第三者に加えた損害を賠償する責任を負わなければならない（714条1項・2項）。

　責任無能力者の監督義務者の責任が成立するためには，責任無能力者が責任能力以外の不法行為の成立要件を満たす必要がある。一方で，不法行為時に加害行為者に責任能力が無いことが必要であるが，その証明は加害者側が負う。

　監督義務者は，義務を怠らなかったことを証明した場合，または監督義務を怠らなくても損害が発生したであろうことを証明できた場合には賠償責任を負わない。

(2) 使用者責任

> **例⑤**
>
> 　ピザを配達していたピザ店経営会社Aの社員Bが，配達途中において，配達用のバイクでCを轢き，Cを負傷させてしまった。この場合，Cは誰に損害賠償請求ができるか。

　例⑤の場合，715条は加害当事者であるBはもちろん，Bの使用者であるAに対してもCが責任を問うことを認めている。これを**使用者責任**という。このような使用者責任が認められる背景には，使用者は，被用者を用いてその事業から利益を上げている以上，その事業活動によって生じた損害についても責任を負わなければならないという**報償責任**という原理がある。この使用者責任が成立するためには，**例⑤**の場合では①被用者Bの行為が不法行為の成立要件を満たすこと，②AとBとの間に使用関係が認められること，③Bの不法行為が事業の執行につき行われたものであること，が必要となる。②の使用関係について，判例はAとBとの関係が使用関係であるためには，必ずしも両者の関係が雇用関係である必要はなく，実質的な指揮監督関係があれば足りるとしている。③の要件については，判例は被用者の職務の執行行為そのものには属していなくても，その行為の外形から観察してその被用者の職務の範囲内に属すると見られるような場合も含まれるという**外形理論**を採用している。

(3) 共同不法行為

　A・B・Cの3人がDに暴行しようと共謀して，AがDを後ろから押さえつけ，BはDの顔面を殴り顔に怪我をさせ，CはDの腕に怪我をさせたとする。このとき，DはA・B・Cに対していかなる請求ができるであろうか。この場合，A・B・Cの行為は共同不法行為とされ，Dに生じた全額の損害につきA・B・Cは連帯して賠償責任を負うことになる。共同不法行為には，719条1項前段の狭義の不法行為，同1項後段の加害者不明の場合の共同不

法行為，２項の教唆・幇助による共同不法行為がある。共同不法行為の成立要件として特に問題となるのが，719条１項前段の狭義の共同不法行為の要件であり，「数人が共同の不法行為によって他人に損害を加えたとき」の「共同の不法行為によって」という言葉の意味である（これを関連共同性という）。この「共同の」という言葉の意味をめぐっては，共同行為者間に共謀や共同の意思がなくても，各人の行為が客観的に共同していれば共同不法行為は成立するという客観的共同説と共同不法行為の成立には行為者各人の意思の連絡が必要だとする主観的共同説とが対立しており，判例は，客観的共同性説を採っている。

2　物に関する責任

(1)　工作物責任

> **例⑥**
> 　ＡがＢ所有の家を賃借していたところ，家の壁が倒れて通行人Ｃが負傷したとする。この場合に責任を負うのは，ＡとＢどちらであろうか。

　工作物（建物，塀，石垣，橋など）の設置または保存に瑕疵があり，それにより他人に損害を与えた場合の責任を工作物責任という。

　例⑥の場合に責任を負うのは，ＡとＢどちらであろうか。この場合において717条１項によれば，まず，①工作物の占有者（工作物を事実上支配する者，上の例⑥ではＡ）がその責任を負い，②この占有者が損害の発生を防止する注意をしていたときは，占有者はその責任を免れ，所有者（例⑥ではＢ）が責任を負うことになる。所有者には免責は認められないので無過失責任ということになる。

(2)　動物占有者の責任

　718条によれば，動物の占有者（１項）と占有者に代わって動物を保管す

る保管者（2項）は動物が他人に加えた損害について損害賠償責任を負う。ただし，動物の種類および性質に従い相当の注意をもってその管理をしたときは賠償責任を負わない（718条1項ただし書）。

【本章のまとめ】

【不法行為の成立要件】

→①故意または過失，②他人の権利または法律上保護される利益の侵害，③損害の発生，④加害行為と損害との間の因果関係←原告（被害者）が証明

【加害者側からの抗弁】

→責任能力，正当防衛・緊急避難，過失相殺，損益相殺

【損害の分類】

・損害は**財産的損害**と**非財産的損害**（精神的損害）に分類される

財産的損害はさらに，**積極損害**と**消極損害**に分類される

【損害賠償の範囲】

416条　通常損害　原則，全部賠償

特別損害　不法行為時に予見可能であった範囲を賠償

【その他】

・他人の行為に対する責任

監督義務者の責任（714条），使用者責任（715条），共同不法行為（719条）

・物に対する責任

工作物責任（717条），動物占有者の責任（718条）

第4部　親族・相続

第23章　家族法とは何か

━━━━━━━━　Ⅰ　意義　━━━━━━━━

　本章から（**第29章**まで）は，**家族法**について学ぶ。**家族**って何だろう？誰もが当事者となりうる家族に関する法的問題について，ともに考えていこう。

1　家族法

(1)　定義

　日本には，「家族法」という名称の法律はない。「家族法」とは，狭義には民法の**第 4 編「親族」**（725条〜881条）を中心とする法体系（**親族法**）をいうが，広義には**第 5 編「相続」**（882条〜1050条）を中心とする法体系（**相続法**）を含めて身分（または家族）関係を規律する法律をいう。後者の意味で用いられることが多い。

　「身分」とは，親族法上の特定の地位をいう（例えば「嫡出子の身分」，789条・809条）。身分（または家族）関係に関する法規を「**身分法**」というが，家（イエ）制度が廃止されたことに伴い「身分」という語を避け，「家族法」という語が用いられるようになっている。「身分法」の主要なものは親族法である。

相続法は「身分法」と「**財産法**」（財産関係に関する法規）の両方の性質をもつが，「身分法」の一部として扱われている。

(2) 存在理由

私有財産制度においては，富を男性が所有し，その子に相続させるために，家族関係を法で規律する必要があった。近代市民社会においては，フランス革命の影響を受けて民法典に自由・平等が反映されているが，自立することができない人々（未成年者，高齢者，判断能力が〔十分では〕ない者等）がいる。このような人々を保護するために，家族関係を規定する必要がある。さらに，家事・育児を女性が担う性別役割分業が現れた。このように，家族は，相続と扶養のために制度化され，さらに生殖および教育等の多様な機能を担っている。

2　家族と親族

「遠くの親類より近くの他人」「親戚の結婚式に出る」等と言うことがあるが，「親類」も「親戚」も，さらに「結婚」も，法令用語（法律および命令等で用いられる語）ではない。法令では「**親族**」および「**婚姻**」という語が用いられる。それでは「家族」と「親族」は，どのように異なるのだろうか？

(1) 家族

家族は，**夫婦**およびその間の**子**で構成され，社会の基本単位とされている。ただし，現行民法上，家族を定義付ける規定はない。「核家族」とは，夫婦のみ，夫婦とその未婚の子，または父もしくは母（ひとり親）とその未婚の子で構成される家族をいう。夫婦は，合意に基づいて成立する婚姻による関係である。それに対し，親子は，血縁による（出生という自然的事実に基づく）関係および養子縁組による関係を含む。

(2) 親族

「親族」とは，6 親等内の**血族**，**配偶者**および 3 親等内の**姻族**をいう（725

条）。「血族」とは血縁者（血のつながりのある者）をいうが，生物学的に血の
つながりのある者（**自然血族**）だけでなく，血のつながりはないけれども法
律上血族とされる者（**法定血族**）を含む。法定血族関係は，養子縁組によっ
て発生する，養親およびその血族と養子との間の関係のみである（727条）。

　血族の中で，本人よりも先の世代に属する者（父母および祖父母等）を**尊
属**といい，後の世代に属する者（子および孫等）を**卑属**という（「尊／卑」と
いう語は，「封建的身分観念を温存し，且つ國民平等の原則と一致しない」と第1
回国会〔特別会，1947（昭和22）年8月〕において指摘されていた。内閣総理大
臣による答弁書で「適当な用語があれば此の次の民法の大改正の機会に改めよ
う。」と述べられていたが，現行民法上，「尊属」および「卑属」という語は残っ
ている）。兄弟姉妹およびいとこ等は，同世代として，尊属・卑属のいずれ
にも属さない。

　「配偶者」とは，婚姻（届出をした法律婚）の相手方であり，夫婦の一方か
らみた他方（夫からみた妻または妻からみた夫）をいう。配偶者に親等はない。
配偶者の血族および本人の血族の配偶者を「姻族」という。姻族の親等は，
本人の配偶者または血族を基準として計算する。

　親等は，親族関係の遠近を表す単位であり，世代数（親子関係の数）によ
る（726条1項）。本人を中心として直線的に連結する関係（祖父母，父母，子，
孫等）を**直系**といい，同一の祖先から分かれている関係（兄弟姉妹，おじ・お
ば，おい・めい，いとこ等）を**傍系**という。傍系親族の親等は，本人または配
偶者から同一の祖先に遡り，そこから対象となる者に下るまでの世代数によ
って定まる（726条2項）。

> **例①**
> 　AとBは，いとこ同士である。AとBは，互いに何親等に当たる
> か。

　AとBは傍系に当たるため，一方から同一の祖先に遡り，そこから他方
へ下るまでの世代数を数える。まず，AからAの父母に遡り（1親等），さ

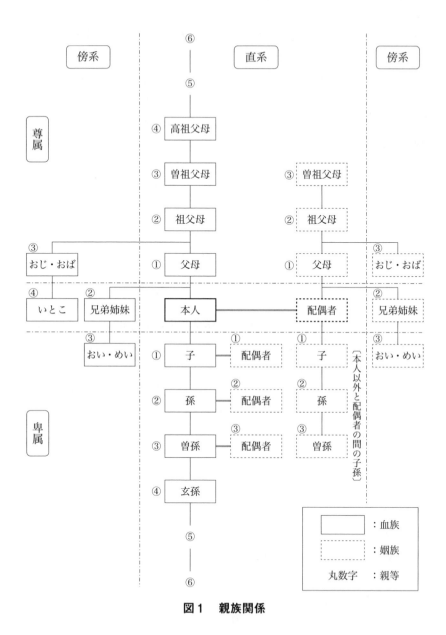

図1　親族関係

らにＡの祖父母に遡る（２親等）。この祖父母が同一の祖先に当たり，そこからＢの父母（Ａにとってはおじ・おば）に下る（３親等）。Ｂは，その子なのでさらに１つ下り，Ａにとっては４親等となる。Ｂにとっての Ａの親等も，同様に数える。これは傍系の場合のローマ法による計算方法であるが，教会法による計算方法では，双方から同一の祖先に遡り，多いほうの世代数を親等とする。

━━━━ Ⅱ　歴史と基本原理 ━━━━

1　家制度の廃止

明治時代の民法（特に家族法。1898〔明治31〕年公布・施行，民法旧規定）においては家制度があり，戸主（家族の長）が強い権限を持っていた。家制度では**家督相続**として，通常は長男が，戸主としての地位を承継した。夫または父として，男性優位の内容が規定されていた。

第２次世界大戦後，**日本国憲法**が制定され（1946〔昭和21〕年11月３日公布，1947〔昭和22〕年５月３日施行，以下「憲法」という），民法（特に家族法）が（全面）改正された（1947〔昭和22〕年12月22日公布，1948〔昭和23〕年１月１日施行）。第４編「親族」および第５編「相続」は，この時点で平仮名口語文となった。家制度は，憲法24条に反するとして廃止された。

憲法24条は，婚姻に関する規定であり，個人の尊厳および両性（つまり男女）の本質的平等を明示する。すなわち，１項で「婚姻は，両性の合意のみに基いて成立し，夫婦が同等の権利を有することを基本として，相互の協力により，……」と規定されており，個人の自由な意思が尊重されている。２項では，「……**法律**は，個人の尊厳と両性の本質的平等に立脚して，**制定**されなければならない。」と規定されており，このように制定された民法では，２条において「この**法律**は，個人の尊厳と両性の本質的平等を旨として，**解釈**しなければならない。」とされている。

2　家族法の基本原理

　上記のとおり，戦後の家族法の基本原理は（財産法の基本原理とは異なり），**「個人主義」**および**「男女の平等」**とされてきた。近年は，**「子の利益」**も挙げられており，離婚，親子関係および親権に関する規定（いずれも親族法に含まれる）において「子の利益」という文言が規定されている。

Ⅲ　法改正の動向

　詳細は夫婦（本書**第24章**）および親子（本書**第25章**）に関する箇所で述べるが，現行法に至るまで，および今後の動向を概観する。

1　民法（婚姻法）改正要綱

　1996（平成8）年2月，法制審議会総会は，「民法の一部を改正する法律案要綱」を決定した。これは，**「民法（または婚姻法）改正（案）要綱」**と呼ばれるものであり，次の内容を含む。

(1)　要点

　まず，**婚姻適齢**を男女とも18歳で統一することが挙げられる。次いで，**再婚禁止期間**について，前婚の解消または取消しの日から100日という基準等が示されている。さらに，**夫婦の氏**を同氏または別氏とすること（選択的夫婦別氏）および**嫡出でない子の相続分**を嫡出子の相続分と同等とすること等が提案されている。

(2)　法改正の状況

　上記の主たる内容のうち，婚姻適齢，再婚禁止期間，および嫡出でない子の相続分差別撤廃については，民法改正が実現されている。夫婦の氏に関しては，夫婦同氏（750条）を合憲とする判断を最高裁が繰り返している。

2 2018（平成30）年の民法改正

2018（平成30）年の民法改正は，成年年齢を20歳から18歳に引き下げるものであり，家族法（特に親族法）にも大きな影響を及ぼす。例えば，婚姻適齢が男女とも18歳で統一され，親権に服する未成年者は18歳未満の者となる（2022〔令和4〕年4月1日施行）。

3 民法（親子法制）部会による検討

(1) 背景

児童虐待防止対策の強化を図るため，2019（令和元）年に児童福祉法等が一部改正された際，民法の**懲戒権**（822条）についても施行後2年を目途として検討を加え，必要な措置を講ずるとされた（児童福祉法附則〔令和元年法律46号〕7条5項）。無戸籍者問題を解消するために，**嫡出推定制度**に関する規定等を見直す必要があることも指摘されている。これらについて**法制審議会民法（親子法制）部会**が2019（令和元）年7月に調査審議を開始し，2022（令和4）年2月に「**民法（親子法制）等の改正に関する要綱案**」を取りまとめた。

(2) 要点

上記のとおり，懲戒権および嫡出推定制度に関する規定等の見直しが中心となる。嫡出推定制度に関連して，嫡出推定（772条），女性の再婚禁止期間（733条）および嫡出否認制度（774条以下）の見直しが挙げられている。

4 家族法制部会による検討

法制審議会総会第189回会議（2021〔令和3〕年2月10日）において，法務大臣からの諮問（113号）を受け，調査審議を行うために**家族法制部会**を設置することが決定された。諮問事項は，「父母の離婚に伴う子の養育への深刻な影響や子の養育の在り方の多様化等の社会情勢に鑑み，子の利益の確保等の観点から，離婚及びこれに関連する制度に関する規定等を見直す必要が

あると思われるので，その要綱を示されたい。」というものである。父母の離婚に伴う子の養育のあり方，未成年者を養子とする普通養子縁組制度（以下「未成年養子制度」という）および財産分与制度等に関して検討が進められている。

【本章のまとめ】
・**家族法**とは，身分（または家族）関係を規律する法律をいう。**第4編「親族」**を中心とする法体系（**親族法**）が主要なものであり，**第5編「相続」**を中心とする法体系（**相続法**）も**身分法**（家族法）の一部として扱われる。
【親族の範囲】
　　6親等内の**血族**，**配偶者**および3親等内の**姻族**（725条）
・明治時代の民法には**家制度**があったが，憲法に反するとして廃止された。
【家族法の基本原理】
　　「**個人主義**」「**男女の平等**」および「**子の利益**」
・**民法**（婚姻法）**改正要綱**で挙げられていた内容は一部実現されており，**法制審議会民法**（親子法制）**部会**および**家族法制部会**が法改正の検討を続けている。

第24章　婚姻と離婚

I　意義

II　婚姻

III　離婚

━━━━━━━━━━━━━ **I　意義** ━━━━━━━━━━━━━

「**婚姻**」とは，男女の性的結合関係に基づく共同生活関係を示す法令用語であり，習俗的には「結婚」と呼ばれる。法律上の婚姻（以下「**法律婚**」という）により，当事者は**夫婦**となり，互いに**配偶者**となる（夫婦および配偶者の定義については，本書**第23章**を参照）。日本では，**一夫一婦制**が採用されている。

「**内縁**」とは，男女が共同生活を送っているという社会的実体はあるが，婚姻の届出をしていないために法律婚とは認められない関係をいう。かつて家制度の下で，当事者は届出を望むもののそれができないという状況があった。内縁の夫婦は互いに配偶者とはいえないが，社会保障関係の法律では法律婚の夫婦に準じた保護が与えられている。

「**事実婚**」とは，共同生活の事実や習俗上の儀式などによって社会的に承認されている婚姻をいう。届出をしていないため，やはり法律婚とは認められない。内縁との違いとしては，当事者の主体的な意思により届出をしないということが挙げられており，**夫婦別氏**等が届出をしない理由となっている。

婚姻が解消される原因は，「**離婚**」または「夫婦の一方の死亡」（失踪宣告

〔31条〕を含む）である。離婚については，本章の後半で詳述する。

Ⅱ　婚姻

1　成立要件

　婚姻が成立するためには，**形式的要件**および**実質的要件**を満たさなければならない。形式的要件とは届出であり（739条），婚姻の成立に法律で定められる手続を必要とする考え方を**法律婚主義**という。民法739条では「戸籍法……の定めるところにより届け出る」と規定されており，ここで適用される戸籍法74条１号（婚姻をしようとする者は，夫婦〔すなわち男女〕が称する〔同一の〕氏を婚姻届に記載して届け出なければならないことが規定されている）は，夫婦同氏または選択的夫婦別氏の事件および同性婚の事件で原告らにより違憲として主張されている規定である。

　実質的要件は，婚姻できない事由，すなわち婚姻障害として定められているものである（731条〜737条）。以下では，**婚姻適齢，重婚の禁止，再婚禁止期間**および**近親者間の婚姻の禁止**（**近親婚の禁止**）に分けて考察する。

(1)　婚姻適齢

　2022（令和４）年３月31日まで施行される民法では，男性は18歳，女性は16歳にならなければ法律婚をすることができない旨が規定されている（731条）。法律婚をすることができる年齢（婚姻適齢）は，2018（平成30）年の民法改正により男女とも18歳で統一されており，原則として2022（令和４）年４月１日から施行される（例外として，施行の際に16歳以上18歳未満の女性は，父母の同意を得て婚姻することができる〔附則（平成30年法律59号）３条２項・３項〕）。2018（平成30）年改正前の規定では，未成年者の婚姻には父母の同意が必要とされていたが（737条），成年年齢と婚姻適齢がともに18歳となるため未成年者が婚姻するという状況が発生せず，この規定は削除される。

(2) 重婚の禁止

「重婚」とは，配偶者のある者が重ねて婚姻をすることをいう。一夫一婦制の下では，重婚は禁止されている（732条）。重婚は，犯罪であり，2年以下の懲役に処せられる（刑法184条）。

(3) 再婚禁止期間

「再婚禁止期間」とは，前婚の解消または取消しの日から再婚することができない一定の期間をいい，女性のみに課される（733条1項，待婚期間とも呼ばれる）。これは，生まれてくる子の父親を決定するための規定であり，現行民法上は100日とされている。2016（平成28）年の民法改正前は6か月と規定されていたが，最高裁による違憲判決を経て，100日に短縮された。親子関係については**第25章**で述べるが，**嫡出推定**（772条）により，前婚の解消または取消しから300日以内に生まれた子は，前婚の夫の子と推定される。前婚の解消または取消しから300日経過後，かつ後婚（再婚）の成立から200日経過後に生まれた子は，後婚の夫（再婚相手）の子と推定される。したがって，再婚禁止期間は100日で十分である。

最高裁は，民法733条1項の規定のうち100日を超えて再婚禁止期間を設ける部分は，2008（平成20）年当時（上告人が離婚および再婚した時期）において，憲法14条1項（法の下の平等）・24条2項（婚姻における男女平等）に違反するに至っていたと判示した（最大判平27・12・16民集69巻8号2427頁）。これを受けて，上記のように改正された民法が，2016（平成28）年6月7日に公布・施行された。子の父親を決定するための規定なので，女性が前婚の解消または取消しの時に懐胎（妊娠）していなかった場合または前婚の解消または取消しの後に出産した場合には，この規定は適用されない（733条2項）。

このことは，**民法（婚姻法）改正要綱**（1996年）で指摘されていた。もっとも，**民法（親子法制）等の改正に関する要綱案**（2022年）では，嫡出推定制度の見直しとともに，再婚禁止期間に関する民法733条を削除することが提案されている（法改正の動向については，本書**第23章**を参照）。

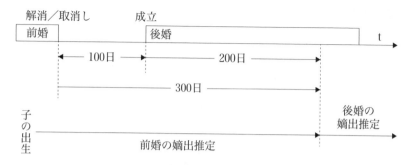

図1　再婚禁止期間（待婚期間）

⑷　近親者間の婚姻の禁止（近親婚の禁止）

近親者間，すなわち直系血族の間または3親等内の傍系血族の間では，婚姻が禁止されている（734条）。直系姻族の間でも，婚姻をすることはできない（735条）。さらに，養親子等の間でも，婚姻をすることができない（736条）。

> **例①**
>
> いとこ同士であるAとBは，婚姻をすることができるか。

AとBは，傍系血族に当たる。3親等内の傍系血族の間の婚姻は禁止されているが，AとBは4親等に当たるため，婚姻をすることができる（親族の範囲および親等の計算方法については，本書**第23章**を参照）。

2　効果

上記の要件を満たして婚姻が成立すると，次のような効果が発生する。

⑴　氏の共同，夫婦同氏

現行民法上，<u>夫婦は，同一の氏を称する</u>ことになる（750条）。「夫又は妻の氏」と規定されており，どちらを選んでもよいかたちになっているが，夫の氏を称する婚姻が大部分を占めている。氏を変更する者（多くの場合は妻）

が不利益を被ると主張されており，実質的な平等を求めて夫婦別氏（姓〔マスメディアでは「姓」という語が用いられる傾向があるが，法令上は「氏」という語が用いられる〕）を選択することができるよう検討が続けられている。民法（婚姻法）改正要綱でも，この選択的夫婦別氏が提案されていた。

　しかし，最高裁は最大判平27・12・16民集69巻8号2586頁において，750条は憲法13条（個人の尊重・幸福追求権）・14条1項・24条に違反しないと判断した。

　その後も提訴が相次いでいるが，最高裁は一貫して原告らの訴えを退けている。最高裁は，最大決令3・6・23判タ1488号94頁において，民法750条，戸籍法74条1号は憲法24条に違反しないと判示した（裁判官15人中，4人が違憲としている）。この事件は，東京都内に住む3組の夫婦（事実婚）が夫婦別氏での婚姻届を提出したものの不受理とされ，家事審判を申し立てたものである。この決定では「平成27年大法廷判決以降にみられる……社会の変化や，……国民の意識の変化といった……諸事情等を踏まえても，平成27年大法廷判決の判断を変更すべきものとは認められない。」として特別抗告が棄却された。ただし，「夫婦の氏についてどのような制度を採るのが立法政策として相当かという問題……この種の制度の在り方は，……国会で論ぜられ，判断されるべき事柄にほかならない」ということも指摘されている。

　弁護士とその妻が上告していた事件についても同日付で，ならびにソフトウェア開発会社「サイボウズ」の社長らが上告していた事件および広島市の医師らが上告していた事件についても翌24日付で，最高裁は「上告理由がない」として棄却した。

(2)　同居・協力・扶助の義務

　夫婦は，同居・協力・扶助の義務を負う（752条）。「互いに協力し」ということは，「相互の協力により，……」という憲法24条1項に基づく。

(3)　貞操義務

　貞操義務とは，浮気や不倫をしない（婚姻外の第三者と性的関係をもたな

い）義務であり，夫婦が相互に負う。現行民法上，これを正面から規定したものはないが，これに違反した場合には配偶者の**不貞行為**として，**裁判上の離婚原因**の１つとなる（770条１項１号）。

(4)　婚姻による成年擬制

　未成年者が婚姻したときには，行為能力者として扱われる（753条）。契約等において，いちいち親権者等が介入することは望ましくないからである。ただし，前述のように，2018（平成30）年の民法改正により成年年齢と婚姻適齢がともに18歳となるため，この規定は削除される（原則として2022〔令和４〕年４月１日施行。例外として婚姻することができる女性〔施行の際に16歳以上18歳未満〕は，婚姻により成年に達したものとみなされる〔附則（平成30年法律59号）３条２項・３項〕）。

(5)　夫婦間の契約取消権

　夫婦の一方は，夫婦の間で締結した契約を，婚姻中いつでも取り消すことができる（754条，第三者の権利を害するときを除く）。

3　夫婦財産制

　「夫婦財産制」とは，婚姻によって夫婦間に生ずる財産関係を規律する制度である。

(1)　夫婦財産契約

　日本の民法では，まず契約（または約定）財産制が定められており，夫婦は夫婦財産契約を締結することができる（755条）。この契約は，「婚姻の届出前に」締結し（同条），「婚姻の届出までに」登記しなければならず（756条），「婚姻の届出後は，変更することができない」（758条）ため，あまり締結されていない（2020〔令和２〕年の登記は，全国で22件である）。夫婦がこの契約を締結しなかったときは，法定財産制が適用される（755条）。

(2) 法定財産制

法定財産制としては，**夫婦別産制**が採用されており，夫婦の一方が婚姻前から所有する財産および婚姻中その者の名で得た財産は，その者の特有財産（単独で所有する財産）となる（762条1項）。夫婦のどちらに帰属するか明らかでない財産は，夫婦の共有と推定される（同2項）。夫婦は，同居・協力・扶助の義務を負い（752条），婚姻費用（夫婦および子の生活費）を分担する（760条）。費用の分担は，夫婦の資産，収入その他一切の事情を考慮して定められ，家事労働であってもよい。夫婦の一方が日常の家事に関して第三者と法律行為（契約等）をした場合には，これによって生じた債務について他方も連帯責任を負う（761条）。これは，男女平等に基づく共同生活によるものであり，第三者（法律行為の相手方）を保護するためのものである。第三者に対し責任を負わない旨を予告していたときは，他方は連帯責任を免れる（同ただし書）。

Ⅲ　離婚

「離婚」とは，生存している夫婦が婚姻関係を解消することをいう。婚姻の解消により，同居・協力・扶助の義務および貞操義務は消滅する。離婚の効果として，当事者は，財産分与を請求することができる（768条）。

1　種類

離婚には，民法が定める**協議離婚**および**裁判**（または判決）**離婚**，家事事件手続法が定める**調停離婚**および**審判離婚**ならびに人事訴訟法が定める**和解離婚**および**認諾離婚**がある。2019年の離婚総数は208,496件であり，そのうちの183,673件（88.1％）を協議離婚が，18,431件（8.8％）を調停離婚が占め，裁判（判決）に至るのは2,017件（1％）である。

(1) 協議離婚

協議離婚は，協議上の離婚とも呼ばれ，夫婦の合意による（763条）。協議

離婚の成立においても，届出が要件となる（764条による739条の準用）。当事者双方の意思を確認する手続がないため，一方的な届出がなされたり，子に関する協議が不十分なまま届出がなされたりすることが問題点として指摘されている。夫婦の間に未成年の子がいるときは，離婚届（の親権について記入する欄）において父母の一方を親権者と定めていなければ，その届出は受理されない（765条1項・819条1項）。2011（平成23）年の民法改正により，父母が協議離婚するときは，子の監護権者，面会交流権および養育費等について協議で定めること，ならびに「**子の利益**を最も優先して考慮しなければならない」ことが規定された（766条1項）。

　法制審議会家族法制部会では，検討事項の例として，面会交流の円滑な実現，継続的な養育費支払い，未成年養子制度が真に子の利益のための制度となっているか，および財産分与制度（民法〔婚姻法〕改正要綱で指摘された課題が積み残しとなっているほか，当事者の公平を図ること）等が挙げられている。

(2)　調停離婚

　当事者の間で協議が調わない場合には離婚の訴えを提起することができるが，その前に家裁に調停を申し立てなければならない（家事事件手続法257条1項，**調停前置主義**）。調停委員会（裁判官1人および調停委員2人以上で組織される）または裁判官のみにより調停が行われ（同法247条・248条），当事者間に合意が成立して調書に記載したときは，調停が成立する（同法268条）。これを調停離婚という。

(3)　審判離婚

　調停が成立しない場合において家裁が相当と認めるときは，家裁は職権で，事件解決のため必要な審判（調停に代わる審判）をすることができる（家事事件手続法284条）。審判で成立する離婚を審判離婚という。当事者間に離婚の合意はあるが，財産分与等で調停が成立しない場合等が対象となる。

⑷ 和解離婚または認諾離婚

　離婚訴訟が提起された場合であっても，夫婦は和解または請求の認諾により離婚をすることができる。「和解」とは，当事者双方が訴訟上の請求について譲歩しあった結果を裁判所または裁判官に陳述することをいう。請求の「認諾」とは，口頭弁論等の期日において，被告が原告の訴訟上の請求（権利主張）を認める陳述をすることをいう。和解または認諾に関する調書の記載は，確定判決と同一の効力を有する（人事訴訟法37条1項）。

⑸ 裁判離婚

　当事者の間で合意が得られない場合に，最終的に裁判官が判断するのが裁判離婚であり，裁判上の離婚とも呼ばれる。夫婦の一方が他方を相手方として離婚を請求する裁判離婚の要件として，5つの**離婚原因**（770条1項）が規定されている。すなわち，不貞行為（同1号），悪意の遺棄（同2号），3年以上の生死不明（同3号），回復の見込みのない強度の精神病（同4号）およびその他婚姻を継続し難い重大な事由（同5号）である（「悪意」という語は，法令用語としては「事実を知っていること」をいうが，例外的に「他人を害する意思」という意味で用いられることもある〔770条1項2号・814条1項1号〕）。民法770条1項1号から4号までは個別具体的な離婚原因であり，これらに該当する場合であっても，裁判所は，「一切の事情を考慮して婚姻の継続を相当と認めるときは，離婚の請求を棄却することができる」（裁量棄却。同2項）。これに対し，同項5号の離婚原因は抽象的なものであり，一般的**破綻主義**を示す。

2　有責主義と破綻主義

　西欧においては，歴史的にキリスト教（特にローマ・カトリック）の影響が強く，離婚は認められていなかった（婚姻非解消主義。「神が結び合わせてくださったものを，人は離してはならない。」〔新約聖書（新共同訳）マルコによる福音書10章9節〕）。婚姻が宗教的なもの（秘蹟または秘跡）から世俗的なもの（民事上のもの）になるにつれて，離婚が認められるようになるが，当初は一

方の配偶者に責任がある場合に，他方の配偶者から離婚を請求することができるという**有責主義**が採られていた。その後，婚姻関係が破綻している場合には，有責配偶者からの離婚請求も認めるという**破綻主義**が採られるようになった。

　日本においても，有責主義による離婚（不貞行為および悪意の遺棄，770条1項1号・2号）ならびに破綻主義による離婚（同5号）が認められている。有責配偶者からの離婚請求に関して，最大判昭62・9・2民集41巻6号1423頁は，婚姻関係が破綻していること，および離婚請求が信義則に反しないことを前提として，次の3つの要件を示した。つまり，①別居が相当の長期間に及び，②未成熟子が存在しない場合には，③相手方配偶者が離婚により精神的・社会的・経済的に極めて苛酷な状態に置かれる等の特段の事情がない限り，有責配偶者からの離婚請求が認められる可能性があるという。①の期間は民法には規定されていないが，民法（婚姻法）改正要綱では5年以上とされている。②未成熟子とは，親から独立して生計を営むことができない子をいい，未成年者とは異なる。③は，離婚請求を認めることが著しく社会正義に反するような特段の事情がないということであり，苛酷条項とも呼ばれる。

【本章のまとめ】

・**婚姻**とは，<u>男女の性的結合関係に基づく共同生活関係を示す法令用語</u>である。法律上の婚姻（**法律婚**）が成立するためには，**形式的要件**および**実質的要件**を満たさなければならない。

【婚姻の成立要件】

　　　形式的要件：届出（739条）

　　　実質的要件：婚姻適齢（731条），重婚の禁止（732条），再婚禁止期間（733条1項）および近親婚の禁止（734条〜736条）

・婚姻の**効果**として，夫婦同氏（750条），同居・協力・扶助の義務（752条），貞操義務および夫婦間の契約取消権（754条）等が発生する。

・**離婚**とは，<u>生存している夫婦が婚姻関係を解消すること</u>をいう。民法は，**協議離婚**（763条）および**裁判離婚**（770条）を定める。

・裁判離婚の要件として，5つの**離婚原因**（770条1項）が規定されており，**有責主義**によるものと**破綻主義**によるものが含まれる。

【有責配偶者からの離婚請求】

　　　1987（昭和62）年の最高裁大法廷判決による3つの要件

第25章　親子と親権

Ⅰ　意義

　法律上の「**親子**」は，血縁による（血のつながりのある）**実親子**と，養子縁組による**養親子**に分かれる。実親子関係は，出生という自然的事実に基づく。養子関係は人為的に作り出されるものであり，合意に基づく婚姻関係に近い。

　「**親権**」とは，親の権利義務の総称をいうが，財産法上の権利と異なり，義務的な性格が強い。歴史的には家父長の支配権に子が服従するという側面もあったが，現代においては「**子の利益**のために」ということが民法820条で明記されている（2011〔平成23〕年の民法改正による）。

　後見・保佐・補助（838条〜876条の10）については，本書**第 3 章**をお読みいただきたい。本章では，親族法の最後にある「**扶養**」について述べる。「扶養」とは，一定の範囲内の親族が，互いに生活を扶助することをいう。

━━ II　親子関係 ━━

1　実子

「**実子**」とは，親との間に生物学的な（自然的な）血縁（血のつながり）があると法律上認められる子をいう。実子には，**嫡 出 子**と**嫡出でない子**がある。

(1)　嫡出子

i　嫡出推定　　「嫡出子」とは，法律上の婚姻関係にある夫婦の間に生まれた子をいう。民法772条では，**嫡出推定**が規定されている。まず，1項で「妻が婚姻中に懐胎した子は，夫の子と推定する。」とされ，懐胎・出産（分娩）した女性が母というかたちで母子関係（女性と子の間の法律上の親子関係）が先に決まる。その女性が婚姻していたときは，婚姻の相手方である夫がおそらく子の父であろうと推定されることになる。父子関係（男性と子の間の法律上の親子関係）は当然には明確でないので，これを推定するのが1項である。次に，2項で「婚姻の成立の日から200日を経過した後又は婚姻の解消若しくは取消しの日から300日以内に生まれた子は，婚姻中に懐胎したものと推定する。」とされ，「婚姻中に懐胎した」と推定される時期が規定されている。このように，民法772条により，2段階で嫡出推定（父子関係の推定）が行われる。

再婚禁止期間は100日で十分であるという考え方は，この嫡出推定に基づく。しかし，婚姻成立の日から200日以内に生まれた子であっても，婚姻前から継続していた内縁（事実婚）において，母が内縁の夫との間で懐胎した場合もある（"できちゃった婚""授かり婚"等）。民法772条は，このままでよいのだろうか？

例①
　A（男性）は，B（女性）と婚姻したが，やがて暴力を振るうように

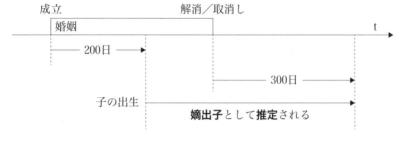

成立　　　　　　　　　解消／取消し
婚姻　　　　　　　　　　　　　　　　　　t
←──200日──→
←──────300日──────→
子の出生
嫡出子として**推定**される

図1　嫡出推定

なった。Bは，それに耐えかねて家を出た後，C（男性）とともに暮らすようになった。AとBは離婚し，その日から100日を経過した後に，BはCと再婚した。AとBが離婚した日から300日以内に，BはDを出産した。

　これは，「**離婚後300日問題**」または「**無戸籍（者）問題**」につながる典型的な事例である。Dは，AとBの婚姻が解消した日から300日以内に出生しているため，前夫（元夫）Aの子と推定される（772条）。しかし，Bが，Aの嫡出子としてDが戸籍に記載されることを望まず，Dの出生届を市区町村に提出しないときは，Dは戸籍に記載されない。CがDを認知する前提として，A・D間の父子関係を否定するために，Aによる**嫡出否認**または親子関係不存在確認訴訟という手続をとることもできる（詳細は後述）。もっとも，離婚の原因がAの暴力（DV）だった場合には，BがAに協力を求めることは難しく，居場所を知られたくないという事情もあるだろう。このようにして無戸籍者が生じ，この問題を解消するためにも嫡出推定の見直しが必要とされている。

　「**民法（親子法制）等の改正に関する要綱案**」（2022〔令和4〕年2月1日，詳細は本書**第23章**を参照）では，772条1項に，女が婚姻前に懐胎した（婚姻成立の日から200日以内に生まれた）子であっても，婚姻成立後に生まれたものであるときは，夫の子と推定する旨を追加することが提案されている。女が子を懐胎した時から子の出生の時までの間に2以上（つまり複数）の婚姻

をしていたときは、その子は、その出生の直近の婚姻における夫の子と推定することが提案されている。

ii **嫡出否認**　嫡出推定は、覆すことができる。夫は、子が嫡出であることを否認する（自分の子ではないと主張する）ことができるが（774条）、この権利の行使は訴えによらなければならない（775条前段）。現行民法上、否認権者は夫に限られ、夫は子の出生を知った時から1年以内に提訴しなければならない（777条）。夫が子の出生後に嫡出であることを承認したときは、自ら否認することができない（776条）。このように厳格な要件が設定されているのは、子の身分関係（父子関係）を早期に確定させるためである。

「民法（親子法制）等の改正に関する要綱案」では、否認権の行使期間を3年に伸長すること、ならびに子、母および（一定の場合に）前夫にも否認権を認めることが提案されている。

(2)　嫡出でない子

「嫡出でない子」とは、法律上の婚姻関係にない男女の間に生まれた子をいう。かつては非嫡出子と呼ばれており、婚外子と呼ばれることもある。**認知**により、その男性または女性との間に法律上の親子関係が発生する。現行民法上は、男性でも女性でも認知をすることができる旨が規定されているが（779条）、実際に認知が必要とされるのは男性のみである。すなわち、「産んだ女性が母」というかたちで、母子関係は**分娩**（出産）という事実によって発生するので、認知は不要とされている（最判昭37・4・27民集16巻7号1247頁）。

父子関係は、**任意認知**または**強制認知**（裁判認知）により発生する。任意認知は、子の父が自発的に認めるものである。これに対し、強制認知（裁判認知）は、子等が父（または母）を相手方として（親の死亡後は3年以内に検察官を相手方として）、家裁に認知を求める訴えを提起するものである（787条）。認知についても、まず家裁に調停を申し立てなければならない（調停前置主義）。ただし、親の死亡後は、調停を経ずに認知の訴えを提起する。調停不成立のときは、認知の訴えを提起することができる。

2　養子

「**養子**」とは，養子縁組によって養親の嫡出子としての身分を取得した者をいう（809条）。日本の養子制度は，従来，家の後継ぎを得るため，および養親の老後の扶養のために利用されてきた。その後，「**子の福祉**」のために，親のない子に新しい親を与える制度が創設された。前者を**普通養子**縁組，後者を**特別養子**縁組という。

(1)　普通養子

普通養子縁組は，当事者の合意および届出によって成立する（799条）。2022（令和4）年3月31日まで施行される民法では，「成年に達した者は，養子をすることができる。」と規定されている（792条）。2018（平成30）年の民法改正により，20歳以上の者が養親になることができるという基準を維持するため，「成年」という語が「20歳」に置き換えられ，2022（令和4）年4月1日から施行される。

養子となる者は，養親の尊属または年長者であってはならない（793条）。養子となる者が15歳未満であるときは，法定代理人が本人に代わって承諾することができる（未成年養子縁組。797条1項）。養子となる者が未成年であるときは，原則として家裁の許可が必要である（798条）。

養子縁組の解消（**離縁**）も，普通養子縁組のときは離婚に類似する。民法では，**協議離縁**（協議上の離縁。811条）および**裁判離縁**（裁判上の離縁。814条）が定められている。そのほかに，家裁の調停による**調停離縁**（家事事件手続法257条・244条）ならびに審判による**審判離縁**（同法284条）がある。協議離縁は，当事者の合意に基づく届出による。裁判離縁の原因としては，裁判離婚に対応するものとして，悪意の遺棄（814条1項1号），3年以上の生死不明（同2号）およびその他縁組を継続し難い重大な事由（同3号）が規定されており，1号・2号については裁量棄却も準用される（同2項）。

(2) 特別養子

特別養子縁組制度は，1987（昭和62）年の民法改正により創設された。これは，原則として「実方の血族との親族関係が終了する縁組」であり（817条の9），要件（817条の3〜817条の7）が満たされたときに，養親となる者の請求により，家裁が審判で成立させることができる（817条の2第1項）。

要件としては，まず年齢等が挙げられる。養親となる者は，原則として25歳以上の夫婦でなければならない（817条の3・817条の4）。養子となる者の年齢は，かつて原則として6歳未満と規定されていたが，特別養子縁組制度の利用を促進するため，2019（令和元）年の民法改正（2019〔令和元〕年6月14日公布，2020〔令和2〕年4月1日施行）により原則として15歳未満に引き上げられた（817条の5）。特別養子縁組の成立には，原則として実方の父母の同意が必要である（817条の6）。特別養子縁組は，「**子の利益**のため特に必要がある」ときに成立させることができる（817条の7）。

特別養子縁組は，養子，実父母または検察官の請求により，家裁が審判により解消（離縁）させることができる（817条の10）。この離縁は，次の2つの要件がいずれも満たされる場合であって，「**養子の利益**のため特に必要がある」ときに限られる。すなわち，「養親による虐待，悪意の遺棄その他養子の利益を著しく害する事由があること」および「実父母が相当の監護をすることができること」という要件である。

3　生殖補助医療で生まれた子

生殖補助医療技術の利用により出生した子については，法的な親子関係が問題となる。ここでは，判例および立法等を概観する。

(1) 判例

生殖補助医療技術は**人工授精**と**体外受精**に分けられ，人工授精は**配偶者間人工授精**（Artificial Insemination with Husband's semen: AIH）と**非配偶者間人工授精**（Artificial Insemination with Donor's semen: AID）に分かれる。さらに，**代理懐胎（代理出産）**においても，人工授精型と体外受精型がある。

ⅰ **死後生殖および AID** 　　配偶者間人工授精（AIH）であっても，**死後生殖**において親子関係が問題となる。死後生殖とは，夫婦（カップル）の一方が死亡した場合に，遺された他方が，凍結保存されていた配偶子または受精卵（胚）を用いて子をもうけることをいう。最高裁は，「死後懐胎子と死亡した父との間の法律上の親子関係の形成は認められない」として，死後認知の請求を棄却した（最判平18・9・4民集60巻7号2563頁）。

　　非配偶者間人工授精（AID）においては，第三者（配偶子の提供者）と子との間に自然的な親子関係がある。しかし，判例では，AID の実施について夫が**同意**していた場合には，夫を法律上の父とすることが示されている（東京高決平10・9・16家月51巻3号165頁，大阪地判平10・12・18家月51巻9号71頁）。

> **例②**
> 　E（女性）は，性同一性障害特例法の規定に基づき性別を男性へ変更する審判を受け，F（女性）と婚姻した。Fは，AID により婚姻中にGを懐胎し，出産した。AID の実施についてEが同意していた場合，EとGの間に法的な親子関係は認められるか。

　　最高裁は，性同一性障害により性別を男性に変更した者が，提供精子を用いて妻との間にもうけた血縁関係のない子について，嫡出推定（772条）により夫の子と推定されると判示した（最決平25・12・10民集67巻9号1847頁）。

ⅱ **代理懐胎（代理出産）** 　　代理懐胎においては，「分娩（出産）した者が母である」というルール（最判昭37・4・27民集16巻7号1247頁）が揺らぐ。子を望むのは依頼者であり，依頼者夫婦の体外受精卵（胚）を代理母の子宮に移植する場合には，卵子（遺伝上）の母は依頼者である妻になるからである。最高裁は，このような体外受精型の代理懐胎であった事例について，子を懐胎し出産した女性が母であり，懐胎・出産していない女性との間には「その女性が卵子を提供した場合であっても，母子関係の成立を認めることはできない。」と判示した（最決平19・3・23民集61巻2号619頁）。

ⅲ **立法の動向** 　　2003（平成15）年4月，**厚生労働省**の厚生科学審議会生

殖補助医療部会は「精子・卵子・胚の提供等による生殖補助医療制度の整備に関する報告書」を取りまとめた。同年7月には，**法務省**の法制審議会生殖補助医療関連親子法制部会も「精子・卵子・胚の提供等による生殖補助医療により出生した子の親子関係に関する民法の特例に関する要綱中間試案」を取りまとめた。その後，2008（平成20）年4月には，**日本学術会議**の生殖補助医療の在り方検討委員会が「代理懐胎を中心とする生殖補助医療の課題——社会的合意に向けて」と題する報告書を取りまとめて公表している。

(2) 生殖補助医療法（生殖医療民法特例法）

2020（令和2）年12月11日に「生殖補助医療の提供等及びこれにより出生した子の親子関係に関する民法の特例に関する法律」（生殖補助医療法または生殖医療民法特例法と呼ばれる）が公布された。原則として2021（令和3）年3月11日に施行され，親子関係に関しては同年12月11日に施行された。

i 概要 親子関係に関しては，生殖補助医療法の第3章で，他人の配偶子を用いた場合が規定されている。まず，女性が自己以外の女性の卵子により子を懐胎・出産したときは「出産をした女性を子の母とする。」とされている（9条）。次いで，夫以外の男性の精子を用いる生殖補助医療に同意した夫は，妻が懐胎した「子が嫡出であることを否認することができない。」とされている（10条）。

ii 検討すべき課題 生殖補助医療法については，概ね2年を目途として，検討が加えられ，その結果に基づいて法制上の措置等が講ぜられる（附則3条1項）。対象として，**規制**の在り方（同項1号・2号）ならびに「情報の保存及び管理，開示等に関する制度の在り方」（子の「**出自を知る権利**」。同3号）が挙げられている。

iii 法改正の動向 「民法（親子法制）等の改正に関する要綱案」では，生殖補助医療法10条を次のように改正することが提案されている。すなわち，妻が，夫の同意を得て，夫以外の男性の精子を用いた生殖補助医療により懐胎した子については，夫，子または妻は，その「子が嫡出であることを否認することができない。」という。

Ⅲ　親権

1　内容

　民法820条では「親権を行う者は，<u>子の利益のために子の監護及び教育を</u><u>する権利を有し，義務を負う。</u>」と規定されている。親権の内容は，父母が未成年の子を<u>監護教育し</u>，子の<u>財産を管理する</u>ことである。

(1)　身上監護

　身分上の監護（監督・保護）**権**は，身上監護権とも呼ばれる。これに属するものとして，監護教育権（820条），居所指定権（821条），**懲戒権**（822条）および職業許可権（823条）等がある。

　2019（令和元）年の児童福祉法等改正（2019〔令和元〕年6月26日公布，2020〔令和2〕年4月1日施行）により，児童虐待防止法で<u>親権者による体罰</u><u>の禁止</u>が明文化された（児童虐待防止法14条）。<u>民法の懲戒権（822条）は「児</u><u>童虐待を正当化する口実として利用されている」</u>という指摘に基づき，「民法（親子法制）等の改正に関する要綱案」では，民法822条を削除し，居所指定権（821条）を822条とすることが提案されている。その上で，新たに821条において，親権者の監護教育権の行使にあたり，子の人格を尊重する義務および体罰その他の子の心身の健全な発達に有害な影響を及ぼす言動の禁止等を規定することで，児童虐待の防止を図ろうとする。

(2)　財産管理

　財産上の管理処分権には，財産管理権のほか，子の財産に関する法律行為の代表権（法定代理権）が含まれる（824条）。親権者は，子の利益と相反する行為をすることができない（特別代理人の選任を家裁に請求する。826条）。

(3)　制約

　親権者（父または母）による「<u>虐待又は悪意の遺棄があるときその他……</u>

親権の行使が著しく困難又は不適当であることにより子の利益を著しく害するときは、」家裁は、請求により、親権喪失の審判をすることができる（834条）。親権者による「親権の行使が困難又は不適当であることにより子の利益を害するときは、」家裁は、請求により、親権停止の審判をすることができる（834条の2第1項）。親権停止は、児童虐待の防止等の観点から2011（平成23）年の民法改正により創設された制度であり、2年以内の期間が定められる（同2項）。

2　親権者

未成年の子は、その父母の親権に服する（818条1項）。現行民法上は、男女平等に基づき、婚姻中の父母が共同で親権を行使する（同3項本文）。これを**共同親権行使の原則**という。

父母が離婚するときは、いずれか一方を**親権者**と定めなければならない。父母が**協議離婚**をするときは、その協議で一方を親権者と定める（819条1項）。父母が**裁判離婚**をするときは、裁判所が、一方を親権者と定める（同2項）。協議または裁判所により、一方を親権者（財産管理をする者）とし、他方または第三者を**監護権者**（子の身上監護をすべき者）と定めることがある（766条）。

━━━━ Ⅳ　扶養 ━━━━

扶養義務は、**生存権**（憲法25条）に基づく。「健康で文化的な最低限度の生活を営む」ために、**公的扶助**として**生活保護**等の制度が設けられているが、民法等による**私的扶養**（親族による扶養）が生活保護に優先して行われなければならない（**私的扶養優先の原則**または公的扶助〔保護〕の補足性の原則。生活保護法4条2項）。

1　扶養義務者

直系血族および**兄弟姉妹**は、相互に扶養義務を負う（877条1項）。**3親等**

内の親族間においては，特別な事情があるときに，家裁が扶養義務を負わせることができる（同2項）。

2　扶養の程度

　私的扶養は，**生活保持義務**と**生活扶助義務**に分かれる。生活保持義務とは，核家族内において，扶養義務者が自分の生活と同程度の水準まで相手方を扶養する義務をいう。この義務は，夫婦間においては同居・協力・扶助の義務（752条）および婚姻費用の分担（760条）に基づき，未成年の子（または未成熟子）に対しては親の監護教育（820条）および婚姻費用の分担に基づく。

　生活扶助義務とは，核家族以外かつ3親等内の親族間において，扶養義務者が，その相応の生活を犠牲にすることなく（余力の範囲で），困窮している要扶養者を援助する義務をいう。

【本章のまとめ】

・**親子**は，血縁による**実親子**(じっしんし)と，養子縁組による**養親子**(ようしんし)に分かれる。

・実子には，**嫡出子**(ちゃくしゅつ)と嫡出でない子がある。

【嫡出子】：法律上の婚姻関係にある夫婦の間に生まれた子

　　嫡出推定（772条）および**嫡出否認**等が見直しの対象となっている。

【嫡出でない子】：法律上の婚姻関係にない男女の間に生まれた子

　　認知により法律上の親子関係が発生する。

・**養子**とは，養子縁組によって嫡出子としての身分を取得した者をいう。

【日本の養子制度】

　　普通養子縁組と，「**子の利益**」が重視される**特別養子**縁組に大別される。

・**生殖補助医療で生まれた子**の親子関係については，判例および報告書等の

　取りまとめを経て，**生殖補助医療法**が制定された。

・**親権**とは，親の権利義務の総称をいうが，義務的な性格が強い。

【身分上の監護権と財産上の管理処分権】

　　身上監護権のうち，**懲戒権**（822条）が見直しの対象となっている。

・**扶養**とは，一定の範囲内の親族が，互いに生活を扶助することをいう。

【私的扶養】：**公的扶助**に優先する（**私的扶養優先の原則**）

　　生活保持義務と**生活扶助義務**に分かれる。

第4部　親族・相続

第26章　相続(1)
──相続人と相続の効力──

Ⅰ　相続とは

Ⅱ　相続分

Ⅲ　遺産共有と遺産分割

━━━━━━━━━━━ Ⅰ　相続とは ━━━━━━━━━━━

1　相続の意義と内容

(1)　相続の必要性

　私たちの社会では，あらゆる財産は必ず誰かに帰属していなければならないとする**私有財産制**が採られている。したがって，様々な財産を個人のみならず，株式会社や地方公共団体のような法人も所有している。すなわち，財産の帰属主体は権利能力を持つ自然人や法人であるのだが，法人と異なり自然人は死亡し，権利能力が消滅するため，死亡した自然人の財産が一瞬でも無主物になることを避けるために，常に誰かに帰属させる制度が必要とされる。相続はその要請に応えるものなのである。

(2)　相続制度の基本

　それでは，相続制度では，どのようなことが決められているのだろうか。それは基本的に，①相続の開始時期，②誰が相続人（相続財産を包括的に承継する者）となるのか，③相続人の相続できる割合，④相続の対象となる財

産，である。

(3) 相続の開始時期

　相続は被相続人が死亡した時に開始する（882条）。そして相続が開始した時に生存していた者だけが相続人となることができる（同時存在の原則）。ただし，相続開始時に胎児であった場合，胎児には権利能力がなく，同時存在していると言えないが，民法は例外的に出生擬制をして，相続能力を認めている（886条1項）。

2　相続人

(1) 法定相続人

　遺言がない場合，原則として民法が定めた相続人（法定相続人）のみが相続することができる。法定相続人は配偶者相続人と血族相続人に分けられ，前者は常に相続人になる（890条）。後者は，被相続人と一定の血族関係のある子，直系尊属，兄弟姉妹であり，相続に関して優先順位（相続順位）が付けられる（887条・889条）。第1順位が子，第2順位が直系尊属，第3順位が兄弟姉妹である。

> **例①**
> 　Xには，配偶者YとAとBの2人の子ども，そして実家には両親CとDおよび姉のEが暮らしている。ある時，Xは不慮の事故で亡くなってしまった。

　例①の場合，相続人として認められるのは，常に相続人となる配偶者Yと優先順位が1番のAとBの2人の子どもということになり，C，D，EはXの財産を相続することができない。もし，2人の子どもがいなければ，実家の両親CとDがYとともに相続することができ，2人の子どもがおらず，CとDも他界していれば，相続人はYと姉Eということになる。

⑵　代襲相続

　相続開始前に相続人となるはずであった子が死亡や **3** で説明する相続欠格または廃除で相続権を失った場合，その者の子が同一順位の相続人として，同一の相続分を代わりに承継する（887条）。これを代襲相続という。被相続人の兄弟姉妹にも代襲相続が生じる（889条2項）。

3　相続欠格・相続人の廃除

⑴　相続欠格

　相続人として認められている者でも，被相続人を殺したり，あるいは殺そうとしたりした者や，被相続人に詐欺や強迫を行って遺言を書かせたり，自ら遺言を偽造したりしたような者にまで相続資格を認めることは許されないだろう。民法はこのような不法行為を行った者を相続欠格者として，相続権を剥奪している（891条）。欠格事由が相続開始前に生じているのであれば，その時に，相続開始後に生じているのであれば，相続開始時に遡って相続資格を失うことになる。

⑵　相続人の廃除

　相続欠格事由に該当するほど重大ではないものの，推定相続人（相続が開始した場合に相続人となるべき者）が被相続人を虐待したり，重大な侮辱を加えたりと，著しい非行があった場合に，被相続人の意思で家庭裁判所に請求し，審判手続を経て相続権を失わせるという制度である（892条）。廃除の審判が確定した者は，廃除請求者の申し出によって廃除された者の戸籍に記載され，審判の確定が，相続開始前であれば即時に，相続開始後であれば，相続開始時に遡って廃除の効力が生じる（893条後段）。

　廃除は被相続人の意思に基づいてなされるものであるから，被相続人が望めば，いつでも廃除の取消しを請求することができる（894条1項）。

Ⅱ　相続分

1　法定相続分と指定相続分

　相続人が1人しかいない場合を単独相続といい，複数いる場合を共同相続という。法定相続分とは，各共同相続人が相続する法律で定められた権利義務の割合のことである（899条）。もし，その割合が遺言で指定されている場合は，これを指定相続分といい（902条），法定相続分に優先する。

　法定相続分は，配偶者と血族相続人の組み合わせによって，**表1**の通りとなる（900条各号）。

表1　法定相続分

相続人	法定相続分	
配偶者と子	配偶者	2分の1
	子	2分の1
配偶者と直系尊属	配偶者	3分の2
	直系尊属	3分の1
配偶者と兄弟姉妹	配偶者	4分の3
	兄弟姉妹	4分の1

　なお，同順位の血族相続人が複数いる場合は，各自の相続分は同じ割合となる（900条4号本文）。ただし，兄弟姉妹の中に父母の双方を同じくする兄弟姉妹（全血の兄弟姉妹）と父母の一方のみを同じくする兄弟姉妹（半血の兄弟姉妹）がいる場合，半血の兄弟姉妹は，全血の兄弟姉妹の2分の1の相続分となる（900条4号ただし書）。

2　具体的相続分

(1)　特別受益

被相続人である親が生きている間に，子どもに対して自己の財産を相続す

ることは少なくないだろう。例えば，息子の大学入学時に入学金を払ってあげるとか，娘の結婚式の費用を負担してあげるなどである。もし，このような生前贈与を親の相続時に考慮して計算しなければ，贈与を受けていなかった相続人がいた場合，とても不公平なことになるだろう。したがって民法は，共同相続人の中に生前贈与を受けた者（特別受益者）がいる場合，その贈与部分は相続分の前渡しがなされたものとみて，相続財産に持ち戻した基礎財産（「みなし相続財産」という）をもとに計算し，各相続人の相続分を算定することにしている。最終的には，特別受益者の相続分から生前贈与を受けた部分を控除する。その結果，特別受益者の具体的相続分が算出される。

例②　特別受益者がいる場合の具体的相続分の計算方法

　Xが死亡し，その遺産を配偶者A，長男B，長女C，次女Dが相続した。Xの相続財産は，7,000万円。Xは生前に長男Bがベンチャービジネスを始めるための資金として1,500万円の現金を，次女Dには500万円の車をそれぞれ生前贈与していた。

①相続開始時にXが残した遺産と生前贈与された金額（1,500万円＋500万円）を合計し，みなし相続財産を算出する。

　7,000万円（現実の遺産）＋2,000万円（生前贈与の合計額）
　＝9,000万円（みなし相続財産）

②みなし相続財産をもとに，共同相続人それぞれの相続分を算出。

③最後に，生前贈与を受けたものから，その金額を控除することで，**具体的相続分**が算出される。

　A　9,000万円 ×½＝4,500万円

　B　9,000万円 ×½×⅓→1,500万円－1,500万円＝0万円

　C　9,000万円 ×½×⅓＝1,500万円

　D　9,000万円 ×½×⅓→1,500万円－500万円＝1,000万円

⑵ 寄与分

　被相続人の相続財産は，少なからず相続人の寄与・貢献があったからこそ残されたと言える部分もあるだろう。例えば，妻が病弱の夫を扶養看護したことにより夫名義の財産が減少せずに済んだ場合や，父の事業を子ども達が手伝ったことで，父名義の財産が増加したような場合である。民法は，被相続人に対してなされた寄与・貢献部分を共同相続人の協議または審判で確定させ，相続財産から控除して算出される「みなし相続財産」をもとに各相続人の相続分を算定することにしている。最終的に寄与者に寄与・貢献部分を加算することで具体的相続分が算出される。

例③　寄与者がいる場合の具体的相続分の計算方法

　Ｘが死亡し，その遺産を配偶者Ａ，長男Ｂ，長女Ｃ，次女Ｄが共同相続した。Ｘの相続財産は，8,000万円。その後，共同相続人全員で行った遺産分割協議の中で，Ｘの介護を献身的に行っていた長男Ｂに2,000万円分の寄与分があったことが認められた。

①相続開始時にＸが残した遺産からＢの寄与分額2,000万円を差し引き，みなし相続財産を算出する。

　　8,000万円（現実の遺産）－2,000万円（寄与分額）

　　＝6,000万円（みなし相続財産）

②みなし相続財産をもとに，共同相続人それぞれの相続分を算出。

③最後に，寄与者の相続分に寄与分額を加算することで，**具体的相続分**が算出される。

　Ａ　6,000万円 ×½＝3,000万円

　Ｂ　6,000万円 ×½×⅓→1,000万円＋2,000万円＝3,000万円

　Ｃ　6,000万円 ×½×⅓＝1,000万円

　Ｄ　6,000万円 ×½×⅓＝1,000万円

⑶ 特別寄与料制度

被相続人が夫の父親である場合，生前に妻や推定相続人以外の親族が療養看護などの労務の提供を行っていたとしても，それらの者は相続人ではないため，寄与・貢献部分が，寄与分として評価されることがない。これは，実質的公平に反するものであると指摘されていた。

そこで2018年改正民法は，相続人ではない者による寄与に報いるため，被相続人に対して無償で療養看護その他の労務の提供をしたことにより被相続人の財産の維持または増加について特別の寄与をした被相続人の親族は，相続の開始後，相続人に対し，特別寄与者の寄与に応じた額の金銭（特別寄与料）の支払いを請求することができるとした（1050条1項）。

3　相続財産の範囲

⑴ 包括承継の原則

相続人は，原則として，相続開始の時から，被相続人の財産上の一切の権利義務を承継すると規定されている（896条）。被相続人の財産は，不動産や預貯金などのプラスの財産だけではなく，借金などのマイナスの財産も，また物権や債権債務など，種類に関係なく，包括的に承継されるのである。ただし，以下のような例外がある。

⑵ 一身専属権

被相続人の一身に専属したものは，相続人に承継されない（896条ただし書）。例えば，配偶者が他方配偶者に対して持つ婚姻費用分担請求権（760条），同居・協力・扶助義務（752条）といった身分上の地位や，雇用契約上の労働者としての権利義務や代理権といった信頼を基礎にして結ばれた契約上の権利義務などは相続されない。ただし，一身専属権であったとしても，相続開始前に発生した損害賠償請求権などが金銭債権として確定している場合は相続することができる。

(3) 祭祀財産

遺骨，位牌，墓石，墓地などの祭祀財産は，祭祀承継者（祖先の祭祀を主宰すべき者）に帰属するので，相続による承継の対象外となる。祭祀承継者を誰にするかについては，被相続人の指定があれば，それに従うが（897条1項ただし書），指定がなければ慣習による（897条1項本文）。指定もなされず，慣習もない場合は，家庭裁判所の審判によって定める（897条2項）。なお，判例は，遺骨についても祭祀承継者に帰属するとしている（最判平元・7・18家月41巻10号128頁）。

(4) 生命保険金

生命保険金は，生命保険契約に基づいて，被保険者である被相続人が死亡することによってその請求権が発生するのであり，被相続人に帰属していた財産とは言えない（受取人が被相続人自身である場合は相続財産）。また判例も，相続人を受取人とする保険請求権は，共同相続人の1人または一部の者の固有財産に属するものであると判示している（大判昭11・5・13民集15巻877頁）。なお，公務員や従業員が死亡した時に官庁や企業から支払われる死亡退職金も遺族の生活保障的な性質を持つものであり，相続財産に含まれないと考えられている。

Ⅲ　遺産共有と遺産分割

1　遺産共有

(1) 遺産共有の意義

相続人が1人のみであれば，遺産すべてを単独で相続することになるが，相続人が2人以上いれば，相続財産は相続開始の時から複数の相続人（共同相続人）の「共有」となる。したがって，各共同相続人は，相続財産をそれぞれの相続分（持分ともいう）に応じて有することになる。これを**遺産共有**という（898条）。

(2) 共有財産の管理

　共同相続した財産の管理については，遺産分割がなされるまで，物権法上の共有の規定に従うことになる（249条以下〔詳しくは本書**第10章**参照〕）。例えば，建物が共同相続された場合，以下の通りとなる。

i　保存行為　　相続した建物の修繕や固定資産税の支払いなど，財産の価値を現状維持させる行為については，各共同相続人は単独で行うことができる（252条ただし書）。

ii　管理行為　　相続した建物を他人に賃貸する契約を締結するなど，財産の利用や改良を行う行為は，共同相続人の相続分の割合に従い，その過半数で決定することができる（252条本文）。

iii　変更行為　　相続した建物を改築するなど，財産に変更を行う場合は，全員一致でなければならない（251条）。また，相続財産の売却などの処分行為も「変更行為」に含まれる。

　以上が共有財産管理についての原則的なルールであるが，遺産共有の状態にある財産が債権債務の場合，原則として427条以下の多数当事者の債権債務関係のルールに基づくが，可分債権・可分債務については，いくつかの問題点がある。

(3) 可分債権

> **例④**
> 　被相続人Ｘの相続人であるＡとＢは，Ｘが生前に友人Ｃに貸した3,000万円の金銭債権を相続した。ＡまたはＢは，遺産分割前であってもＣにそれぞれが弁済を求めることができるだろうか。

　例④の場合，判例によれば，可分債権3,000万円は，遺産分割の対象とならないので，ＡとＢは，相続開始と同時に法定相続分に基づいて1,500万円ずつ取得する（最判昭29・4・8民集8巻4号819頁）。ＡとＢとの合意があれば，可分債権3,000万円を遺産分割の対象とすることが可能である。

ところが，Cが銀行であり，Xが持っていた債権は預貯金債権であった場合，判例は平成28年決定から異なる対応をすることとなった。預貯金債権は遺産分割対象となる可分債権であるという判断をしたのである（最大決平28・12・19民集70巻8号2121頁）。その理由として，判例は，預貯金債権の残額は変動するので，共同相続人全員で解約しない限り，各共同相続人に債権の額を確定して分割することができないと説明する。したがって，預貯金債権を共同相続した相続人は，預貯金債権の払戻しを受けるために，相続人全員の同意を得なければならなくなり，不都合が生じることもあり得る。このような不都合に対し，2018年改正民法は，預貯金債権の一定額までは（上限150万円），共同相続人の1人は全員の同意無しに単独で債権を行使することができることとした（909条の2，民法909条の2に規定する法務省令で定める額を定める省令）。

(4) 可分債務

　Xが3,000万円の可分債務を残して亡くなった場合，共同相続人である子AとBは，法定相続分に従って1,500万円ずつ債務を相続開始と同時に承継する（最判昭34・6・19民集13巻6号757頁）。Aが3分の2，Bが3分の1とする指定相続分であった場合は，Aは2,000万，Bは1,000万円の債務を承継する。ただし，債権者は，指定相続分に応じた債務の承継を承認していなければ，法定相続分に応じて権利行使ができる（902条の2）。

2　遺産分割

(1) 遺産分割とは

　相続開始と同時に共同相続人に承継される可分債権や可分債務などは別として，相続開始時に被相続人が残した財産は共有され，最終的に具体的な相続財産の帰属は，遺産分割という方法により確定される。遺産分割は原則として協議で行うが，調停や審判で行われることもある。法定相続分や指定相続分は参考にすることはあっても基準とする必要はない。

(2) 分割当事者

遺産分割の協議は，共同相続人全員で行わなければならない。当事者の一部を欠く遺産分割は無効である。胎児も例外的に相続人になるが，生まれるまでは遺産分割協議に参加出来ないので，協議は胎児の出生後に行うことになる。

相続人以外で分割協議に参加出来る者は，①包括受遺者（990条），②相続分の譲受人，③遺言執行者（1012条），である。包括受遺者については，協議に参加させないと無効となるが，それ以外の者は，たとえ協議に参加しなかったとしても，協議自体は無効とはならず，協議による分割を対抗できないものと解されている。

(3) 遺産分割方法

遺産分割の方法として，①遺産の現物をそのまま分割して配分する方法（現物分割），②個々の遺産を各共同相続人に配分する方法（個別配分），③遺産を売却して得た代金を分配する方法（代金分割），④現物を特定相続人が取得し，他の相続人は現物を取得した相続人から相続分に応じた代価を受け取る方法（代償分割）などがある。

遺産分割の方法は，遺言によって指定することもできる（908条）。

(4) 協議分割・調停分割・審判分割

協議分割とは，被相続人が遺言によって期間を定めて禁止している場合を除き，共同相続人の協議によって行われる（907条1項）。相続開始前の協議はできないが，相続開始後であれば，特に協議の開始と終了について定められてはいない。また，具体的相続分と異なる内容での分割も認められる。

もし，協議が調わない場合，共同相続人は，家庭裁判所に調停分割を申し立てること（家事事件手続法244条），あるいは遺産分割の審判を求めること（907条2項）ができる。調停前置主義は採られていないので，調停と審判のいずれかを自由に選択することができる。

審判分割は，「遺産に属する物又は権利の種類及び性質，各相続人の年齢，

職業，心身の状態及び生活の状況その他一切の事情を考慮」して定められ（906条），協議分割と異なり，具体的相続分に従わなければならない。

【本章のまとめ】

・相続は死亡によってのみ開始する。

・法定相続人は，常に相続人となる配偶者相続人と相続順位が付けられる血族相続人である。

・複数の相続人が相続する場合，それを共同相続といい，民法でそれぞれの相続人が相続する割合が決められており，それを法定相続分という。

・共同相続人間の公平を図るため，被相続人の生前に贈与を受けた者や被相続人に寄与・貢献した者について，具体的相続分をもとに相続分を決定する特別受益者・寄与分の制度がある。

・原則として被相続人に属していた財産すべては包括的に相続人に承継される。

・相続開始から遺産分割まで相続財産は共有され，その管理は物権法のルールに従う。

第27章　相続(2)
——相続の承認・放棄・相続人の不存在——

Ⅰ　相続の承認・放棄
Ⅱ　相続人の不存在

Ⅰ　相続の承認・放棄

1　包括承継主義と相続人の選択

　被相続人の死亡によって相続が開始すると同時に，相続人は被相続人に属していた財産すべてを包括的に承継する（**包括承継主義**）。したがって，相続人は，相続する意思表示をする必要も，遺産の所有権移転の手続を行う必要もない。これはすでに述べたように，一瞬でも帰属不明の財産が生じないようにするためであり，相続人が相続開始の事実を知らなくとも承継するのである。しかし，相続人に財産をその意思に反してまでも強制的に承継させることは問題である。例えば，父親が残した財産が多額の債務のみの場合，相続人である子は，債務を強制的に承継させられてしまうようなことは，あってはならないだろう。そこで，民法は，相続人に対して，相続をするか否かを決める選択の自由を保障しているのである。それが，相続の承認・放棄制度である。承認には，単純承認と限定承認の2種類がある。

2　承認・放棄の性質

(1)　相手方のない単独行為

　承認・放棄の効果は意思表示によって生じる（単独行為）が，もし，相続人が何の意思表示もしなかった場合，単純承認をしたとみなされる（921条）。これを法定単純承認という。したがって，単純承認したい場合は，改めて意思表示をしなくとも良いということになる。積極的な意思表示が必要とされるのは，限定承認か放棄の場合である。

(2)　承認・放棄は法律行為

　相続の承認・放棄は，財産権に変動をもたらす行為であるため，身分行為ではなく，財産に関する**法律行為**である。したがって，承認・放棄の完全に有効な意思表示を行うためには，行為能力を有している必要がある。また，単純承認については，要式性を問われないが，限定承認と放棄については，家庭裁判所に対して申述して行う要式行為である（924条・938条）。

(3)　承認・放棄の撤回・取消し・無効

　相続の承認・放棄は，熟慮期間（後述3）内でも撤回することはできない（919条1項）。ただし，承認・放棄は法律行為であるから，制限行為能力者によって承認・放棄がなされた場合や詐欺・強迫によりなされた場合は取り消すことができる（同条2項）。取消しは，家庭裁判所に申述して行わねばならない（同条4項）。

　承認・放棄の無効についての規定はないが，限定承認・放棄の申述書が偽造されていた場合や，家庭裁判所の受理審判が確定しても，後に申述要件が欠けていたことが利害関係人によって証明された場合などは無効となると解されている。

3 熟慮期間

(1) 熟慮期間とは

相続人は，承認・放棄の意思表示を「自己のために相続の開始があったことを知った時」から起算して3か月以内にせねばならない（915条1項本文）。この3か月の期間が熟慮期間である。判例は，「自己のために相続の開始があったことを知った時」について，原則として「相続人が；相続開始の原因たる事実及びこれにより自己が法律上相続人となった事実を知った場合」としているが，「相続人が，右各事実を知った場合であっても，右各事実を知った時から3か月以内に限定承認又は相続放棄をしなかったのが，被相続人に相続財産が全く存在しないと信じたためであり，かつ，被相続人の生活歴，被相続人と相続人との間の交際状態その他諸般の状況からみて当該相続人に対し相続財産の有無の調査を期待することが著しく困難な事情があって，相続人において右のように信ずるについて相当な理由があると認められるときには，相続人が前記の各事実を知った時から熟慮期間を起算すべきであるとすることは相当でないものというべきであり，熟慮期間は相続人が相続財産の全部又は一部の存在を認識した時又は通常これを認識しうべき時から起算すべきもの」としている（最判昭59・4・27民集38巻6号698頁）。なお，共同相続の場合，熟慮期間はそれぞれの相続人ごと別々に進行する。また，熟慮期間の起算点については，次の2つの例外があるので注意すること。1つ目は**再転相続**である。再転相続とは，Xの死亡後，相続人のAが承認・放棄の意思表示をしないまま熟慮期間中に死亡した場合，Aの相続人であるBは，AがXの相続の承認・放棄をする権利を含めてAを相続する場合のことをいう。すなわち，XからAの第1の相続が確定しないうちにAからBの第2の相続が開始した場合であり，この場合のBのことを**再転相続人**という。再転相続人は，第1の相続（X→A）と第2の相続（A→B）それぞれについて，承認・放棄をすることになる。2つ目は，相続人が未成年者や成年被後見人の場合，熟慮期間は，その法定代理人が制限行為能力者のために相続が開始したことを知った時から起算される（917条）。

(2) 熟慮期間中および承認・放棄確定後の相続財産の管理

相続財産は，熟慮期間中に承認・放棄の意思表示をするか，熟慮期間経過によって法定単純承認されるまでは確定的に相続人に帰属してない。したがって，この間の相続財産は，自己の固有財産におけるのと同一の注意をもって管理しなければならない（918条1項）。

単純承認がなされれば，単独相続の場合は自己の固有の財産となるので，管理義務はなくなるが，共同相続の場合は，遺産分割がなされるまでは，249条以下の規定に基づいて管理することになる（本書**第26章Ⅲ1**参照）。限定承認の場合は，926条に基づき，放棄した場合は，940条に基づいて管理義務を負うことになる。

4　単純承認

(1)　単純承認とは

単純承認とは，相続人が（共同相続人であれば，相続分に応じて）無限に被相続人の相続財産を承継することである（920条）。限定承認や相続放棄とは異なり，申述や方式などについて特に規定は設けられておらず，一定の事由があれば単純承認の効果が生じると定められているのみである（921条）。そのため，単純承認は意思表示によって成立することに否定的な学説もあるが，判例および多数説は，単純承認が意思表示によって成立することを肯定している（最判昭42・4・27民集21巻3号741頁）。したがって，単純承認の取消しや無効も認められるということになる。ただし，単純承認のほとんどの場合は，法定単純承認によるものである。

(2)　法定単純承認

法定単純承認が認められる事由は，第1に熟慮期間経過前であっても，例えば，相続財産である土地を他人に譲渡するとか，債権を回収するというような相続人が処分行為を行った場合である。したがって，相続財産である建物の雨漏りを修理するような保存行為や短期賃貸借契約（602条）を結んだりするような場合は処分行為に当たらない。第2に3か月の熟慮期間が過ぎ

た場合である（921条2号）。第3に相続人の債権者（相続債権者）に対する背信行為である。例えば，相続財産の全部または一部を隠したり，**5** で説明する限定承認後，詐害意思をもって相続財産の目録に記載しないようにしたりする場合である。

5　限定承認

(1)　限定承認とは

限定承認とは，単純承認と同様に被相続人の相続財産を承継するのだが，被相続人の消極財産（借入金等の負債）については，積極財産（現金，預金，不動産，有価証券など金銭的価値のあるもの）の限度においてのみ承継することになるものである（922条）。限定承認の意思表示は，相続する財産の内容が明確でない（積極財産と消極財産のどちらが多いかわからない）場合になされることになるだろう。もし，積極財産が消極財産をはるかに上回っていることが確実なら単純承認する場合が多いだろうし，その逆であれば，放棄する可能性が高いからである。

(2)　限定承認の方法

限定承認は，熟慮期間内に相続財産の目録を作成し，これを家庭裁判所に提出して申述し（924条），この申述を受理する審判がなされることで成立する（家事事件手続法201条）。限定承認は，単純承認や放棄と異なり，相続人が複数いる場合，その全員（包括受遺者も含む）が共同してしなければならない（923条）。複数いる相続人の中にすでに単純承認している者がいても，熟慮期間は，起算点の最も遅い相続人を基準にするため，熟慮期間内であれば，限定承認が可能である（921条2号）。

(3)　限定承認の清算手続

限定承認は，相続した積極財産の限度で相続債務や遺贈について弁済される。積極財産を限度としての弁済であるから，弁済できない債務や遺贈があっても，もはや相続人は弁済義務を負うことはない。もし，積極財産が残っ

たような場合は，相続人に帰属することになる。

6　相続放棄

(1)　相続放棄とは

相続放棄は，家庭裁判所に申述し，受理する審判がなされることにより，放棄が成立し，放棄をした相続人は，最初から相続人ではなかったことになる（938条・939条，家事事件手続法201条）。

> **例①**
> 　農業を営むＸには配偶者Ｙと田舎で一人暮らしをする母親Ａ，そして長男Ｂと次男Ｃがいる。Ｘが時価800万円の農地と2,000万円の借金を残して亡くなってしまった。

　例①で，熟慮期間中に承認・放棄の意思表示を行わず，3か月が過ぎてしまった場合，法定単純承認され，法定相続人であるＹが相続財産（農地と借金）の2分の1，ＢとＣが4分の1ずつを相続することになる。この場合，もし，長男ＢがＸの農業経営を継ごうと思い，農地を承継したいと考えた場合，遺産分割協議を行って，農地は長男Ｂのみが承継することにする場合が考えられるだろう。そうすると，Ｂが最初から農地を単独で相続したことになり，借金は抱えるが，農業経営の後継者となれるだろう。もし，借金の額が多いので，相続放棄を選択した場合，同居するＸの配偶者Ｙと第1順位の相続人Ｂ・Ｃだけで放棄してしまうと，田舎の母親Ａが多額の借金を抱えてしまうことになる。このように放棄によって，相続人の相続分や範囲に変動が生じる場合がある。

(2)　相続放棄と登記

　放棄は，一度家庭裁判所に申述してしまうと，熟慮期間内であったとしても撤回をすることはできない（919条1項）。もし，撤回を許してしまうと，他の共同相続人や相続債権者など，多くの利害関係者の利益を侵害してしま

う可能性があるからである。このように放棄の遡及効は絶対的であるため，登記がなくとも第三者に対抗することができる。例えば，被相続人Ｘの相続人はＡとＢであり，相続財産は土地のみであったとする。Ａが相続放棄した場合，Ｂは土地を単独で相続したことになるが，Ａの債権者であるＣがＡも相続したものとしてＡに代位し，相続登記をした上で，Ａの法定相続分について仮差押登記をしたとしても相続放棄の遡及効が重視されることから無効となる。したがって，単独相続をしたＢは土地の単独所有権を登記なくしてＣに対抗することができるのである（最判昭42・1・20民集21巻1号16頁）。

■■■ Ⅱ 相続人の不存在 ■■■

1 相続人の不存在とは

相続人の不存在とは，「相続人のあることが明らかでないとき」（951条）のことである。例えば，戸籍上の相続人がいない場合や，いたとしても，相続人全員が相続欠格や廃除で相続資格を失っていたり，相続放棄をしたりしていた場合である。戸籍上の相続人が単に行方不明や生死不明であるだけでは，それを相続人の不存在とは言わない。この場合は，不在者の財産管理制度（25条以下）や失踪宣告制度（30条以下）を利用することになる。また，戸籍上の相続人がいなくとも，遺言で相続財産全ての贈与を受ける包括受遺者がいる場合，相続人の不存在に当たらないとされている（最判平9・9・12民集51巻8号3887頁）。包括受遺者は相続人と同一の権利義務を有する（990条）からである。

2 相続財産法人と相続財産管理人

相続人のあることが明らかでないときは，相続財産は被相続人死亡時において，法律上当然に法人（相続財産法人）となる（951条）。相続人が不存在なのであるから，相続財産の帰属主体がないため，相続財産の管理・清算が

難しくなってしまう。したがって，それを避けるために，相続財産そのものを権利主体として認める形をとったものである。相続財産法人が成立した場合，その代理人となる相続財産管理人を選任することになる。相続財産管理人は，利害関係人（相続債権者，相続債務者，受遺者など）または検察官の請求によって，家庭裁判所によって選任され（952条1項），公告される（同条2項）。相続財産管理人は，不在者の財産管理人と同じ権利義務を有し（953条），相続財産法人のために相続財産の管理・清算を行う。また，相続財産管理人は，相続債権者または受遺者の請求があれば，相続財産の状況報告をしなければならない（954条）。

3　相続財産の処理手続

相続財産管理人が公告された後，2か月以内に相続人のいることが判明しなかった時，相続財産管理人は，遅滞なく，すべての相続債権者および受遺者に対して，2か月以上の期間を定めて請求を申し出るように公告しなければならない（957条1項）。申出期間が満了した後，相続財産の清算が開始され，期間内に申出をした相続債権者（または知れている相続債権者）や受遺者などに配当弁済がされる。なお，期間内に申出の無かった債権者や受遺者に対しては，残余財産がある場合に限り，それぞれの債権額の割合に応じて相続財産から弁済される（同2項）。そして，この期間満了時点でも相続人が判明しない場合，家庭裁判所は，相続財産管理人または検察官の請求によって，6か月以上の期間を定めて，相続人がいるならば，その権利を主張するように公告しなければならない（958条）。この期間内に相続人としての権利を主張する者がいないときは，相続人ならびに相続財産管理人に知れなかった相続債権者や受遺者は，もはや権利を行使することができなくなる（958条の2）。

4　相続人の判明

上記処理手続中に，相続人が判明した場合，相続財産は相続の始めから相続人に帰属していたことになるため，相続財産法人は成立しなかったものと

みなされる（955条）。しかし，相続人不明であった時に行われた相続管理人の行為は相続人のために管理行為をしていたことになるため，無効とはならない（同条ただし書）。相続財産の管理人の代理権は，相続人が相続の承認をした時に消滅する（956条）。

5　相続財産の終局的帰属

(1)　特別縁故者制度の意義と目的

　相続人の不存在が確定した後もなお相続財産が残っている場合，被相続人と特別な関係があった者（**特別縁故者**）がいれば，その者が家庭裁判所に請求することにより，相続財産の全部または一部が分与される。これが1962年に創設された特別縁故者制度である。制度目的は，相続財産を清算しても残っている財産があるならば，国庫に帰属させるよりは，被相続人と特別な関係にあった者に承継させることが，被相続人の生前の意思に合致するものであること，また特別縁故者の生活保障を図ることもできること，などである。

(2)　特別縁故者とは

　相続人の不存在確定後，家庭裁判所は，3か月以内に相当と認めるときは，特別縁故者の請求によって，相続財産の全部または一部を分与することができる（958条の3）。**特別縁故者**とは，条文上は，「被相続人と生計を同じくしていた者」，「被相続人の療養看護に努めた者」，「その他被相続人と特別の縁故があった者」とされる。実際には，特別縁故者の判断基準は，親族関係であるか否かではなく，実質的な関係の濃淡などであると考えられる。典型的な例としては，内縁配偶者や事実上の養子などが多いと思われるが，審判例では配偶者の連れ子，付添看護士，被相続人が勤務していた会社の代表取締役，社会福祉法人などへの財産分与が認められている。

(3)　国庫帰属

　特別縁故者からの相続財産の分与請求がなかった場合，あるいは特別縁故者に対する分与がなされた後もなお残余財産がある場合，残余財産は国庫に

帰属する（959条）。国庫とは，国家を財産権の主体としてみたときの表現である。残余財産が国庫に帰属すると，相続財産法人は消滅する（最判昭50・10・24民集29巻9号1483頁）。

【本章のまとめ】

・**包括承継主義**とは，被相続人の死亡によって相続が開始すると同時に，相続人は被相続人に属していた財産すべてを包括的に承継することである。

・相続人は，相続が開始してから3か月以内に相続を承認するか放棄するかを決めることができる。

・承認には単純承認と限定承認がある。

・**単純承認**とは，相続人が無限に被相続人の権利義務を承継すること。

・**限定承認**とは，相続人が相続によって得られた積極財産の限度においてのみ消極財産および遺贈を弁済すべきことを留保して相続を承認する旨の意思表示。

・**相続放棄**は，家庭裁判所に対する申述が受理されると成立し，放棄をした相続人は最初から相続人ではなかったことになる。

・相続人が不存在の場合，**相続財産法人**が成立し，相続財産の管理・清算が行われ，残余財産があれば，**特別縁故者**に分与され，特別縁故者がいないとき，または特別縁故者に分与してもなお残余財産がある場合は，**国庫**に帰属する。

第28章　遺言と遺留分

I　遺言
II　遺留分

I　遺言

1　遺言とは

> **例①**
>
> 　AはBと結婚して40年になる。2人の子も自立して，それぞれの家庭を持ち，子どももいる。現在，Aは配偶者Bではなく，自分の世話を熱心にしてくれるCと暮らしている。Aは自分の死後，財産の一部をこのCに与えたいと考えている。Aはどのような方法を取れば良いだろうか。

　この章では遺言について説明する。民法は，人が死亡した場合の財産承継方法として，法定相続と遺言を規定している。**例①**の場合，法定相続であれば，Aの財産を承継するのは，法定相続人となる配偶者と2名の子のみであり，Cは全く承継できない。しかし，遺言であれば，Aは生前に自分の意思（Cに自分の財産を与える意思）をAの死後に実現させる（効力を生じさせる）ことができるのである。判例・通説によると，人の死亡による財産承継は，

遺言が原則であり，法定相続は，遺言が存在しない場合に「補充的に機能する」としている（最大決平7・7・5民集49巻7号1789頁）。ただし，遺言の効力が生じる時には，すでにA（**遺言者**）は死亡しているので，遺言の内容が真実であるかを確認できない。したがって，遺言は一定の方式によることが求められ，遺言で行うことができる事項も法律によって定められている（**法定遺言事項**）。

　このように，遺言とは，一定の方式に従ってなされる相手方のない単独の意思表示であり，遺言者の死後の法律関係を定める最終的な意思表示であって，その者の死亡によって法律効果を発生させるもの（985条）である。遺言は単独行為であるため，Aの一方的な意思表示によって，AからCへ死後に財産が承継されることから，遺言が遺言者個人の意思で作成されたということが確実でなければならない。したがって，代理人によって遺言されること（**遺言代理**）は認められないし，複数の者が同一の遺言書に書くこと（**共同遺言**）も認められない（975条）。

2　遺言能力

　遺言者は遺言する時に遺言能力を有していなければならない（963条）が，この能力は，行為能力のことではないので，未成年者（15歳以上）や制限行為能力者であっても遺言をすることができる（962条）。遺言者の最期の真意を尊重するためである。ただし，成年被後見人が判断能力を一時回復した時に遺言をする場合は，医師2人以上の立ち会いがなければならない（973条1項）。

　遺言は形式的には満15歳になれば遺言することができる（961条）が，遺言の時に重い認知症などで意思能力を欠いていた場合は無効となる（3条の2）。

3　遺言の方式と特徴

　前述したように，遺言の効力が発生する時には，すでに遺言者が死亡しているので，改めて意思表示の内容や，それが真意に基づくものであるかを確

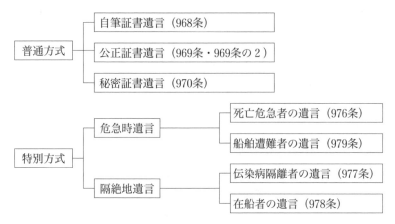

図1　遺言の方式

認することはできない。そこで，法律によって遺言に厳格なる方式を定め，遺言がその方式に従ったものであるならば，その内容の実現が法的に保障されるという形を取っている。なお，方式に従って書いた遺言は，遺言者によっていつでも撤回することができるが，その撤回についても遺言の方式に従ってなされねばならない（1022条）。

　遺言の方式は上記の図表のように，大きく**普通方式**と**特別方式**に分けられ，普通方式には，**自筆証書遺言**，**公正証書遺言**，**秘密証書遺言**の3種類がある。また，特別方式は，死が切迫しているなどの理由から普通方式の遺言が難しい場合に認められる**応急時遺言**と**隔絶地遺言**の2種類がある。

4　普通方式遺言

(1)　自筆証書遺言

　自筆証書遺言とは，遺言者が，その全文（本文），日付および氏名を自書し，印を押して作成するものである（968条1項）。全文（本文）の自書が要件となっているので，パソコンで作成したり，動画で残したりすることは認められない。代筆も認められないが，他人が添え手をして作成した場合，補助してくれた人の意思の介入がなければ有効である（最判昭62・10・8民集41

巻 7 号1471頁）。筆記具や用紙は指定されておらず，カーボン紙で複写された遺言を認めた判例もある（最判平 5・10・19家月46巻 4 号27頁）。なお，自筆証書遺言に添付される相続財産の一部または全部を記載する目録については，自書でなくともよい（968条 2 項前段）。例えば，パソコンでリストを作成したものや通帳をコピーしたものでもよい。ただし，「この場合において，遺言者は，その目録の毎葉（自書によらない記載がその両面にある場合にあっては，その両面）に署名し，印を押さなければならない」（同後段）。

　自筆証書遺言は簡便な遺言方式のため，同一人により作成された複数の遺言が存在する可能性があるが，優先されるのは，作成期日のより新しいものである（1023条 1 項）。したがって，遺言書には必ず特定できる日付の記載が必要となるのである。また，作成日付の特定は，遺言作成日に遺言者に遺言能力があったか否かを判断するためにも必要となる。

　その他，氏名については，苗字や名前のみでも構わないし，通称や芸名などでもよいと考えられている。求められている押印については，実印である必要はなく，三文判や指印でも良いとされる（最判平元・2・16民集43巻 2 号45頁）。

　なお，自筆証書遺言は，大変簡便な遺言方式であるから，誰の関与も必要なく，誰に知られることもなく書くことができる。しかし，そのことが逆に遺言書が誰にも発見されないままに紛失したり，変造・破棄されてしまったりする問題を生じさせてしまうことが考えられる。このような問題に対処するために，遺言者は，「法務局における遺言書の保管等に関する法律」に基づき，法務局に自筆証書遺言の保管を申請することができる。遺言書が保管されることによって，紛失や変造のおそれもなくなり，遺言者の死亡後，何人も，遺言保管所に対し，遺言書が保管されているか否かを調べることができる（遺言保管法10条 1 項）。相続開始後，関係相続人等は，関係遺言書の閲覧や遺言書情報証明書の交付を請求することができる（同 9 条 1 項・3 項）。

(2) 公正証書遺言

公正証書遺言とは，全国にある公証役場の公務員である公証人により作成

されることにより，内容の真実性・確実性が確保される遺言のことである。自筆証書遺言のように法務局に保管されなくても，公証役場に保存されるので，遺言が存在するか否かを検索することができる。遺言の方式としては，①２人以上の証人（未成年者や推定相続人などの利害関係人は証人になれない）の立会いがあり，②遺言者が遺言の趣旨を公証人に口授し，③公証人が，遺言者の口述を筆記し，これを遺言者および証人に読み聞かせ，または閲覧させる，④遺言者および証人が，筆記の正確なことを承認した後，各自これに署名し，⑤公証人が，公正証書が①〜④の方式に従って作成したものである旨を付記して，署名・押印する。なお，口がきけない者や耳が聞こえない者でも，通訳者を介することで公正証書遺言を作成できる（969条の２）。

(3) 秘密証書遺言

秘密証書遺言とは，遺言の内容を秘密にしておきたい場合の遺言であり，以下の方式に従う必要がある（970条）。

①遺言者が，遺言書に署名・押印をする。ただし，遺言書は自書である必要はなく，代筆でも良いしパソコンで作成しても良い。

②遺言者が，①で作成した遺言書を封筒に入れて封じ，遺言書と同じ印章で封印する。

③遺言者が，公証人１人および証人２人以上の前に封書を提出して，自分の遺言書である旨ならびにその筆者の氏名と住所を申述する。

④公証人が，その遺言書を提出した日付および遺言者の申述を封紙に記載した後，遺言者および証人とともにこれに署名・押印する。

なお，上記方式を備えていない秘密証書遺言は無効だが，自筆証書の方式を備えていれば，自筆証書遺言としての効力が認められる（971条）。

5 特別方式遺言

特別方式遺言とは，特別の事情があり，普通方式の遺言が行えない場合，普通方式の遺言よりも簡易な方式で行うことが認められた遺言のことである。

特別の事情とは，病気その他の事情によって急ぎ遺言を残さねばならない

ような場合や行政処分によって交通を遮断されたような場所で遺言を作成せねばならないような場合である。前者については，死亡危急者の遺言と船舶遭難者の遺言があり，いずれも死亡の危急が迫っている場合に認められているが，現実に船舶遭難者の遺言の利用はない。後者は，伝染病隔離者の遺言と在船者の遺言があるが，これらも現実に利用はされていない。

6　遺言の効力

遺言は，遺言者の死亡の時からその効力が生じる（985条）が，遺言に大学に合格したら土地を与えるなど，停止条件が付されている場合，条件が成就した時からその効力が生じる（985条2項）。

(1)　法定遺言事項

遺言できる行為は法律で定められおり，これを**法定遺言事項**という。認知（781条2項），推定相続人の廃除（893条），相続分の指定（902条），遺言執行者の指定（1006条），遺言の撤回などがあるが，特に多いのは，遺言者が遺言によって特定の人（受遺者という）に財産を承継させる遺贈だろう。

遺贈は特定遺贈と包括遺贈があり，前者は「○市○丁目○番地の建物を○○に遺贈する」といったように相続財産を特定して行われるもので，後者は，「相続財産の全部を○○に遺贈する」あるいは「相続財産の2分の1を○○に遺贈する」といったように相続財産の包括的な割合を示して行われるものである。包括遺贈の受遺者（包括受遺者）は，相続人と同一の権利義務を有する（990条）ことに注意しなければならない。

なお，特定受遺者は必ず財産の承継を受ける義務は無いため，遺言者の死後に遺贈を放棄できる（986条1項）。また，受遺者が遺言者より先に死亡した場合，遺贈は効力を失う（994条1項）。

(2)　検認

遺言書を保管している者は，相続の開始を知った後，遅滞なく，これを家庭裁判所に提出して，**検認**を請求しなければならない（1004条1項前段）。自

筆証書遺言の場合，遺言者自身が保管している場合があるため，遺言者の死後に相続人がそれを発見する場合がある。その場合は，発見した後，検認を請求することになる（1004条1項後段）。ただし，公正証書遺言と遺言保管所に保管された自筆証書遺言については，検認は不要である（1004条2項，遺言保管法11条）。

⑶　遺言執行者

　遺言者の死亡後に遺言の内容を履行（遺言を執行）するのは，相続人であることが多いだろう。しかし，遺言が「相続人以外の者に不動産を特定遺贈する」といった相続人が予想していなかったような場合などは，遺言の執行に必ずしも積極的・協力的になれない場合も考えられる。そこで，遺言者は，遺言がその内容通りに確実に執行されるように，遺言で1人または数人の遺言執行者を指定するか，その指定を第三者に委託することができる（1006条1項）。

　遺言執行者は，遺言者に代わり，遺言の内容を実現するため，必要とされる一切の行為をする権利義務を持つ（1012条1項）。遺言執行者がいる場合は，遺言の執行は遺言執行者に委ねられ，相続人は遺言の執行について，何の権利義務も無くなる（1012条2項）。

Ⅱ　遺留分

1　遺留分制度

　遺留分制度は，相続人のうち，一定範囲の者に，被相続人の相続財産の一定割合について相続権を保障するものである。もし，被相続人がその一定割合を超えて贈与や遺贈をした場合，一定範囲の相続人に，その超えた部分（侵害部分）を取り戻す権利が認められる。この相続財産の一定割合を超えた部分のことを**遺留分**という（超えていない部分は**自由分**という）。また一定範囲の相続人が遺留分を確保できる権利を**遺留分権**といい，遺留分権を持つ

相続人を**遺留分権利者**という。

2 遺留分権利者の範囲と割合

例②

　X には，父 A，妻 B と 2 人の子 C と D がいる。X は自分の1,000万円の全財産を愛人である E に贈与し，その 6 か月後すぐに病気で亡くなってしまった。父 A，配偶者 B と子 C と D は E が受け取った1,000万円を取り戻すことはできないのだろうか。

遺留分権利者は，「相続人となる」配偶者，子とその代襲者，直系尊属であり，兄弟姉妹は権利者とはならない（1042条 1 項）。胎児も遺留分権利者に含まれる（886条 1 項）。相続人である必要があるので，**例②**の場合，相続人となれるのは，配偶者 B と第 1 順位の相続人 C と D のみであり，第 2 順位の相続人である父 A は，遺留分権利者にはなれない。相続放棄をした者や相続欠格・廃除によって相続資格を失った者も遺留分権利者にはなれない。

　各遺留分権利者の遺留分の割合は，直系尊属のみが相続人である場合だけが被相続人の財産の 3 分の 1 で，その他の場合の遺留分の割合は，被相続人の財産の 2 分の 1 である（1042条 1 項）。遺留分権利者が複数いる場合は，全体の遺留分の割合に，それぞれの遺留分権利者の法定相続分の割合を乗じたものが，その者の遺留分の割合となる（1042条 2 項）。

　したがって，**例②**の場合，B が 4 分の 1 ，子 C と D のいずれも，8 分の 1 が遺留分の割合となるので，B，C，D は，E から，B は250万円，C と D は125万円ずつを取り戻すことができる。

3 遺留分を算定するための財産の価額

遺留分額＝遺留分を算定するための財産の価額 × 遺留分の割合 × 遺留分権利者の法定相続分

遺留分を算定するための財産の価額は，被相続人が相続開始の時において有した財産の価額にその贈与した財産の価額を加えた額から債務の全額を控除した額である（1043条1項）。なお，「その贈与」とは，共同相続人のみならず，それ以外の者に対してなされた贈与も含まれる。また，「その贈与」は，相続開始前の1年間にしたものに限り，その価額を加算する（1044条1項前段）。もし，当事者双方が遺留分権利者に損害を加えることを知って贈与したときは，1年前の日より前にしたものでも加算される（1044条1項後段）。さらに，相続人に対する贈与の場合は，「婚姻若しくは養子縁組のため又は生計の資本として受けた贈与」のように特別受益の対象（903条1項）となるものであり，相続開始前の10年間にされたものに限り，遺留分を算定するための財産の価額に加算される（1044条3項）。

4 遺留分侵害額請求権

遺留分侵害は，遺留分権利者が被相続人から相続で取得した財産額（相続人各自が負担する相続債務や遺贈額を控除した積極財産の額）に特別受益の贈与・遺贈を加えた額が，遺留分額に達しない場合に認められる（1046条2項）。遺留分侵害があっても，当然に無効になるわけではない。遺留分権利者およびその承継人は，受遺者または受贈者に対し，遺留分侵害額に相当する**金銭の支払を請求**することができるのである（1046条1項）。これが**遺留分侵害額請求権**である。遺留分侵害額請求権の行使は，受遺者または受贈者に対する意思表示によってすれば足り，裁判上の請求による必要はない（2018年民法改正前の判例ではあるが，最判昭41・7・14民集20巻6号1183頁）。

5 遺留分侵害額請求権の期間制限と放棄

遺留分侵害額請求権は，遺留分権利者が相続の開始および遺留分を侵害する贈与または遺贈があったことを知った時から1年間行使しないときは，時効によって消滅する（1048条前段）。相続開始の時から10年を経過したときも同様である（1048条後段）。

また，遺留分権利者は，家庭裁判所の許可を得て，相続開始前にその遺留

分を放棄することができる（1049条1項）。

【本章のまとめ】

・**遺言**は，**普通方式**と**特別方式**といった一定の方式に従ってなされる相手方のない一方的かつ単独の意思表示であり，遺言者の死亡によって法律効果が発生する。

・遺言できる事項は法律で定められている（**法定遺言事項**）。

・遺言の方式によっては家庭裁判所に**検認**を請求しなければならない。

・遺言の内容を確実に執行させるために，遺言者は**遺言執行者**を指定することができる。

・遺留分制度は，一定範囲の相続人に被相続人の相続財産の一定割合について，相続権を保障するものである。

・遺留分が認められた者は，**遺留分侵害額請求権**を行使できる。

第29章　配偶者居住権・配偶者短期居住権

Ⅰ　配偶者居住権
Ⅱ　配偶者短期居住権

Ⅰ　配偶者居住権

> **例①**
>
> 　A（夫）とB（妻）は，結婚して30年になる。A・B間には子C・Dがいたが，Aが死亡し，B・C・Dが相続人となった。Aの遺産は預貯金2,000万円と甲建物（評価額2,000万円，Aの単独所有）である。Bは現在甲に居住しているが，長年住んだ甲でそのまま暮らしたいと考えている。認められるか。
>
> 　また仮にBが自宅にそのまま住む権利が認められた場合，そのことは具体的相続分を決定する際にどのように評価されるか。

1　意義・成立要件

(1)　意義

　平均寿命が延び社会の高齢化が進んだことから，夫婦の一方が死亡した後，残された配偶者（残存配偶者）が長期間にわたり生活を継続することも多くなった。その際，残存配偶者が，住み慣れた住居での生活を希望する場合も

多い。ところが，住み慣れた自宅を相続する代わりに預貯金を手放さないといけない事態も起こりうる（配偶者の相続分については本書**第27章**参照）。**例①**の場合，Bの相続分は2分の1であるから甲を相続すると，預貯金はすべてC・Dが相続する計算となるからである。そこで民法は，遺言や遺産分割の選択肢として，配偶者が，住居の所有権を取得するのではなく，<u>無償で，住み慣れた住居に居住できる権利</u>を認めた。こうした権利を**配偶者居住権**という。この配偶者居住権の法的性質は，<u>賃借権類似の法定の債権</u>であると位置づけられている。

(2) 成立要件

次に，配偶者居住権が成立するためには，<u>①配偶者が被相続人の財産に属した建物に相続開始の時に居住していたこと</u>を前提に，②次のいずれかに該当することが必要である。

　ア．<u>遺産の分割（本書**第26章**参照）によって配偶者居住権を取得するものとされたこと</u>

　イ．<u>配偶者居住権が遺贈（本書**第28章**参照）の目的とされたこと</u>

なお<u>③被相続人が相続開始の時において居住建物を配偶者以外の者と共有していた場合は，配偶者居住権は認められない</u>。

例①の場合，配偶者Bが相続開始の時（＝A死亡時）に被相続人Aの財産に属する甲に居住しており（要件①），かつ，甲はAの単独所有に属していたことから（要件③），Aが遺言でBに配偶者居住権を認めるか（要件②イ．），あるいはそれが無い場合でも，B・C・Dの遺産分割協議においてBに配偶者居住権が認められれば（要件②ア．），Bに配偶者居住権が成立する。

(3) 配偶者居住権と具体的相続分

では配偶者居住権が成立した場合，相続人間の具体的相続分にどのような影響があるか。まず，婚姻してから20年以上の夫婦の場合は，配偶者居住権を設定しても，原則として遺産分割で配偶者の取り分が減らされることはない（903条4項）。

それ以外の場合は残存配偶者は，自らの具体的相続分（本書**第26章**参照）の中から配偶者居住権を取得することになるので，配偶者居住権の財産的価値を評価する必要がある。評価方法については民法に規定はなく，不動産鑑定士連合会や法務省が評価方法を公開している（土地建物の評価額－負担付き所有権の評価額＝配偶者居住権の評価額）。

2　配偶者居住権の効力

(1)　使用・収益

配偶者居住権は，配偶者がその居住建物の全部について無償で使用および収益をする権利であることから，配偶者が居住建物の一部しか使用していなかった場合であっても，配偶者居住権の効力は居住建物全部に及ぶ（1028条1項）。

その際，配偶者は，従前の用法に従い，善良な管理者の注意（善管注意義務）をもって，居住建物の使用および収益をしなければならない（1032条1項本文）。ただし，配偶者が従前居住の用に供していなかった部分について，これを居住の用に供することは妨げられない（1032条1項ただし書）。

また，配偶者居住権は譲渡することはできないが，居住建物の所有者の承諾を得た場合には，第三者に居住建物の使用または収益をさせることができる（1032条2項・3項）。なお，居住建物の所有者は，配偶者との間で配偶者居住権を合意により消滅させた場合であっても，そのことをもって当該第三者（賃借人）に対抗することはできない（1036条・613条）。

(2)　対抗要件

配偶者居住権は，その設定の登記を備えた場合に対抗要件を具備するとされており，建物所有者（被相続人から居住建物を相続により取得した者。**例①**のC・D）は，配偶者に対し，配偶者居住権の設定の登記を備えさせる義務がある（1031条1項・2項）。もちろん，配偶者居住権の設定の登記は，配偶者居住権の対抗要件であって（対抗要件の意味については本書**第8章**参照），成立要件ではない。

(3) 居住建物の修繕ならびに費用負担

配偶者は，居住建物の修繕をすることができるが，修繕が必要であるにもかかわらず相当期間を経過してもなお配偶者が修繕しない場合には，居住建物の所有者が修繕することができる（1033条1項・2項）。居住建物に要した通常の必要費（固定資産税や通常の修繕費など）は配偶者が負担する（1034条1項）。

(4) 配偶者居住権の存続期間

配偶者居住権の存続期間は，原則として配偶者の終身の間である。ただし遺産の分割の協議もしくは遺言に別段の定めがあるとき，または家庭裁判所が遺産の分割の審判において別段の定めをしたときは，その定めるところによる（1030条）。

なお，居住建物が滅失した場合には，配偶者居住権は消滅する（1036条）。

II 配偶者短期居住権

1 意義・成立要件

> **例②**
> A（夫）が現在B（妻）と生活している甲建物をEに遺贈するという遺言を残し死亡した場合（なおBに配偶者居住権を認める旨の遺言はない），Bは直ちに甲から立ち退かなければならないか。

例②の場面のように夫婦の一方が死亡し，残存配偶者が，被相続人所有の建物に居住していた場合で，残存配偶者が，直ちに住み慣れた建物から出て行かなければならないとすると，精神的にも肉体的にも大きな負担となる。そこで被相続人（A）所有の建物に居住していた配偶者（B）が，引き続き一定期間，無償で建物に住み続けることができる権利が**配偶者短期居住権**であ

る。

　その成立のためには，配偶者が被相続人に属した建物に相続開始時に無償で居住していたことが必要である。なお権利の性質は，配偶者居住権と同様に債権であり，使用借権に類似している（1041条で使用貸借に関する規定が準用されている）。

2　配偶者短期居住権の効力

(1)　使用

　配偶者短期居住権が成立すると，配偶者は，従前の用法に従い，善良な管理者の注意をもって，居住建物の使用をしなければならない（1038条）。この「使用」については，配偶者が無償で使用していた部分についてのみ効力が及ぶが，それは居住用部分に限られない（1037条1項）。また，居住建物の取得者の承諾を得た場合には，第三者に居住建物の使用をさせることができる（1038条1項・2項）。

　なお配偶者居住権と異なり，配偶者短期居住権は，登記することができない。したがって，居住建物取得者（例②のE）が居住建物を第三者に譲渡してしまった場合には，その第三者に対して，配偶者短期居住権を対抗することができない。配偶者は，建物を譲渡した者に対して，債務不履行に基づく損害賠償を請求することが考えられる。

(2)　居住建物の修繕ならびに費用負担

　配偶者居住権の場合と同様である（1041条・1033条・1034条）。

(3)　存続期間

　配偶者短期居住権の存続期間は，居住建物について配偶者を含む共同相続人間で遺産の分割をすべき場合には，遺産の分割によりその建物の帰属が確定した日または相続開始の時から6か月を経過する日のいずれか遅い日までの間である（1037条1項1号）。

　それ以外の場合（配偶者が相続放棄をした場合など）については，居住建物

取得者からの配偶者短期居住権消滅の申入れがあった日から6か月を経過する日までの間とされている（1037条1項2号）。

　なお居住建物の費用の負担・居住建物が滅失した場合の配偶者短期居住権の消滅については，配偶者居住権と同様である（1041条）。

【本章のまとめ】

・残存配偶者の居住権保護の必要性から認められた権利が，**配偶者居住権**と**配偶者短期居住権**である。いずれもその性質は債権である。

【配偶者居住権】

・配偶者が被相続人の財産に属した建物に相続開始の時に居住していたことを前提に，遺贈や遺産分割によって取得できる。

・配偶者居住権は登記することによって，居住建物所有者が居住建物を第三者に譲渡した場合であっても対抗可能。

・居住建物の修繕は原則として配偶者が行い，その費用も配偶者が負担する。

・存続期間は終身の間。居住建物が滅失すると消滅。

【配偶者短期居住権】

・配偶者が被相続人の財産に属した建物に相続開始の時に居住していたことのみで取得可能。

・配偶者短期居住権は登記できない（よって第三者にも対抗不可）。

・居住建物の修繕・費用の負担は配偶者居住権と同様。

・存続期間は，遺産分割が確定した日または相続開始時から6か月を経過する日のいずれか遅い日までの間（1037条1項1号）か，配偶者短期居住権の消滅の申入れの日から6か月を経過する日までの間（1037条1項2号）。

判 例 索 引

事 項 索 引

天然―― 39, 125
法定―― 39, 125
過失責任の原則（過失責任主義）　9, 11,
　243
過失相殺　246
家族　7, 15, 255, **256-**, 284
家族法　7-8, 150, **255-**
家督相続　259
可分債権　294-295
仮登記　**83-**, 128
仮登記担保　128
仮登記担保法　77, 128
簡易の引渡し　95, 97, 108
監護教育権　282
監護権　　→身分上の監護権
監護権者　270, 283
間接強制　141-142
間接占有　　→代理占有
貫徹力　139
監督義務者責任　249
元物　　→元物［ゲンブツ］
元本　31, 136-137, 162, 182
元本確定期日　163
元本確定事由　163
管理行為　105, 294, 306
期間　62
期限　62, 70, 143, 147, 214
　――の利益　185
危険負担　191, 195
起算点　62, 69-71, 247, 300, 302
基礎事情の錯誤　47
寄託　191, 224, **229-**
記名式所持人払証券　132
欺罔行為　48
客観的共同説　251
求償権　158, 161, 171-173, 180, 182, 186
給付　25, **131**, 136-139, 144, 151, 155-
　156, 165-166, 177, 181, 183-184, 187,
　191-192, 195-196, 203, 213, 218, 230,
　236-240
給付保持力　139-140
給付利得　235, 237, **238-**
協議離縁　278
協議離婚　269-270, 283
強行規定（法規）　42, 57, 190

教唆　251
強制執行　66, **114-**, 139, 141, 145, 147,
　149-150
強制認知　277
行政法　4-5
供託　167, 176, **183-**
共同遺言　309
共同所有　104-106
共同親権行使の原則　283
共同抵当　123
共同保証　158, 161-162
強迫　48-, 92-93, 170, 239, 288, 299
共有　103, **104-**, 149, 155, 269, 293-295,
　319
　遺産――　　→遺産共有
虚偽表示　**46**, 57
極度額　127, 162-163
緊急事務管理　234
緊急避難　246
近親婚の禁止　264, 266
金銭債権　114, **136-**, 148, 292, 294
具体的相続分　　→相続分
区分地上権　113
組合　106, 191, **230**
兄弟姉妹　257, 283, 287-289, 315
刑法　4-5, 37, 42, 265
契約　6-7, 9-10, 15, 24-30, 33-35, 40-42,
　48-49, 52-54, 57, 70, 81, 87-94, 112, 115,
　118, 121-123, 127, 132-136, 139, 143-
　144, 156-157, 171-174, 177-178, 183,
　185, 187, **189-**, 200-201, 203-208,
　210-218, 224-230, 232-233, 236-237,
　240, 268-269
契約解除（→「解除」もみよ）　141, 144,
　181, 183, **197-**, 205, 208, 212, 215,
　225-226, 228
契約自由の原則　9-, 78, 132, 140, **189-**
契約上の地位の移転　197, 220-221
契約取消権　　→夫婦間の契約取消権
契約不適合　207-208, 213, 227
契約不適合責任　202, **207-**, 218
血族　**256-**, 279, 287
血族相続人　287, 289
検索の抗弁権　160-161
原始取得　69, 87, 91, 98, **102**

著者紹介

堀川信一（ほりかわ・しんいち）

第 1 章，第 4 章〜第 6 章，第19章，第20章，第29章担当

【現職】大東文化大学法学部法律学科教授

【学歴】東洋大学法学部卒業，一橋大学大学院法学研究科博士後期課程修了・博士（法学）

【主要業績】

- ・「日本法における錯誤論の展開とその課題（一）〜（六）完」大東法学25巻 1 号（2015年），同 2 号（2016年），26巻 2 号（2017年），27巻 2 号（2018年），28巻 2 号（2019年），29巻 2 号（2020年）
- ・「保証契約の成否並びに民法446条 2 項における『書面』の解釈」『民事責任の法理──円谷峻先生古稀祝賀論文集』（成文堂，2015年）
- ・「法律行為に関する通則──公序良俗違反論を中心に」『民法改正案の検討 第 2 巻』（成文堂，2013年）
- ・「原因関係の無い振込みと振込依頼人の保護法理」『民事法の現代的課題──松本恒雄先生還暦記念』（商事法務，2012年）

亀井隆太（かめい・りゅうた）

第 2 章，第 3 章，第11章，第14章担当

【現職】横浜商科大学商学部商学科准教授

【学歴】早稲田大学商学部卒業，千葉大学大学院人文社会科学研究科博士課程修了・博士（法学）

【主要業績】

- ・『基本講義 契約・事務管理・不当利得・不法行為』（成文堂，2021年）
- ・『車両損害の最新判例とその読み方』（保険毎日新聞社，2020年）
- ・「リサイクル法制度の課題」『リサイクルの法と実例』（三協法規出版，2019年）
- ・「ヨーロッパ・アメリカにおける成年後見制度」『認知症と民法』（勁草書房，2018年）

松原孝明（まつばら・たかあき）

第7章，第10章，第21章，第22章担当

【現職】大東文化大学法学部法律学科教授

【学歴】上智大学法学部法律学科卒業，上智大学大学院法学研究科博士後期課程
満期退学

【主要業績】

・「死に関する高齢者の自己決定権」『最新老年看護学 第4版』（日本看護協
会，2021年）

・『看護・医療を学ぶ人のためのよくわかる関係法規』（学研メディカル秀潤
社，2019年）

・「医療過誤訴訟における期待権侵害構成と行為態様評価について」『医と法
の邂逅 第3巻』（尚学社，2018年）

・「違法性論と権利論の対立について 序論」上智法学論集59巻4号（2016年）

萩原基裕（はぎわら・もとひろ）

第8章，第12章，第17章，第18章担当

【現職】大東文化大学法学部法律学科教授

【学歴】高崎経済大学経済学部経営学科卒業，明治大学大学院法学研究科民事法
学専攻博士後期課程修了・博士（法学）

【主要業績】

・「追完請求権の射程と買主の救済に関する一考察——契約不適合のある物の
取付事例を素材として」大東法学31巻1号（2021年）

・「契約の無効，取消しと原状回復——不当利得と原状回復義務の関係をめぐ
る序論的考察として」大東法学30巻1号（2020年）

・「代替物の引渡しによる追完と買主による使用利益返還の要否について」大
東法学29巻1号（2019年）

・「買主自身による追完と売主に対する費用賠償請求の可否をめぐる問題の検
討」大東法学28巻2号（2019年）

江口幸治 (えぐち・こうじ)

第 9 章，第26章～第28章担当

【現職】埼玉大学大学院人文社会科学研究科准教授

【学歴】日本大学法学部経営法学科卒業，日本大学大学院法学研究科博士後期課程中途退学

【主要業績】
- 『民法入門III 債権法』(尚学社，2021年)
- 『法学入門』(埼玉大学生活協同組合，2017年)
- 「都市農業の持続的発展――埼玉県三富新田の事例をもとに」週刊農林2237号 (2015年)，2241号 (2015年)，2245号 (2015年)
- 「三富地域における持続的な循環型都市農業の課題」政策と調査 1 号 (2011年)

石川光晴 (いしかわ・みつはる)

第13章，第15章，第16章担当

【現職】嘉悦大学経営経済学部准教授

【学歴】東海大学法学部法律学科卒業，東海大学大学院法学研究科博士後期課程満期退学

【主要業績】
- 「交通事故における損害賠償請求事件において事故時のドライブレコーダーの映像記録が民事訴訟法220条 2 号に該当し所持者にその提出が認められた事例」新・判例解説 Watch30号 (法学セミナー増刊) (2022年)
- 「法定管轄裁判所に訴えが提起され，専属的合意管轄裁判所への移送申立てがされた事案において，民訴法16条 2 項，17条及び20条 1 項により法定管轄裁判所において審理することが許されるとされた事例」新・判例解説 Watch21号 (法学セミナー増刊) (2017年)
- 「後訴の提起が係属中の別訴と重複する訴えに当たり不適法であるとされた事例」新・判例解説 Watch17号 (法学セミナー増刊) (2015年)
- 「オーストリア非訟事件手続法 (1)～(4) 完」(共訳) 比較法学47巻 2 号 (2013年)，同 3 号，48巻 1 号，同 2 号 (2014年)

本田まり（ほんだ・まり）

第23章〜第25章担当

【現職】芝浦工業大学工学部情報通信工学科教授

【学歴】上智大学法学部法律学科卒業，上智大学大学院法学研究科博士後期課程
満期退学

【主要業績】

・「出生前の生命をめぐる法と倫理」生命と倫理 8 号（2021年）

・「第 8 章 フランスにおける医療情報の保護と利用」『医事法講座 第 9 巻 医
療情報と医事法』（信山社，2019年）

・「《反ペリュシュ》法の適用──フランスにおける判例の展開」上智法学論
集60巻 3・4 号（2017年）

・"Developments in the Legal Termination of Pregnancies in Japan",
Waseda Bulletin of Comparative Law, Vol. 34 (2016)

民法入門 0　ウォーミングアップ編

2022年 4 月30日　初版第 1 刷発行

編著者ⓒ　松原　孝明
　　　　　堀川　信一

発行者　苧野　圭太
発行所　尚　学　社

〒113-0033 東京都文京区本郷 1-25-7　電話（03）3818-8784　www.shogaku.com
ISBN978-4-86031-174-2　C1032

印刷・太平印刷社／製本・松島製本